Dieter Kreutzkamp

Mitternachtssonne über Alaska

Dieter Kreutzkamp

Mitternachtssonne über **Alaska**

Im Kajak westwärts zum Beringmeer

Mit 56 farbigen Fotos,
fünf Schwarz-Weiß-Abbildungen
und einer Karte

www.cpibooks.de/klimaneutral

Mehr über unsere Autoren und Bücher:
www.malik.de

Bibliografische Information der Deutschen Nationalbibliothek
Die Deutsche Nationalbibliothek verzeichnet diese Publikation in der Deutschen Nationalbibliografie; detaillierte bibliografische Daten sind im Internet über http://dnb.d-nb.de abrufbar.

MALIK NATIONAL GEOGRAPHIC

Originalausgabe
1. Auflage September 2015
3. Auflage März 2018
© Piper Verlag GmbH, München 2015
Redaktion: Boris Heczko, Berlin
Umschlaggestaltung: Dorkenwald Grafik-Design, München
Umschlagfotos: PiLensPhoto / Fotolia (Landschaft vorne), Andreanita / Fotolia (Grizzly vorne), Nils Kramer / imagebroker (Kajak vorne); Mike Grandmaison / All Canada Photos / Corbis (hinten links), Chris Harris / All Canada Photos / Corbis (hinten rechts)
Autorenfoto und Fotos Innenteil: Dieter Kreutzkamp;
Schwarz-Weiß-Fotos Innenteil: privat
Karte: cartomedia, Karlsruhe
Satz: Fotosatz Amann, Memmingen
Litho: Lorenz & Zeller, Inning a. A.
Papier: Naturoffset ECF
Druck und Bindung: CPI books GmbH, Leck
Printed in Germany   ISBN 978-3-492-40565-2

Das Papier wurde aus chlorfrei gebleichtem Zellstoff hergestellt.

Für meine Mutter. Danke!

Inhalt

Prolog: Der Umweg ins Herz Alaskas ... 11

1 Kuskokwim River – Lebensader der Athabasken und Yup'ik

Pionierland am Polarkreis ... 14
Fluss der Superlative ... 16
Die Ankunft des Postflugzeugs ... 18
Aufbruch am Mittelpunkt Alaskas ... 23
Trail-Notizen: die Kuskokwim-Portage ... 30
Zurück in die Wildnis ... 33
Die Tundra säuft ab ... 36
Trail-Notizen, 5. Tag: die Odyssee ... 41
Verirrt in der Wildnis ... 43
Trail-Notizen: das Blockhaus am Fluss ... 45
Der Bär, der ins Kanu biss … ... 47
Träume nicht dein Leben, lebe deinen Traum! ... 53
Bilder einer Kanureise: Rosen, Buschfeuer und Elche ... 60
Flussnotizen: zwischen Dschungelcamp und Ghosttown ... 67
Spurensuche am Fluss ... 70
Im Land der Athabasken ... 76
Viel Treibholz und Biber wie im Bilderbuch ... 79
»The Forks« – Geburtsplatz eines großen Flusses ... 86
Wiedersehen in McGrath ... 95
Flussabwärts durch die Geschichte Alaskas ... 103
Leben am Fluss: von Stony River nach Sleetmute ... 112

Gold am Crooked Creek	120
Traumzeit in Alaska	122
Im Faltboot durchs Land der Yup'ik	125
Die Wetterküche des Nordens	136
Ankunft im Delta am Beringmeer	139

2 Yukon River – Strom des Goldes

Der Zauber des Yukon	148
Auf dem Teslin River zum Yukon	149
»Der teuflischste Pfad diesseits der Hölle«	160
Letzte Vorbereitungen für den Alleingang	171
Aufbruch	177
Dawson City am Klondike	182
Alaska – im Labyrinth der Yukon Flats	188
Flussnotizen: … noch mal gut gegangen!	198
Zwischen Beaver und Alaska-Pipeline	199
Im Yukon fish camp	207
Buschdörfer: Tanana und Ruby	211
Gedanken am Lagerfeuer	220
Elchbesuch	222
Maurice, der Lachsfischer vom Yukon	227
Als Flößer am »Ende der Welt«	235
Nach dem Abenteuer ist vor dem Abenteuer	238

3 Noatak River – Tor zur Arktis

Im hohen Norden Alaskas	242
Über die Brooks Range zum Noatak	243
Im Bann der Naturgewalten	250

Land unter – Schussfahrt in Richtung Beringstraße!	259
Eine Reise zu sich selbst	264
Grand Canyon des Noatak	268
Flussnotizen: Grizzly-Besuch	274
Im Land der Inupiat – Noatak Village	276
Die Zielgerade zur Tschuktschensee	282
Die unheimliche Nacht im Kotzebue Sound	286
Epilog: Im Bann der Wildnis	293
Nützliche Reisetipps	295

Prolog: Der Umweg ins Herz Alaskas

Alles, was schieflaufen konnte, war danebengegangen. Ich saß im südafrikanischen Kapstadt fest!

Das Containerschiff, das meinen Lkw nach einer Trans-Afrika-Expedition nach Südamerika bringen sollte, war plötzlich ausgefallen. Verschiffungsalternativen ließen sich kurzfristig nicht auftreiben. Was tun?! Vielleicht etwas ganz Verrücktes, Spontanes ... etwas, das mir seit einer ganzen Weile im Kopf herumschwirrte. Ich wollte wieder einmal im Boot quer durch Alaska paddeln. Nun packte ich die Gelegenheit beim Schopfe ...

Alaska ist für mich wie eine zweite Heimat. Ich hatte dort gelebt und lange Kanutouren zum Beringmeer unternommen. Eine weitere Reise zu der Schnittstelle zwischen Russland und Amerika war sowieso geplant.

Ich stellte meinen Lkw in Namibia unter und flog von Windhoek über Johannesburg, Dubai und Seattle nach Vancouver in Kanada. Ein Greyhoundbus brachte mich über Nacht ins Okanagan Valley, wo seit Jahren ein Pickup-Camper auf mich wartet. Herrlich! Ich brauchte mich nur in den Truck zu setzen, den Zündschlüssel zu drehen, und die Welt gehörte mir!

Mein Zwischenziel lag 6000 Kilometer entfernt in Zentralalaska. Eigentlich war Frühling ... aber ich fuhr ja in die Eisbox Amerikas. Während ich dem Alaska Highway nordwärts folgte, bewegte ich mich wie mit einer Zeitmaschine zurück in den nur unwillig weichenden Winter.

Doch als ich Anfang Juni Fairbanks im Herzen Alaskas erreichte, schien die Sonne dort sogar noch um Mitternacht. Beste Bedingungen, meinen in Kapstadt geschmiedeten Plan in die Tat umzusetzen: anderthalbtausend Kilometer von der Mitte Alaskas bis zum Beringmeer zu paddeln.

1 KUSKOKWIM RIVER
Lebensader der Athabasken und Yup'ik

Pionierland am Polarkreis

Spitze Zungen behaupten, Fairbanks habe seine eigenen vier Jahreszeiten: Juni, Juli, August und Winter. Neun Monate lang hat die Kälte Zentralalaska fest im Griff, während der übrigen drei Monate zieht der Sommer alle Register.

Während ich um Mitternacht versuchte, Schlaf zu finden, donnerten schwere Harleys im Schein der tief stehenden Sonne auf dem Johansen Expressway an mir vorbei. Zur Zeit des Sommerintermezzos spielt die Natur verrückt. Und manch anderer auch: Kaum ein Biker trägt einen Sturzhelm. Um dem Gefühl von grenzenloser Freiheit noch einen draufzusetzen, tauschen die meisten den moderaten Harley-Auspuff gegen brüllend laute Edelstahlrohre. Schalldämpfer sind überflüssiger Ballast!

Ich blinzelte durch die Jalousie meines Pickup-Campers über den Walmart-Parkplatz, auf dem die Besatzungen von zwei Dutzend Motorhomes und Pickup-Campern übernachteten.

Alaska ist anders. Einerseits das entlegene Anhängsel im hohen Nordwesten des amerikanischen Kontinents, aber zugleich auch 49. Staat der USA und somit Magnet für Aussteiger, Naturfreaks und Abenteurer aus den *lower 48*, den südlichen US-Bundesstaaten. Vor allem, seitdem man dem Alaska Highway die Krallen gestutzt und ihn durchgehend in ein breites Asphaltband verwandelt hat.

Im Sommer dreht Alaska auf; auch nach Mitternacht war im Walmart-Einkaufszentrum noch Shopping angesagt. Auf den Parkbänken am Chena River-Ufer lümmelten ein paar Burschen, die Flasche hochprozentigen *booze* in Packpapier verborgen. Während die vorbeifahrenden Autos über die noch offenen Frostaufbrüche des letzten Winters polterten, schlurfte ein gebeugter Mann auf Krücken in die Mecca Bar, an deren Fenstern aufgeregt rote Lämpchen flackerten.

Eine halbe Stunde nach Mitternacht sackte die Sonne kurz unter den Horizont. Drei Stunden später stach sie mir bereits wieder in die Augen. Ich blinzelte, rappelte mich hoch und warf einen Blick auf meine »Kuskokwim-Notizen«. Was man in Kapstadt durchaus als Schnapsidee bezeichnen konnte, hatte mittlerweile konkrete Züge angenommen. Ein *mail plane* von Wright Air Service, eins dieser Postflugzeuge, die entlegene Buschdörfer mit Briefen, Paketen und auch sonst dem Nötigsten versorgen, würde mich morgen um 14 Uhr von Fairbanks in die winzige Wildnissiedlung Lake Minchumina am Rande des Denali National Park bringen. An klaren Tagen würde ich von dort die schneebedeckten Riesen der Alaska Range sehen.

Ich kannte die Wildnis nordwestlich des Mount McKinley gut, hatte dort zwei Jahre gelebt, war im Winter mit Schlittenhunden und im Sommer mit Kanu und Kajak in der Wildnis unterwegs gewesen. Eine Wildnis, die noch vor 150 Jahren ausschließlich von den Minkhotanas bewohnt worden war. *Lake people*, »Seemenschen«, wie dieser Athabasken-Stamm sich selbst bezeichnete. Dann drangen die ersten Weißen in ihr Gebiet vor; Trapper und Goldsucher. Es dauerte noch bis Ende der 1920er-Jahre, bis das erste Flugzeug den Lake Minchumina erreichte. Erst der Bau des Alaska Highway während des Zweiten Weltkriegs und die militärische Sicherung Alaskas gegen japanische Angriffe brachten nennenswerte Veränderungen an den Lake Minchumina; Fluglandebahn und ein Flugleitsystem wurden gebaut. Die technische Weiterentwicklung machte Letzteres überflüssig, doch die Landebahn blieb. Heute lebt nur noch gut ein Dutzend Menschen im Ort Lake Minchumina. Eine davon ist unsere Freundin Carol.

Fluss der Superlative

Von den 32 längsten Flüssen der USA fließen acht durch Alaska. Und der längste aller amerikanischen Ströme, die noch ungezähmt und frei von Staustufen und Dämmen durchs Land fließen, ist der Kuskokwim River. Natürlich steht er ein wenig im Schatten des legendären Yukon, doch eines haben beide gemein: Sie durchtrennen die Mitte Alaskas und münden nicht allzu weit voneinander entfernt zwischen dem 60. und 63. Breitengrad ins Beringmeer. Auf den Kuskokwim hatte ich es jetzt abgesehen.

Ich liebe es, fast geräuschlos im Rhythmus des Paddelschlags die Wildnis zu durchstreifen. Gemeinsam mit Juliana, meiner Frau, hatte ich zahlreiche Flüsse in Nordamerika bereist: Mehrere Sommer lang waren wir auf dem Churchill River zur Hudson Bay unterwegs, später im Kielwasser des Pelzhändlers Alexander Mackenzie zum Nordpolarmeer – eine Kanureise von nonstop 88 Tagen. Vor nicht allzu langer Zeit paddelte ich 2600 Kilometer im Seekajak durch die Inside Passage der nordamerikanischen Westküste von Alaska bis Vancouver.

Und nun der Kuskokwim.

Was reizte mich an diesem Fluss? Ich hatte ihn noch nie befahren, und ich wusste, dass sein Oberlauf – der North Fork – durch menschenleere Wildnis führt. Ab der Siedlung Medfra trägt er offiziell den Namen Kuskokwim. Jetzt bereits ein mächtiger Strom, ist er die Lebenslinie für einige indigene Völker Alaskas, die Athabasken und Yup'ik. Nach insgesamt 1500 Kilometern mündet der Kuskokwim bei Bethel ins Beringmeer.

Nach dem Flop mit der Verschiffung hatte ich mit unserer Freundin Carol per E-Mail Kontakt aufgenommen. Seit Jahren lebt sie in der Mitte Alaskas am Lake Minchumina. Viele gemeinsame Erlebnisse und Abenteuer verbinden uns. Sie war es, die mich vor Jahren »auf den Hund«, genau genommen den alaskischen Husky, gebracht hatte. Am Ende zog ich mit einem zwölfköpfigen Schlittenhundeteam 5000 Kilometer durch Alaska. Später war ich mit Carol im Faltboot vom Lake Minchumina aus über Kantishna und Tanana River zum Yukon gepaddelt. Das Boot wartete bei ihr auf neue Abenteuer ...

Als ich noch in Kapstadt war, hatte mein Plan so ausgesehen: Rund 500 Kilometer würde Carol mich zur Buschsiedlung McGrath begleiten. Später sollte Juliana von Deutschland dorthin fliegen, um die letzten 1000 Kilometer bis zum Beringmeer gemeinsam mit mir zurückzulegen.

Weit schwieriger aber war es, von Lake Minchumina aus an den Oberlauf des Kuskokwim, den North Fork, heranzukommen. Es existieren weder Straßen noch Wanderpfade. Ich erwog, ein Wasserflugzeug zu chartern, das auf dem Fluss oder einem der angrenzenden Seen landen könnte. Was allerdings ein tiefes Loch ins Reisebudget reißen würde.

Eine andere Idee war verlockender. Wir könnten das Faltboot während der letzten Wintertage mit Motorschlitten über die gefrorene Tundra zum Quellwasser des North Fork Kuskokwim schaffen lassen. Dort würde es bis zum Sommer auf den Beginn unserer Paddeltour warten.

All diese Ideen flitzten atemberaubend schnell im E-Mail-Format zwischen Alaska, Deutschland und Südafrika hin und her. Bis eines Tages Carol schrieb: »Meine Trapperfreunde warnen wegen der Bären! Hungrig und neugierig wie sie nach dem Winterschlaf sind, ist das empfindliche Kajak für sie ein gefundenes Fressen.« Was im Klartext hieß: »Meister Petz wird das Faltboot mit Zähnen und Krallen zu Kleinholz machen!«

Der Winter in Alaska näherte sich bereits dem Ende. Doch ohne Schnee und demzufolge ohne Motorschlitten gab es keine preisgünstige Transportmöglichkeit fürs Boot. Wir mussten uns entscheiden.

»Lass uns mein Kanu nehmen. Fiberglas ist für Bären weniger verlockend«, las ich eines Tages in Carols E-Mail.

Dabei blieb es. Tom Green, Carols Nachbar, Trapper und Blockhüttenbauer, hängte das Kanu hinter seinen Motorschlitten und schleppte es auf einem Wintertrail zum Startpunkt unseres Kuskokwim-Abenteuers.

Der Wintertrail war im Juni natürlich verschwunden, doch die Schlittenkufen hatten über die Jahre auch auf dem Boden Spuren hinterlassen. Schwer beladen würden wir ihnen folgen und uns durch knietiefe Tundra schlagen. Zum Glück war das Wetter stabil; trocken und sonnig. Das sollte sich bald ändern …

Die Ankunft des Postflugzeugs

Ein Taxi brachte mich zum Fairbanks Airport. Noch immer schien die Sonne auf Zentralalaska. Der Fahrer hatte die Fensterscheibe heruntergedreht, kühler Wind strich mir übers Gesicht, während wir auf die University Avenue South abbogen, die zu den Hangars auf der Rückseite des International Airport führt. Hier befinden sich die Bush Airlines, die das Herz Alaskas mit ihrem Service am Schlagen erhalten. Die in ihren kleinen ein- und zweimotorigen Maschinen im Winter neben Passagieren genauso selbstverständlich Schlittenhunde wie im Sommer Ölfässer oder Baumaterialien transportieren.

Bruce, etwa vierzig Jahre alt, vor einem Jahr beim Militär ausgeschieden, jobbte jetzt als Taxifahrer. Von meinem Flugziel Lake Minchumina hatte er noch nie gehört.

Mit den »Alaskanern« ist das so eine Sache: Die wenigsten sind hier geboren. Viele kommen mit dem Militär, dessen Präsenz in Alaska unübersehbar ist. Andere ziehen wegen guter Jobperspektiven hierher, darunter auch schwarze US-Bürger und viele Immigranten aus Asien und Mexiko. Der »Lockruf des Geldes«, die jährliche Ausschüttung der Öldollars aus dem *Alaska Permanent Fund* in Höhe von mehr als 1000 Dollar pro Person, sorgt für zusätzliche Anreize. Und so wächst die Bevölkerung Alaskas, vor allem im Großraum Anchorage, mit einem Anflug von Humor auch als »Vorort von Seattle« bezeichnet. Denn Seattle und der nahe gelegene Hafen Bellingham sind seit dem Klondike-Goldrausch wichtigste Sprungbretter für Alaska.

Leute wie Bruce werden in Alaska umworben. McDonald's bietet für Alaskas aktive Soldaten und Veteranen zehn Prozent Preisnachlass auf alles in seiner Frittenbude. Auch andere Anbieter locken mit Rabatten. Aber im Busch Alaskas zu leben, kann Bruce sich nicht vorstellen.

Er half mir, das Gepäck zum Schalter zu tragen. *Native Americans* waren im Warteraum in der Mehrheit, ich sah nur wenige Weiße.

Pünktlich um 14 Uhr zündete der Pilot die beiden Motoren der orange-weißen Piper Navajo. Außer mir war nur ein Passagier an Bord. Der rückwärtige Teil der Flugkabine war bis unter das Dach mit Strohballen für Schlittenhunde vollgestopft.

Die Motoren brüllten, die Piper Navajo vibrierte, beschleunigte und hob ab. Ein Gespräch mit meinem Nachbarn war jetzt unmöglich. Ich lehnte den Kopf gegen das Fenster und sah, wie die Randgebiete von Fairbanks fast nahtlos in Tundra übergingen. Spektakuläre Berge sucht man hier vergebens. Aber auch die Hügel Zentralalaskas lagen jetzt in düsterem Grau. Mit einem Mal war das Wetter umgeschwenkt, die Wolken hingen tief. Darunter huschten Seen, kleine Flüsse, hier ein Stück Tundra, dort Taiga unter mir vorbei. Eben noch hatte mein Nachbar mit dem Handy gespielt, jetzt schlief er. Vor mir in der Kanzel sah ich die Hände des Piloten über Schalter und Tasten gleiten. Der Himmel über mir und das Land unten waren nun noch grauer geworden. Noch immer flogen wir über Tundra und Wälder. Seit einer halben Stunde hatte ich keine Straße mehr gesehen. Und in der Richtung, in die wir jetzt flogen, lagen die nächsten Straßen jenseits des Beringmeeres in Sibirien oder Japan. In seinen Ausmaßen, der Einsamkeit und Weite, seinem extremen Klima, seiner geologischen Unruhe, seiner wilden Topografie mit eisbepackten Riesen, Vulkanen, schier endlosen Tundren und stillen Wäldern fordert Alaska die Menschen immer wieder heraus.

Aber deswegen war ich ja zurückgekommen.

Das Grau unter mir war jetzt fast schwarz, denn hier hatte unlängst das *Beaver Log Lakes Fire* gewütet. Mit apokalyptischer Wucht war das Flammenmeer auf Lake Minchumina zugewalzt. »Jetzt liegt alles in Gottes Hand«, hatte Carol mir damals gemailt. Doch der hatte ein Einsehen und nur wenige Hundert Meter vor ihrem Blockhaus das 260 Quadratkilometer große Buschfeuer gestoppt. 150 *firefighters* hatten zu diesem Zeitpunkt Quartier am See bezogen.

Das Dröhnen unserer Maschine hatte sich verändert; Landeanflug. Die Ufer des Lake Minchumina huschten unter mir hinweg. Der Pilot flog eine Kontrollschleife und stellte sicher, dass kein Elch die Runway kreuzte. Einen Moment lang schüttelte sich die Piper Navajo, als die Räder den Schotterboden berührten. Dann brüllten die Motoren auf, und die Maschine stand.

Die Ankunft des Postflugzeugs war wie immer ein besonderes Ereignis. Mit einem Lächeln, »breit wie der Yukon«, begrüßte Carol mich. Tom Green lud sperrige Güter auf sein Quad, ein vierrädriges, extrem geländegängiges Fahrzeug, hier *four wheeler* genannt. Seine Frau Penny überwachte das Ausladen der übrigen Fracht. Lisa, die *postmistress* des kleinen staatlichen Postamts, nahm Briefe und Pakete entgegen. Alle waren gut drauf, scherzten. Kurz tauchte Ray Wildrick auf, neben dessen

Trapperhütte am Kuskokwim unser Kanu für die erste Flussetappe wartete. Wir schüttelten uns die Hände.

Binnen weniger Minuten war ich wieder drin im Leben Busch-Alaskas. Carol hatte bereits ein an sie adressiertes Päckchen geöffnet und verzehrte genüsslich Weintrauben. »So leben wir«, schmunzelte sie mit einer ausladenden Handbewegung, »und das nicht schlecht!« Kürzlich hatte sie ein paar Pfund Bärenfleisch an Freunde in Fairbanks geschickt, die sich nun mit Obst revanchierten. Carol nennt das *bartering*, Tauschhandel.

Ich schnappte meinen schweren Rucksack und folgte ihr in das kleine Dorfmuseum, einen Nebenraum im Postgebäude. Adlerfedern und ausgestopfte Vögel lagen hier neben gebleichten Tierschädeln von Marder und Bär. Ich sah Felle von Wölfen und Bibern. Ein farbenfroher Gobelin mit Schlittenhundmotiven schmückte die Wand. Zettel mit Carols von harter Arbeit ungelenk gewordener Handschrift erläuterten die Exponate. In einer Kladde, die als Gästebuch dient, hatten Kinder dankbare Grüße hinterlassen.

Das Museum ging auf Carols Initiative zurück. »Jeder hier im Ort packt mit an«, erklärte sie, als wir in die neben der Post liegende Bücherei gingen. So wie ein paar andere Gemeindemitglieder bringt auch sie sich ehrenamtlich als Bibliothekarin ein. »Wir sind gut ausgestattet«, sagte sie. »Die Regierung tut einiges, um uns im Busch bei Laune zu halten.« Carol tippte mit dem Zeigefinger auf zwei Stapel neu angeschaffter Bücher: »Die Nachfrage ist vor allem im Winter groß. Auch die *Bill & Melinda Gates Foundation* engagiert sich für Alaska; beim Bau von Museen ebenso wie bei der Finanzierung von Internetverbindungen für entlegene Siedlungen.« Diese hier nutzte ich gleich und schickte Juliana eine Nachricht: »Glatte Landung in Lake Minchumina.«

»Ich zeige dir jetzt dein Boot«, schon zog Carol mich am Arm in einen Nebenraum. Die Zeit, die mein Pouch-Faltboot seit den letzten Abenteuern in Carols Blockhaus auf meine Rückkehr gewartet hatte, war offenbar spurlos an ihm vorübergegangen. Was nicht selbstverständlich war, denn gegen scharfe Mäusezähne und hungrige Bären ist kein Kraut gewachsen.

Bis zum Einsatz des Faltbootes waren es noch einige Wochen hin. Sobald Carol und ich nach der ersten Etappe in McGrath eintrafen, würde Steve, der Sohn von Penny und Tom Green, mein Kajak mit seinem Flugzeug dorthin bringen und anschließend Carol zurück zum Lake Minchumina fliegen.

Die Organisation dieses Abenteuers war wesentlich komplizierter, als es auf den ersten Blick erscheinen mag. Und da wir durch die vielen notwendig gewordenen Flüge eine Menge Geld in die Hand genommen hatten, musste sie präzise sein.

»Wie die Glieder eines Reißverschlusses, bei dem ein Zahn zuverlässig in den anderen hakt«, meinte Carol. Wobei die Flüge wie der Transport der beiden Boote zu ihrem jeweiligen Einsatzort die leichtere Aufgabe waren. Weitaus schwieriger würde es sein, die übrige Logistik zu stemmen, nämlich zu organisieren, wo welche Lebensmittel und Ausrüstungsgegenstände wann zu sein hatten.

»Den Proviant für die erste Bootsetappe bis McGrath hat Tom Green in einer *55-gallon drum* zusammen mit dem Kanu über den Schnee zum North Fork Kuskokwim geschleppt«, hatte mir Carol vor Wochen gemailt. Natürlich waren das nur lange haltbare Lebensmittel gewesen. Bärensicher verstaut zudem, denn an einem knapp ein Meter hohen soliden 200-Liter-Metallfass würde sich auch Meister Petz die Zähne ausbeißen.

So weit so gut. Aber in McGrath begann meine zweite Bootsetappe mit Juliana, die vermutlich zwanzig Tage dauern würde. Multipliziert mit zwei Personen bei drei Mahlzeiten pro Tag ergab das 120 Mahlzeiten allein für die Fahrt von McGrath zum Beringmeer. Zu den Grundmahlzeiten kamen noch Notrationen sowie Getränke wie Tee, Kaffee und Kakao. Nicht zu vergessen das knusprige Graubrot, das Juliana auf meine Bitte hin aus Deutschland mitbringen würde.

Lebensmittel sind in Buschsiedlungen nur begrenzt erhältlich, vor allem aber teuer. Bereits in Südkanada hatte ich mit dem Einkauf begonnen und auf so manchem Campingplatz stundenlang Frühstücksmüsli und Trailfood mit Nüssen und Früchten gemixt. Gute und ausgewogene Nahrung ist wichtig. Nicht nur um den Bauch bei Laune zu halten, sondern auch um der Stimmung bei einem Durchhänger einen Kick zu geben.

Mehrere »Fresspakete« hatte ich bereits zur Aufbewahrung bei Bekannten nach McGrath geschickt. Für den ersten Teil des Abenteuers, die Portage vom Lake Minchumina zum North Fork, waren zwei weitere per Post an Carol gegangen. Darin auch Leckereien und frische Lebensmittel, die nicht per Motorschlitten transportiert werden konnten.

Aufbruch am Mittelpunkt Alaskas

Als ich Carol vor Jahren kennenlernte, lebte sie in einem Erdhaus, das von außen an einen überdimensionalen Maulwurfhügel erinnerte. Nach Vorlagen der Athabasken früherer Zeiten hatte sie eine Grube ausgehoben und darüber ein kuppelförmiges Holzgerüst gebaut, in dem je ein Fenster und eine Tür Platz fanden. Die Konstruktion wurde mit Planen bedeckt, auf die man Erde schaufelte. Man konnte an diesem *sod house* vorbeigehen, ohne es zu bemerken.

Innen war es gleichermaßen geräumig wie gemütlich. Das Zentrum war der kleine Bullerofen, auf dem gekocht wurde. In dieser Erdhütte hatte Carol allein ihre beiden Töchter Tonya und Paula großgezogen.

Das ist Jahre her. Später kauften Tonya und sie eine Lodge am Lake Minchumina und führten den Gästebetrieb einige Jahre fort. Heute nennt Carol den Lodge-Komplex »*my private home*«. Im Sommer lebt sie im Hauptgebäude, das mit seinen großen Panoramafenstern untypisch für Zentralalaska ist. »An Wintertagen mit vierzig Grad minus verliere ich zu viel Wärme durch die Fenster«, klagt sie. Zu der Zeit, als der Gastbetrieb unter den Vorbesitzern noch auf Hochtouren lief, brummte im Winter Tag und Nacht der Generator, und die Heizungen wurden mit Öl betrieben. Das war aufwendig und vor allem teuer, da die Ölfässer dafür eigens mit Charterflugzeugen angeliefert wurden. Das Leben in der Wildnis hat seinen Preis, aber Carol wollte den nicht zahlen und lebt heute im Winter nur in einem kleinen, mit Holz beheizbaren Gebäudeteil.

Jetzt aber war Sommer, und wir schauten durch die großen Panoramafenster auf den Mount McKinley. Ein Traumblick.
Der Abend war still, kein Lufthauch ging. Aber es war deutlich kühler als erwartet. Die Nadel des Thermometers mit dem Celsius-Display hatte es knapp bis in den zweistelligen Bereich geschafft; zu kalt für diese Jahreszeit. Zentralalaska hat ein kontinentales Klima mit knackig kalten Wintern, aber relativ trockenen und erstaunlich warmen Sommern.
»Im April hatten wir bereits Temperaturen von 25 Grad Celsius. Und im Mai war es so außergewöhnlich trocken, dass Buschbrände erneut große Waldgebiete vernichtet haben«, erinnerte sich Carol.
Die Auswirkungen hatte ich schon bei meiner Anfahrt nördlich von Whitehorse im Yukon Territory gespürt. Der Wind hatte auf West gedreht, und mit einem Mal lag eine weißliche Dunstglocke über dem Land.
»Von wegen Dunst!«, klärte mich der Ranger auf dem nahe gelegenen Yukon Territory Campground auf. »Das ist der Qualm

von Buschfeuern bei Anchorage.« Unglaublich – in gerader Linie war es zwischen dem Feuer und mir so weit wie von Hamburg nach Wien.

Trockenes Wetter kam mir gelegen. Genau genommen basierte meine Kuskokwim-Planung auf dem für Juni typischen stabilen Wetter. Ohne Hochwasser konnten wir dann auf Sandbänken campieren und herrliche Stunden am Lagerfeuer verbringen. Das war natürlich Wunschdenken – aber die Gedanken sind frei. Im Juli, wenn ich mit Juliana im Faltboot auf dem Weg zum Beringmeer wäre, erwartete ich allerdings Regen. Schließlich ist das Beringmeer die Wetterküche Amerikas.

Ich entkorkte eine Flasche kalifornischen Merlot und füllte zwei Gläser. »Wir liegen gut im Zeitplan«, sagte Carol. »Prost!«

Unser Abenteuer hatte Gestalt angenommen. Fest stand, dass der Wintertrail von Lake Minchumina zu Ray Wildricks Trapperhütte zwanzig Kilometer lang war. Klar war auch, dass wir unsere insgesamt achtzig Kilo Gepäck nicht in einem Gang dorthin schleppen konnten. Wir mussten irgendwo unterwegs campieren. Am zweiten Tag würde ich mit leerem Rucksack zum Ausgangspunkt zurückkommen, um die restlichen Dinge aus unserem Depot im kleinen Dorfmuseum zu holen. Dieses Hin und Her sollte so lange dauern, bis alles am North Fork war.

Zwanzig Kilometer legt ein guter Wanderer unter optimalen Bedingungen locker in drei bis vier Stunden zurück. Allerdings nicht in der weglosen Tundra! Zugegeben, wir wussten wenig über das, was da als erste Etappe vor uns lag. Kein Mensch nutzt Wintertrails im Sommer. Auch nicht mit Motorfahrzeugen, denn in der sumpfigen Tundra saufen selbst geländegängige Quads ab.

»Und aus purem Vergnügen wandert sowieso niemand durch die Tundra«, grinste Carol. »Es sei denn, er hat einen Elch erlegt und muss das Fleisch rausschleppen. Aber auch das ist die

Ausnahme; die meisten Jäger ›pirschen‹ per Truck oder *four wheeler*.«

Fast alle Anrainer am Lake Minchumina sind Jäger und Fallensteller. Man lebt weitgehend von dem, was man in der Wildnis findet. »Für den Eigenbedarf gibt es stark erweiterte Jagd- und Fischfangregeln«, meinte Carol. »*Subsistence* nennen wir das.« Mit dieser Regelung respektiert die Regierung vor allem die traditionellen Lebensformen indigener Völker, der hier lebenden Athabasken-Indianer sowie der Yup'ik- und Inupiat-Eskimo in Küstennähe. Für sie ist das Jagen von Karibu, Elch, Biber und Bär Teil ihrer Kultur und Garant fürs Überleben. Gleiche Rechte wurden auch den permanent im Busch lebenden Weißen zugesprochen. Die näheren Regeln bestimmt das *Alaska Department of Fish and Game*, das im Zusammenhang mit dem *subsistence*-Begriff auch den der *natives,* also der indigenen Völker, definiert.

An dieser Stelle kurz ein Wort zu den unterschiedlichen Begrifflichkeiten: Während beim Nachbarn Kanada Bezeichnungen wie Indianer und Eskimo als überholt gelten und durch die Oberbegriffe *First Nations* und Inuit ersetzt wurden, sieht das in Alaska etwas anders aus. Ganz offiziell steht hier zum Beispiel die Bezeichnung *World Eskimo-Indian Olympics* für den jährlichen Wettkampf der indigenen Völker. Zwei Begriffe, wie sie auch von den Betroffenen selbst verwandt werden.

»Das Land am Lake Minchumina war für die Athabasken früherer Zeiten ein attraktiver Lebensraum«, erklärte Carol. »Die Jagdgründe waren ergiebig, und der Fischfang war gut. Unser See befindet sich genau zwischen zwei großen, durch eine Wasserscheide getrennten Flusssystemen; hier dem des Kuskokwim und nahebei dem von Kantishna, Tanana und Yukon River. Die Wasser nehmen zwar unterschiedliche Wege, münden aber nach 1500 Kilometern unweit voneinander ins Beringmeer.

»Und noch ein Rekord«, schmunzelte Carol. »Lake Minchumina ist der geografische Mittelpunkt Alaskas!«

Nach dieser Erkenntnis ließen wir den Merlot in den Gläsern funkeln und tranken. Es war der letzte gute Tropfen für lange Zeit.

Pebbles, Diesel und Hector begrüßten mich am darauffolgenden Morgen mit frenetischem Geheul. Ich band sie los, wobei sie mir zeitgleich durchs Gesicht leckten, vor Aufregung auf die Schuhe pinkelten und ungestüm die Handgelenke verdrehten. Dann ging ich mit den drei Huskys am Seeufer Gassi. Alaskische Schlittenhunde sind wahre Kraftpakete, und es dauerte einige Zeit, bis sie »Dampf abgelassen« hatten. Während Carols Abwesenheit würden Peter und Audrey die Hunde betreuen. Die beiden jungen Leute wohnten vorübergehend in einer von Carols Blockhütten. Auch dies eine verrückte Geschichte ...

Das aus den südlichen Bundesstaaten stammende Paar, beide Ende zwanzig, hatte es mit zwei kleinen Kindern und den letzten ersparten Dollars gerade so über den Alaska Highway bis nach Fairbanks geschafft. Eines Tages lernte Carol dort den Tischler Peter kennen und lud ihn und seine Familie ein, bei ihr zu wohnen. Als Gegenleistung würde Peter anstehende Handwerksarbeiten erledigen. Der Zufall wollte es, dass ein US-Fernsehproduzent auf Peters im achten Monat schwangere Frau Audrey, eine Hebamme, aufmerksam wurde. Der Fernsehmann wollte eine Dokumentation über »natürliche Geburten« ohne ärztliche Hilfe in der Wildnis Alaskas produzieren. Audreys und Peters Lebensumstände passten in sein Drehbuch. Man wurde sich schnell einig: Das Kind sollte im Zelt unter einem Moskitonetz am See vor der Kulisse des Mount McKinley zur Welt kommen. Audrey und Peter fanden das Projekt prima, auch weil es etwas Geld in ihre leeren Kassen spülen würde.

Als ich ankam, hatte die Neuigkeit vom Erscheinen eines achtköpfigen Filmteams gerade die Runde gemacht. Mit dem Ergebnis, dass die Hälfte der Einwohner von Lake Minchumina dafür war, die andere strikt dagegen. Die Befürworter würden durch Taxidienste mit dem Motorboot und die Bereitstellung von Unterkünften daran verdienen. Die anderen befürchteten, in einer TV-Soap durch den Kakao gezogen und als Hinterwäldler abgestempelt zu werden. Auch waren sie verärgert, weil man keine Ortsversammlung zur Abstimmung einberufen hatte. Die Telefone liefen heiß! Und da die Reality Soap auf Carols Grund und Boden gedreht werden sollte, stand sie natürlich im Fokus des Konflikts.

»Ich bin froh, wenn wir endlich im Kanu sitzen!«, stöhnte Carol.

Inzwischen war es kalt geworden. Nur wenn der Himmel kurzzeitig auflockerte, sah ich die Berge der Alaska Range. Und just in solch einem Moment trat ein Elch aus dem Ufergebüsch, ging in aller Seelenruhe an den See und trank. Ich wertete das als gutes Zeichen.

Morgen wollten wir aufbrechen!

Von meiner Blockhütte bis zum Lake Minchumina waren es weniger als 500 Meter. Wir luden die gepackten Rucksäcke auf zwei Pulkas, bootsförmige Schlitten, wie sie von den Lappen Skandinaviens benutzt werden, warfen uns die Zugleinen über die Schultern und gingen hinunter zum Seeufer. Die Schlittenkufen kratzten laut über Steine und Äste, was schlagartig Pebbles, Diesel und Hector aus ihrer Morgenruhe riss. Die Schnauzen steil zum Himmel gereckt, begrüßten sie uns mit wildem Geheul. Das wurde klagend, als wir mit unseren Schlitten hinter den Bäumen am See verschwanden.

Ich warf einen Blick zurück: Die Spuren des Beaver Log Lake-Feuers waren von hier nicht mehr auszumachen. Ich blickte auf intakte Natur. Ein Stück oberhalb sah es jedoch ganz anders aus. Gestern noch war ich dort durch geisterhaft wirkenden Wald gewandert, wo zwischen Juni und August des Vorjahres das große Buschfeuer in unmittelbarer Lodge-Nähe gewütet hatte. In buchstäblich letzter Minute hatten heftige Regenschauer und *fire fighter* dem Spuk ein Ende gesetzt. Jetzt ragten dort Millionen armdicker, toter Stämme aus dem rußig-schwarzen Boden. Aber ich sah auch, wie das Leben zurückkehrte: In betörendem Kontrast schossen hellgrüne Gräser, weiß leuchtendes Wollgras, die Blätter der Pracht-Himbeere und Schachtelhalm aus dem Boden.

Von meinem Standort am Ufer allerdings sah ich nur im Wind zitternde Birkenzweige. Jenseits des Sees lag über den Bergen der Alaska Range ein weißer Dunstschleier. Unter der Veranda des hölzernen Bootsschuppens sah ich zwei zum Trocknen auf Rahmen gespannte Bärenfelle. Peter hatte die Tiere bereits während der ersten beiden Wochen hier geschossen.

»Ich fühle mich von ihnen bedroht«, war seine Rechtfertigung. Zweifel sind angebracht. Auf vielen Wildnistouren war ich Schwarzbären und Grizzlys begegnet, und nie war es nötig gewesen, ein Tier in Notwehr zu töten. Es war bezeichnend, dass Peter und Audrey das Bärenfleisch in großen Bottichen gekocht und an ihre beiden Deutschen Doggen verfüttert hatten. Das war billiges Hundefutter ...

Natürlich hatten auch Carol und ich uns Gedanken über eventuelle Notwehrsituationen gemacht. Daher führte ich *bear spray*, ein hochwirksames Pfefferspray, mit mir. Carol hatte zudem ihren Revolver Kaliber 357 Magnum eingesteckt.

Wir hievten unser Gepäck in eins von Carols Kanus und schoben es ins Wasser. Zwei Stunden später stießen die Paddelblätter erneut auf Grund. Gleich würden wir das *post office* und das Ende der Landebahn von Lake Minchumina erreichen. Ich sah, wie dort ein zweimotoriges Frachtflugzeug entladen wurde, eine DC 3. »Sie liefert Diesel für den Ortsgenerator«, wusste Carol und fügte hinzu: »Der Preis für den kurzen Flug von Fairbanks hierher beträgt 20 000 Dollar!«

Ein paar Ausrüstungsgegenstände, die im Dorfmuseum gelagert hatten, verschwanden in unseren Rucksäcken. Den Rest würde ich morgen nach der ersten Nacht am Wintertrail holen. Ein letzter Blick streifte die blauen Pakete, in denen mein Faltboot steckte: in einem die Bootshaut, im anderen das Gestänge des Rahmens. Dann schulterten wir unsere Rucksäcke. Der von Carol wog zwanzig, meiner 25 Kilo. Hoffentlich spielen deine Kniegelenke mit, dachte ich. Nach der vorangegangenen Reise durch Afrika und dem anschließenden Trip von Südkanada nach Zentralalaska freute ich mich zwar auf körperliche Aktivität, war allerdings nicht so fit, wie ich es mir gewünscht hätte.

Wir brachen auf. Carol ging hinter mir, den Kopf unter einem mächtigen Moskitonetz verborgen. Als Schutz sind die Dinger zwar effektiv, wegen der Sichtbehinderung auf dem Trail aber nicht unproblematisch. Ich wollte so lange wie möglich den Moskitos ohne Netz trotzen. »Eine rein mentale Angelegenheit!«, sagte ich. Worauf Carol lachend meinte: »Das klingt wie Pfeifen im Wald.«

Wir verließen das Seeufer und folgten einer Schneise im Busch. Der Wintertrail! »Endlich«, jubelte ich, »mittendrin im Abenteuer!«

Trail-Notizen: die Kuskokwim-Portage

Noch ist der Pfad ansatzweise erkennbar. Das ändert sich hundert Meter weiter, wo sich der Trail in einem Sumpf verläuft. Beim Versuch, ihn zu umgehen, verlieren wir im überwucherten

Untergrund den Halt und stürzen. Harte Zweige toter Fichten kratzen über Haut und Kleidung. Tausende Moskitos blasen wütend zur Attacke. Ich trage das Mückenschutzmittel Muscol auf, eine »Chemiekeule« aus Kanada. Carols Moskitonetz erweist sich als Handicap; durch die engen Maschen nimmt sie die Tücken der Tundra nur ungenau wahr und stürzt der Länge nach in den Morast. »Moskitos wären schlimmer!«, knurrt sie und rappelt sich auf.

Mein Blick klebt auf dem Boden; nur dann und wann hebe ich den Kopf, um nach Bären, Elchen und Wölfen Ausschau zu halten. Allerdings sehe ich nur Schwarzfichten, Überlebenskünstler, die dort wachsen, wo andere Bäume keine Chance haben: auf Permafrostböden und moorigem Untergrund. Ich habe das verrückte Gefühl, hier auf dem kostbarsten Teppich der Welt zu gehen; so samtweich und federnd ist er, dass meine Füße bis zu den Knöcheln versinken. Dort allerdings treffen sie auf kaltes Wasser, das sich oberhalb der Eisschicht des Permafrostbodens staut. Dank Neoprensocken spüre ich die Kälte kaum.

Dann erklimmt der Wintertrail einen Hügel. Abertausend wilde Rosen blühen hier. Atemberaubend schön. Am Birkenstamm über mir hämmert ein schwarz-weißer Haarspecht.

Zwei Stunden später balancieren wir am Rande eines Biberbaus über einen Creek, an dessen Uferbäumen eiserne Fallen hängen. »Marderfallen«, sagt Carol, »der Trapper hat sie bis zum nächsten Winter dort aufgehängt. Die klaut keiner, niemand geht hier im Sommer lang … außer uns!«

Verwirrt sehen wir, dass eine Schneise links vom Trail abzweigt.

»Vor nicht langer Zeit geschlagen«, stelle ich fest. Später wird mir Trapper Ray Wildrick sagen, dass im Jahr des verheerenden Waldbrandes firefighter *per Helikopter eingeflogen worden waren, um zum Schutz der Einwohner von Lake Minchumina eine Feuerschneise zu roden. Jetzt aber sind wir irritiert.*

Natürlich habe ich amtliche topografische Karten, Maßstab 1:250 000, dabei. Das Zuverlässigste, was in Papierform erhältlich ist. Allerdings wurden manche der Karten vor dreißig oder vierzig Jahren hergestellt; und Wintertrails konnten in dieser Zeit längst eine andere Richtung genommen haben. Umso sorgfältiger müssen wir die Zeichen in der Tundra lesen.

»Lass uns hier langgehen«, schlage ich nach einigem Nachdenken vor. Carol nickt. Die Entscheidung ist richtig. Kurze Zeit später schlagen wir unser Nachtlager auf.

Die Moskitoinvasion dieses Abends werde ich nie vergessen: Die Viecher verstopfen beim Einatmen die Nasenlöcher, kleben in den Augen und fallen dutzendweise beim Kochen ins heiße Wasser.

Apropos kochen: »Kochtöpfe und Essgeschirr habe ich eingepackt«, hatte Carol mir vor dem Aufbruch versichert. Jetzt kocht sie in zwei übergroßen ausgedienten Konservendosen. Sie nennt das »Töpfe«. Zwei ehemalige Erbsendosen hat sie als Teller sowie Tee- und Kaffeebecher dabei. Da die ohne Deckel sind, schwimmen binnen Sekunden in meinem Früchtetee zwanzig Moskitoleichen.

»Sorry!«, meint Carol. »Irgendwie habe ich auch Gabeln und Löffel vergessen ... dieser verflixte Stress wegen der Filmaufnahmen!«

Dennoch hat der Abend seinen eigenen Zauber; schwere Regenwolken hängen am Himmel. Von früheren Buschfeuern stehen gebliebene tote Fichtenstämme verleihen dem Bild etwas Geisterhaft-Geheimnisvolles. Wegen herumstromernder Bären haben wir das Zelt weit entfernt vom Lebensmitteldepot wie auch vom Kochplatz aufgebaut. Zur Sicherheit lege ich mein bear spray *griffbereit neben Carols Schießeisen ans Kopfende. Der Schlachtruf der Moskitos klingt im geschützten Zelt wie ein Gutenachtlied. »Mosquitoes lullaby«, meint Carol und gluckst in sich hinein.*

Zurück in die Wildnis

Mein Entschluss stand fest: Ich würde erst von Lake Minchumina hierher zurückkehren, wenn ich dort Kochtöpfe, Trinkbecher, Teller, Löffel und Gabeln aufgetrieben hatte! Eigene Kochutensilien würde ich erst in den Paketen für die zweite Flussetappe in McGrath vorfinden. So lange wollte ich nicht warten!

Jahrzehnte des Buschlebens hatten Carols Leben andere Schwerpunkte und Wertigkeiten gegeben. Während die Tasse Kaffee am Morgen für mich gleichermaßen Augenöffner und erstes Tages-Highlight ist, trinkt sie eiskaltes Tundra-Wasser aus einer alten Konservendose.

Da mussten wir beide einen gemeinsamen Nenner finden: Routine ist wichtig, gerade unter der Belastung extremer Wildnistrips. Zwei eingefleischte Einzelgänger buchstäblich »ins selbe Boot« zu setzen ist nicht unproblematisch. Unser Vorteil aber war, dass wir von früheren Touren her wussten, wie der andere »tickt«. Wobei es völlig okay war, dass jeder vorrangig der eigenen Erfahrung vertraute. Schließlich war jeder gewohnt, Dinge im Alleingang zu machen: »Dann weiß ich wenigstens, dass es klappt!« Es konnte also im Flussalltag bei uns Kompetenzkonflikte oder gar Reibungspunkte geben. Von vielen Expeditionen ist überliefert, dass Teilnehmer sich unter Erfolgsdruck, Essensmangel, Schlechtwettereinfluss, ja selbst durch die Attacken gieriger Moskitos (hier ist Carol besonders dünnhäutig) in die Haare gerieten. Aber wir beide würden uns schon zusammenraufen!

Es ist viele Jahre her, dass ich erstmals von Carol hörte, ohne dass sie namentlich genannt wurde. Es war in einem *Geo Spezial »Alaska«*, in dem der Trapper Miles Martin porträtiert wurde.

»Eines Tages versuchte ich, mit einer Frau und ihren beiden Kindern, die sie mitbrachte, zusammenzuleben«, berichtete Miles. »Es war eine sehr große Veränderung für mich, und es gab viele Probleme. Ich kenne nicht alle Gründe, warum es nicht funktionierte. Aber eines Tages gingen wir wieder unsere eigenen Wege. Wir waren beide einfach zu unabhängig. Wir wollten beide Feuerholz hacken, keiner wollte kochen ...«

Diese Unabhängigkeit hat Carol sich seit den Tagen des Zusammenlebens mit Miles Martin bewahrt. Mir war klar, dass auch in unserem Team jeder einen Teil seiner Selbstständigkeit aber auch Selbstverständlichkeit bei der Erledigung von Alltagsarbeiten würde aufgeben müssen zugunsten des *team plays*.

Carol würde an diesem Tag vier Stunden lang mit einem Teil des Gepäcks vorausgehen. Dies würde sie in einem Depot zurücklassen und anschließend hierher ins Camp zurückkommen. Mein Job war es, zurück nach Lake Minchumina zu wandern, um die letzten 25 Kilo Ausrüstung hierherzuschaffen.

»Bis heute Abend«, rief ich und marschierte los.

Der Tag begann verheißungsvoll, zeitweise brach sogar die Sonne durchs Grau der Wolkendecke. Gestern war die Vorstellung, die erste Etappe noch mal zurückgehen zu müssen, nicht sonderlich beglückend gewesen. Heute ging ich beschwingt. Zum einen lag das am leeren Rucksack, zum anderen daran, dass ich die sumpfigen Trail-Abschnitte jetzt kannte.

Jahrzehntelange Abenteuer in aller Welt hatten mich gelehrt, vorsichtig, aber gleichermaßen beherzt an Unbekanntes heranzugehen. Ich hatte gelernt, die eigenen Kräfte und Möglichkeiten möglichst optimal einzuschätzen und einzusetzen. Vor Jahren hatte ein befreundeter Outdoors-Mann namens Peter Wilson aus Simbabwe das als Alltagsformel auf den Punkt gebracht: »Wenn du in der Wildnis unterwegs bist und zwei Wasserflaschen dabeihast, dann gehe nur so weit, wie dich das

Wasser der ersten bringt. Findest du bis dahin keine Wasserstelle, wird dich die zweite Flasche wohlbehalten zurückbringen.« Generell heißt das: Sei wachsam beim Einschätzen deiner Ressourcen, das kann überlebenswichtig sein!

Das galt auch für diesen Trip. Aber nur einmal dachte ich ganz kurz: »Einen Batzen Dollarscheine über den Tresen einer *bush airline* geschoben, hätte das Transportproblem bei minimalem Zeit- und Kraftaufwand auf eine Abbuchung bei deinem Konto reduziert...« Schnell wischte ich den Gedanken als unzünftig beiseite.

Dies war spannender! Und um die Metapher von den beiden Wasserflaschen auf das Nordland umzumünzen, hatte ich für unseren Fußmarsch mehr Lebensmittel eingepackt, als ich für einen dreitägigen *hike* normalerweise benötigt hätte. Carol hielt das für völlig überzogen und überflüssig, aber ich setzte mich durch.

Ich entdeckte auf dem Trail Wolfslosung, die zum Großteil aus Haaren und Knochen gerissener Beutetiere bestand. Hier und dort sichtete ich *moose*-Fährten. Offenbar benutzten auch Elche den Pfad. »Sei wachsam«, schärfte ich mir ein. Auch wenn ein Elch auf Distanz gutmütig wirkt, kann eine Begegnung mit ihm böse enden. Vor allem im Winter, wenn Elche und Hundeteams dieselben Trails benutzen. Beim unvermuteten Aufeinandertreffen geht der Elch blitzschnell mit seinen Hufen zum Angriff über. Bei 500 Kilo Lebendgewicht kann das für *musher* wie Hunde tödlich enden.

Mit leerem Rucksack legte ich die Strecke, die uns gestern noch als Tortur erschienen war, in Rekordzeit zurück. In der Gemeinschaftsküche der Bücherei von Lake Minchumina fand ich Löffel, einen Trinkbecher, Töpfe und Teller. Das versetzte meiner Stimmung einen Kick! Carol würde die Dinge nach unserem Trip wieder zurückbringen.

Vögel sangen, die Sonne schien durch die dünne Wolkendecke, und der Haarspecht hämmerte so leidenschaftlich wie am Tag zuvor, als ich Stunden später seinen Birkenwald erneut erreichte. Aber bald zogen von zwei Seiten Unwetter auf. Die Birken boten keinen Schutz, und so prasselten Gewitterschauer wie ein Wasserschwall auf mich nieder. Dauerregen schloss sich an. Als ich gegen 18 Uhr unser Camp erreichte, war kein trockener Faden an meinem Leib. Ich rieb mich ab, kroch ins Zelt und wärmte mich auf.

Wenig später kam Carol zurück; wie geplant hatte sie unübersichtliche Abschnitte des Pfades markiert und ein Gepäckdepot angelegt. Und bei ihr war kein Tropfen gefallen: Sie schwärmte vom Duft des weiß blühenden *labrador tea* und zerrieb ein paar Blätter dieses heidekrautartigen Rhododendrongewächses. Der betörende Duft ätherischer Öle überlagerte schlagartig den meiner ausgezogenen Neoprensocken. Und noch eine gute Nachricht: Dank Löffel schmeckte mein Abendessen doppelt so gut.

Die Tundra säuft ab

Was ging hier eigentlich ab? An sich war dieser Fußmarsch kaum mehr als die Ouvertüre zum eigentlichen Flussabenteuer Kuskokwim. Und nun wurde das zwanzig Kilometer lange Vorspiel selbst zum Hauptakt, zu einem unkalkulierbaren Abenteuer mit offenem Ausgang ...

Seit letzter Nacht goss es in Strömen. Wo wir am Abend noch über einen wunderbar weichen Tundrateppich gegangen waren, quatschten unsere Füße am Vormittag durch eine moorige, grün-braune Biomasse. »Die Tundra säuft ab«, stellte Carol lapidar fest. Logisch, denn nach unten konnte das Regenwasser wegen des Permafrostes nicht ablaufen. Also liefen die Niederungen, Senken, aber auch die Vertiefungen unseres Wintertrails voll. Und dort, wo Gefälle war, bildeten sich Rinnsale, die bald schon zu Bächen anschwollen. Allein einen im Schlamm steckenden Fuß freizubekommen, dauerte oft ein bis zwei Minuten.

Mein Kompass verriet nur, dass wir dem auf der Karte eingezeichneten Wintertrail auch tatsächlich folgten. So stapften wir trotz allem guten Mutes durch die Wildnis.

Ich hatte das Gefühl für Zeit und Distanz verloren. Nachdem meine soliden Wandersandalen ein Dutzend Mal im Moor stecken geblieben waren, ging ich nur noch in Neoprensocken. Wobei ich selbst beim Schreiben dieser Zeilen über den Begriff »gehen« schmunzeln muss. Es war nur ein Glitschen und Ausgleiten, manchmal sanken wir sogar bis zu den Oberschenkeln in den Morast ein. »Wäre die Tundra nicht gefroren, hätten wir Chancen, in tausend Jahren als Moorleichen wiedergefunden zu werden«, witzelte ich. So aber wurde der Fuß nach einem dreiviertel Meter gestoppt, wenn die Zehenspitzen auf die Eisplatte des Permafrostes stießen. Da unsere Füße im Eiswasser so kalt waren wie Hähnchenschenkel im Supermarktkühlregal, bemerkten wir erst viel später die Folgen dieses Aufpralls. Die Zehennägel, vor allem die der großen Zehen, wurden beim Stoß gegen das Eis schwer beschädigt. Das aber spürten wir erst nachts, wenn die Füße im Schlafsack warm wurden und entsetzlich schmerzten.

Die Alternative zum Waten im moorigen Eiswasser wäre das Gehen im Tussock-Gras neben dem Trail gewesen.

Tussock, ein Überlebenskünstler in arktischen Feuchtgebieten, ist eine der ersten Pflanzen, die nach dem Abtauen des Schnees wieder zum Leben erwachen. Somit ist es eine der wichtigsten Nahrungsquellen für Karibus. Die in Abständen nebeneinander wachsenden gut dreißig Zentimeter hohen wuschelköpfigen Pflanzen scheinen die arktische Tundra wie ein durchgehender grüner Teppich zu bedecken. Denkt man ... In Wirklichkeit haben die »Köpfe« der Gräser zwar einen Durchmesser von rund vierzig Zentimetern, doch der »Stamm« der Pflanze hat nur knapp zehn. Beim Versuch, diesen »Stamm« in der Mitte des »Wuschelkopfes« mit dem Fuß zu erwischen und dort Halt zu finden, wird man unweigerlich abgleiten und im moorigen Untergrund versinken. Beste Chancen, sich die Knochen zu brechen ...

Wir waren verblüfft, als wir nachmittags hundert Meter neben unserem Wintertrail ein blaues 200-Liter-Metallfass entdeckten. Abends hielt Carol dazu folgende Notiz auf unserem Diktiergerät fest:

Die 55-gallon-drum markiert den Beginn eines von der Domas-Familie angelegten trapline trails. Von diesem zweigen später die Wintertrails zu den Hütten von Ray Wildrick und Tom Green ab.

Kein Wort darüber, dass hier eventuell auch der Abzweig zu unserem Trail sein konnte ...

Unsere knappe Tagesstatistik liest sich wie folgt:

Zwölf Stunden auf den Beinen, davon sechs im tiefen Wasser und Moor. Insgesamt etwa vier Kilometer geschafft. Schuhe wegen des moorigen Untergrunds ausgezogen und rund zehn Stunden in Neoprensocken gelaufen. Dreimal stürzt Carol vornüber in den Morast und wird vom Rucksack begraben. Ich helfe ihr und rate wegen der besseren Sicht, ohne Moskitonetz zu gehen. Macht sie aber nicht ... sie hält Moskitos für schlimmer als unter dem Rucksack im Moor abzusaufen ...

Kein Vogel war zu sehen, kein Gesang zu hören. Da waren nur das Glucksen des Wassers und das Klatschen unserer Füße auf dem Untergrund. Wir sahen zahllose Wolfsfährten, aber auch Spuren von Elchen und Bären. Abends ließ der Regen nach, der

Himmel klarte auf, und durch die Nebelschwaden über der Tundra blitzte einen Moment lang die Sonne; ein magisch schöner Moment.

Das Land war flach, mit vereinzelten Hügeln in der Ferne. Nur sporadisch ragten aus der Tundra die staksig-dürren Stämme der Schwarzfichte heraus. Auch wenn ich wegen des eisigen Morastes und der gemeinen Tussock-Köpfe einige Flüche zwischen den Zähnen zerbiss, war ich doch im Bann dieser wilden Einsamkeit. Das Menschengewusel von Los Angeles, Berlin oder Tokio spielte sich gefühlte zehn Millionen Kilometer entfernt ab. Dies hier war jetzt der Mittelpunkt der Welt. Meine Welt. Nur das täglich mit dem Spot Messenger abgesetzte GPS-Signal würde Juliana im fernen Deutschland verraten, wo ich gerade war.

Trail-Notizen um Mitternacht:
Draußen ist es verhangen-düster. Schon in einer Woche wird Mittsommernacht sein. Hoffentlich klart es bald auf! Im Zelt liegend höre ich Hunderte Moskitos zwischen Innen- und Außenzelt heulen. Eine sichere Distanz. Tagsüber war ein Dutzend von ihnen beim Einatmen in meine Luftröhre gelangt. Musste schlimm husten ...

Der Boden unter dem Zelt ist weich, das Moos von Wasser durchtränkt: So muss es sein, über ein Wasserbett zu gehen. Bin optimistisch, morgen unser Kanu am Kuskokwim zu erreichen!

Carol hatte vorgeschlagen, unsere Last zu reduzieren und stattdessen mehrere Male zu gehen. »Mit weniger Gewicht auf dem Rücken sind wir schneller.«

»Richtig«, wandte ich ein, »aber dann werden wir ›leer‹ zurückgehen müssen, um unsere im Depot zurückgelassenen Dinge zu holen. Durch dieses ewige Hin und Her sind wir eher langsamer!« Das sah sie ein.

An diesem vierten Tag auf dem Trail beschlich mich ein Verdacht: Folgten wir einem falschen Pfad? Dann sah ich auf die Karte und verscheuchte diesen Gedanken: Die Seen rechts und links waren da, wir befanden uns auf dem auf der Karte eingezeichneten Winterpfad. Doch ein merkwürdiges Gefühl blieb ...

Als nachmittags der Himmel aufklarte, kehrte unser Optimismus zurück. Der Trail hatte jetzt die abgesoffene Tussock-Tundra verlassen und zog sich über einen mit großen Bäumen bestandenen Höhenzug. Hier bot sich uns eine völlig andere Vegetation: zwanzig Meter hohe Weißfichten statt der bisherigen zwergenhaften Schwarzfichten. Endlich kamen wir trockenen Fußes voran. Klar war allerdings auch, dass die matschige Tundra uns auf der anderen Seite des Höhenzugs erneut begrüßen würde. Offenbar gefiel auch Trappern dieser trockene Fleck, denn an einer Fichte baumelten Fallen.

»Eine elende Art, Tiere zu töten«, sagte ich. Die Trapperromantik hat für mich schon lange einen Knacks bekommen. Ich sehe den verletzten Wolf, wie er sich quält, dem gnadenlosen Biss der Falle zu entkommen. Bei Außentemperaturen von dreißig Grad minus wird er immer schwächer, bis er bei lebendigem Leibe erfriert. Genauso wie Marder, Vielfraße und all die anderen Träger kostbarer Pelze ...

Wir warfen die Rucksäcke ab und legten uns ins ungewohnt trockene, duftende Gras. Fliegen summten, auch ein paar Moskitos. Irgendwo sangen Vögel. Der Himmel war wolkenlos wie schon seit Langem nicht mehr. Hoch oben teilte der Kondensstreifen eines Jets das Blau in zwei Hälften.

Meine Träumerei wurde unterbrochen, als Carol vorschlug, hier ein Depot anzulegen. Das hieß, ich würde zurückgehen und aus dem letzten Camp die verbliebenen 25 Kilo Gepäck holen. Sie wollte das von uns beiden hierhergebrachte Gepäck aufteilen und in vier leichteren Lasten zu einem neu anzulegenden Camp schaffen. Ich war einverstanden.

Die Wanderung über den Höhenzug war wie ein schöner kurzer Traum gewesen, die Tundra holte mich in die Realität zurück: Mehrfach blieb ich im Moor stecken, einmal fiel ich wie ein gefällter Baum mit dem Gesicht vornüber ins struppige Tussock-Gras. Zum Glück war nur das Brillengestell verbogen.

Abends setzte Dauerregen ein. Durchnässt, durchgefroren und mit den Füßen auf Permafrost kam sekundenlang Galgenhumor auf: Zum Eiswasser fehlte nur noch der Martini ...

Trail-Notizen, 5. Tag: die Odyssee

Nachts meine ich, meine Füße würden explodieren. Fakt ist, dass die Zehen rot und extrem geschwollen sind. Auch bei Carol. Im Eiswasser des Trails allerdings »funktionieren« sie. Gut so!

Was ich zum Frühstück aus dem Lebensmittelbeutel auf die Teller zaubere, nennt Carol lachend »boost for the moral!«: Die letzten beiden Eier, die auf wundersame Weise heil geblieben sind, der letzte Bacon und deutsches Vollkornbrot, das ich in Fairbanks ergattert habe. Heute trinkt Carol sogar heißen Tee zum Frühstück. Anschließend schmettert sie: »Freude schöner Götterfunken ...«. Das habe ihre deutsche Oma immer mit ihr gesungen, sagt sie.

Stunden später: vor uns hohe Pappeln, deren helle Blätter im leichten Wind flüstern. Dahinter mächtige Weißfichten. Hundert Meter weiter gelangen wir an das Ufer eines Sees. Offenbar ist das der See, von dem Trapper Ray gesagt hatte: »Im Winter fahre ich darüber, jetzt im Sommer müsst ihr euch durch die Büsche schlagen und ihn rechts umgehen.« Alles scheint zu stimmen.

Dort, wo sich am gegenüberliegenden Ufer der Trail fortsetzt, stoßen wir auf ein großes eisernes Fass und an Bäumen hängende Fallen. Alles deutet auf Rays trapline, seinen Fallenstellerbezirk hin ...

»Wir sind richtig«, jubelt Carol. Die nächsten drei Stunden suchen wir den Wald systematisch nach der Fortsetzung des Trails ab. Was schwierig ist, denn zahlreiche Wildwechsel von Elchen und Bibern verwirren uns. Plötzlich stehen wir vor einer Blockhütte.

Die Fenster sind verschlossen. Vor der Tür steht eine »scharfe«, das heißt geöffnete, große Bärenfalle. Für den Fall, dass ein Bär die Warnung nicht kapiert, wurden die Tür und die Fenster mit soliden Brettern zugeschraubt. Woraufhin ein Bär aus Frust das Klo nebenan kurz und klein gehauen hatte.

»Das ist nicht Ray Wildricks Hütte!«, sagt Carol mit Bestimmtheit.

Das Gefühl, einem falschen Trail gefolgt zu sein, verstärkt sich. Weitere zwei Stunden durchkämmen wir systematisch auch entfernte Waldgebiete. Als wir ein steil abfallendes Ufer erreichen, sehe ich braunes Wasser ... und Strömung. »Da ist ein Fluss! Das ist der Kuskokwim!«

Wir waren zwar am richtigen Fluss angelangt, allerdings an völlig falscher Stelle. Und keiner hatte auch nur die leiseste Ahnung, wo sich Rays Trapperhütte samt unserem Kanu befand. Frustriert kehrten wir um ...

Verirrt in der Wildnis

Auf dem Rückmarsch wurde unser Schweigen nur von Spekulationen darüber unterbrochen, an welcher Stelle wir den Abzweig vom Trail verpasst hatten. Es musste bereits vor Tagen gewesen sein. In der abgesoffenen Tundra waren unsere Köpfe zumeist gesenkt und die Augen auf die Hindernisse zu unseren Füßen gerichtet gewesen. So konnte es passiert sein …

Unstrittig war auch, dass wir dem auf der Karte eingezeichneten Wintertrail gefolgt waren. Und – zumindest laut Karte – war er der einzige weit und breit. Wo also lag der Fehler?

»Erinnerst du dich an die blaue *55-gallon-drum*?«, fragte Carol sichtlich nachdenklich. »Sorry, ich glaube, ich habe einen Fehler gemacht und Informationen falsch interpretiert.«

Die Trapper von Lake Minchumina hatten ihr gesagt, dass Rays *trapline trail* vom alten, auf der Karte eingezeichneten Wintertrail abzweige. Doch da es auf der Karte keinerlei Hinweis auf jenen Abzweig oder Rays *trapline trail* gibt, war all das sehr vage geblieben.

»Ich vermute, dass die blaue *55-gallon-drum* den Abzweig markiert«, meinte Carol mit einem schwachen Lächeln.

Und wenn nicht? Der fünfte Tag auf dem Trail ging zu Ende, und die anfangs stattlichen Vorräte waren geschrumpft. Was allerdings das geringste Problem war, denn einige Zeit würden wir zur Not ohne zu essen durchstehen können. Ich war schon einmal zwanzig Tage ohne Nahrung ausgekommen, und der Körper hatte das bestens weggesteckt.

Was aber, wenn wir den Trail dann doch nicht fanden?! Aber solche Gedanken blendete ich schnell aus …

Wir hatten zu viel investiert. Julianas Flüge von Frankfurt in die Buschsiedlung McGrath waren verbindlich gebucht! Und auch meine Anreise hatte es nicht für ein Schnäppchen gegeben.

Im fernen Deutschland hatte Juliana derweil seit Tagen gerätselt, was bei uns denn abging. Sie war bestens im Bilde: Jeden Tag hatte ich ihr über den Spot Messenger meine GPS-Daten per Knopfdruck geschickt. Mithilfe von Google Maps und Google Earth war es für sie eine Kleinigkeit, blitzschnell herauszufinden, wo wir waren. Und besser als wir erkannte sie auf dem Bildschirm die Zusammenhänge. Jetzt wunderte sie sich, dass wir uns vom North Fork Kuskokwim entfernten und offensichtlich wieder zurückgingen. Hatten wir uns verirrt? Sie war besorgt und rief Bekannte in Lake Minchumina an. Aber dort konnte man ihr nicht weiterhelfen.

Man liest von gescheiterten Expeditionen, bei denen die demoralisierten Teilnehmer ihrem Ärger Luft machten oder sich gar an den Kragen gingen.
 Doch wir waren trotz allem guten Mutes. Und schließlich war da ja das blaue 55-Gallonen-Fass, auf das wir jetzt fixiert waren. Wir waren fit – bis auf die Füße ...
 Wir übernachteten auf derselben *campsite* wie in der vorausgegangenen Nacht. Am Morgen des sechsten Tages machten wir eine Bestandsaufnahme unserer Vorräte. Wenn wir noch drei bis vier Tage unterwegs sein mussten, konnte es eng werden ... Dennoch waren wir optimistisch, das Kanu doch noch zu finden. Wenn nur das Problem mit den Füßen nicht gewesen wäre ... Es zeichnete sich ab, dass wir wohl beide die Nägel unserer großen Zehen verlieren würden.
 »Bin froh, dass meine Krankenversicherung Medevac einschließt, also notfalls eine medizinische Evakuierung per Hubschrauber«, sagte Carol. Und für den Fall, dass alle Stricke reißen würden, konnte ich auf meinem Spot Messenger den 911-Knopf drücken und mit diesem SOS-Signal ein Rettungsteam mobilisieren. Für ein solches Szenario aber reichte meine Fantasie nicht. Also wechselten wir das Thema.

Immer wieder regnete es tagsüber, oft auch nachts. Aber was war das schon angesichts des ständigen Watens durch Schlamm und mooriges Eiswasser?

Morgen war Sonnenwende, der längste Tag des Jahres. Doch die scheue Mitternachtssonne verbarg sich hinter dem Wolkenteppich über Zentralalaska. Später würden wir hören, dass dies in der Region zwischen Mount McKinley und Fairbanks *the wettest summer on record*, der regenreichste Sommer, seit dem Beginn der Wetteraufzeichnungen vor über hundert Jahren gewesen sei. Als hätten wir das nicht längst gewusst ...

Am Abend des siebten Tages entdeckte ich das blaue Fass hundert Meter nördlich unseres Trails. Wir schlugen unser Nachtlager auf. Und wie um mit uns zu feiern, riss der Himmel auf. Als ich gegen ein Uhr morgens mit der dritten Ladung Gepäck aus dem letzten Depot zurück zu Carol ins Camp kam, stand der glutrote Sonnenball nur eine Handbreit über dem Horizont. Die Nacht war bitterkalt.

Trail-Notizen: das Blockhaus am Fluss

Stahlblauer Himmel und Sonnenschein! Wir lassen zwanzig Kilo Gepäck am 55-Gallonen-Fass zurück und marschieren los. Deutlich erkennen wir die in das Moos eingedrückten Spuren von Schlittenkufen: »Dies ist Rays trapline trail*!«, strahlt Carol. Die ungewohnte Sonne brennt, macht aber müde. Am Himmel bilden sich erste Schleierwolken.*

Wir durchqueren einen Sumpf, danach führt ein trockener Pfad leicht bergauf. Doch das Regenwasser hat den abschüssigen Trail ausgespült und zum Bachbett gemacht. Stundenlang waten wir durch eiskaltes Wasser, das uns oft bis zum Hintern reicht. Um nicht zu stürzen, ziehen wir uns an überhängenden Zweigen von Krüppelkiefern voran.

Nie zuvor hatte ich solche Mengen Wolfs- und Elchlosung gesehen wie hier. Und dann die riesigen Bärenspuren ... Vorsichtshalber mache ich es wie Westernhaudegen John Wayne mit seiner Kanone vor dem Duell: Ich übe, das Bärenspray blitzschnell aus dem Holster zu ziehen, mache die Spraydose schussbereit und bringe sie in Position ...

Je höher wir aufsteigen, umso mächtiger werden die Weißfichten, ein Indiz, dass im Boden kein Permafrost steckt. Es ist wie im deutschen Wald: mit wilden Rosen, tanzenden Libellen und krakeelenden Vögeln, deren Beschaulichkeit wir offenbar stören. Dies könnte die Wasserscheide sein, denke ich, als wir den Kamm des Höhenzugs erreichen. Der Kuskokwim dürfte nicht allzu weit entfernt sein. Ein Gewitter stoppt uns. Als der Regen kurz innehält, wandern wir weiter.

Nach vier Stunden Fußmarsch stockt mein Schritt. Was ist das? Ein umgestülptes grünes Kanu im Gras!

»Carol!«, rufe ich. Ungläubig kommt sie näher, prüft das Seil, mit dem das Kanu am Baum befestigt ist. »Das ist mein Band ... mein Kanu!«

So richtig glauben wir es erst, als wir hundert Meter weiter Ray Wildricks Blockhaus sehen. Davor steht Carols gelbe eiserne 200-Liter-Tonne mit unseren Lebensmitteln.

Erleichterung – allerdings lagern im letzten Depot an der blauen Tonne am Trail-Abzweig noch zwanzig Kilo Gepäck! »Ruh dich aus und hole es morgen«, rät Carol.

Ich bin zwar patschnass, fühle mich aber ansonsten fit. Und ich weiß, dass meine Zehen morgen noch stärker entzündet sein werden. Jetzt sind sie »eingelatscht«...

»Ich gehe jetzt«, entscheide ich. »Nimm den Revolver mit«, rät Carol, »wegen der vielen Bärenspuren.« »Nein«, sage ich, »zu

schwer.« Außerdem ist belegt, dass Bärenspray wirkungsvoller ist als eine Schusswaffe.

Ich wandere konzentriert und schnell, das hält mich warm. Ich umgehe Sümpfe und durchwate den kilometerlangen Bach. Am Depot angekommen, verstaue ich alles im Rucksack, werfe mir eine Handvoll trail mix, eine Art Studentenfutter aus Nüssen und Früchten, in den Mund und bin schon auf dem Rückmarsch bergauf zur Wasserscheide. Trotz der zwanzig Kilo auf dem Rücken und trotz des bis an den Hintern reichenden Eiswassers fühle ich mich beschwingt: Endlich haben wir den North Fork Kuskokwim erreicht! Die Reise zum Beringmeer kann beginnen!

Um 18.15 Uhr hatte ich Carol verlassen. Genau um 23.15 Uhr kehre ich nach einem Marathonmarsch ins Camp zurück. Ein Feuer brennt, sie liegt schon im Zelt. Ich wechsele die tropfnasse Wäsche gegen trockene und krieche zitternd in den Schlafsack.

»Vier Stunden haben wir beide heute bis hierher benötigt«, stellt Carol fest, »und für die doppelte Strecke hast du nur fünf Stunden gebraucht!« Ihre Worte kommen wie durch einen dichten Nebel bei mir an. Dann bin ich eingeschlafen.

Der Bär, der ins Kanu biss ...

Der North Fork Kuskokwim war schokoladenbraun und führte Hochwasser, das bis zu den Weidenbüschen an der Uferböschung reichte. Die Strömung war enorm, was natürlich auf den Dauerregen zurückzuführen war: Schließlich entleerten sich gerade abertausend Creeks aus Tundren und Wäldern in ihn.

Auf den staatlichen Karten ist der Fluss nur als hauchdünner, blauer mäandernder Strich erkennbar. Seinem Zickzack dort zu folgen fällt schwer. In diesem Sommer aber hatte der North Fork Kuskokwim all seine zum Camping einladenden Sand-

und Kiesbänke in braunen Fluten ertränkt. Und sein Wasser stieg von Tag zu Tag; er riss Bäume mit sich, überall krachten unterspülte Uferabschnitte gischtend ins Wasser und gaben dem Schokoladenbraun die dunkle Tönung von Bitterschokolade. Die Flussbreite betrug hier etwa sechzig Meter.

Als ich aus dem Zelt kroch, hatte Carol bereits einen Topf über das Feuer gehängt. Erst jetzt registrierte ich das hektische »Tschick, Tschick, Tschick« der *arctic ground squirrels*, die einander mit hochfrequentem Gezeter vor uns warnten.

Die putzigen Gesellen heißen auf Deutsch Arktische Eichhörnchen und gehören zu den Überlebenskünstlern des Nordlands: Sieben Monate dauert ihr Winterschlaf, bei dem die Körpertemperatur auf minus drei Grad sinkt. Jetzt wirkten die pelzigen Kerle eher heißblütig und erbost. Kein Wunder, denn Carol hatte das Zelt unmittelbar zwischen den beiden Eingängen ihres Erdbaus errichtet.

»Ich mag Tiere«, sagte Carol mehr zu sich selbst, »aber keine Arktischen Eichhörnchen!«

»Warum nicht?«

»Sie sind das Destruktivste, was ich kenne. Sieh nur in die Runde ...«, ihre Hand wies auf den Bereich zwischen Lagerfeuer und Blockhütte. Überall lag Styropor, das Ray Wildrick einst zur Wärmeisolierung eingebaut hatte – jetzt allerdings war es zerfetzt.

»Arktische Eichhörnchen finden immer einen Weg rein. Und sind sie einmal drinnen, ist nichts mehr vor ihnen sicher.«

Klar, dachte ich, wer zwangsweise ein halbes Jahr durchschläft, muss schließlich im Sommer hyperaktiv sein.

Mühsam ließ ich mich auf einem Baumstumpf nieder. Carol hatte Wasser erhitzt. Ich badete meine Füße.

Derweil dekorierte Carol die Blockhütte mit unseren nassen Klamotten. Es war sonnig, bald würden die Sachen trocken sein. Zwei Tassen Kaffee hatten jetzt auch die letzte Zehenspitze erreicht. Ich erhob mich und humpelte schwerfällig um die *cabin* herum. Sechs mal sechs Meter maß sie. Sieben mächtige Baumstämme bildeten die Seitenwände, drei weitere Stämme waren es am vorderen und hinteren Giebel. Zwei winzige Fenster, das eine erst kürzlich von einem Bären zertrümmert, ließen ein wenig Licht hinein. Die Tür hatte Ray mit kreuzweise übereinander genagelten Holzbohlen gesichert. Um Meister Petz gänzlich die Lust am Einbrechen zu nehmen, waren vor der Tür große Feuerholzstücke gestapelt.

Das Dach hatte ganz offensichtlich unter der Entdeckerfreude von Bär und Arktischen Eichhörnchen gelitten: Neben dem zerrupften Styropor standen auch zerfetzte Isolierplanen hoch. Mehr schlecht als recht hatte Ray das Dach mit Metallplatten abgedeckt.

An der vorderen Außenwand hingen Handsäge, Hämmer, Zangen und Schraubenzieher. Und wie bei fast allen Hütten Alaskas lag draußen allerlei Krimskrams herum; das Gerippe eines Bootsmotors, eine Axt und ein Klappstuhl, der bessere Zeiten gesehen hatte. Der Winter würde alles gnädig mit einer dicken weißen Schicht zudecken.

Rund um Rays Blockhütte war die Präsenz des Menschen unübersehbar; es gab hier kein undurchdringliches Dickicht. Stattdessen standen in Abständen Weißfichten neben Erlen und Birken. Carol bückte sich, brach den Stängel einer Pflanze ab und biss hinein. »Wilder Rhabarber«, sagte sie und hatte den lateinischen Namen auch gleich parat: »*Polygonum alaskanum!*« Hier und da wuchsen Preiselbeersträucher. Für die Ernte der *cranberries* waren wir noch zu früh dran. Der Hartriegel aber blühte schon.

Wir holten unsere Lebensmittel aus dem leuchtend gelben 200-Liter-Fass mit der Aufschrift *salvage*, einer Tonne, die normalerweise für Rettungseinsätze benutzt wird, und portionierten sie. Da die Planung dieses Trips spontan erfolgt war, hatte

Carol auch auf eigene Vorräte zurückgegriffen. Im Klartext: Während der nächsten zwei Wochen würde es an zehn Abenden Reis und Bohnen geben!

Zwei *meals ready to eat*, MRE, wie es im Armeejargon heißt, waren unsere Notfallreserve. Manche Leute lieben diese Armeerationen, andere hassen sie. Aber es ist gut, sie für alle Fälle dabeizuhaben. Auch beim *pilot bread* wird keiner in Begeisterungsrufe ausbrechen. Man nennt die knochentrockenen Hartkekse treffend »Panzerplatten«. Sie sind in Alaska weit verbreitet. Das Gesetz verlangt von jedem Buschpiloten, *survival gear* für den Katastrophenfall mitzuführen, und *pilot bread* gehört dazu.

Abends hatten wir die Lebensmittel gepackt und die getrocknete Kleidung in wasserdichten Behältern verstaut. Die Vorbereitungen für den morgigen Start waren uns flott von der Hand gegangen. Denn anders als im Faltboot oder dem schlanken Seekajak ist der Stauraum eines Kanus, auch Kanadier genannt, geradezu üppig. Und das macht das Leben etwas leichter ...

Nur das Zeitproblem bereitete mir Kopfzerbrechen. Um Juliana rechtzeitig in McGrath zu treffen, müsste ich spätestens am zehnten Paddeltag dort sein. Aber Trips wie dieser sind nicht auf den Tag genau zu planen. Zur Not würde Juliana bei Freunden in McGrath unterkommen, und außerdem war sie durch die täglich abgeschickten GPS-Daten des Spot Messengers bestens über uns im Bilde.

Mein Wecker war auf fünf Uhr gestellt. Bereits eine Viertelstunde zuvor hatten sich die Arktischen Eichhörnchen erneut über unser Hiersein erregt. Der Biber drosch erst zum Frühstück seinen platten Schwanz aufs Wasser.

Wir schoben das Kanu auf den Fluss und beluden es. Moment mal ... irgendetwas stimmte nicht! Wasser lief über den Boden.

»Wir haben ein Leck!« Ich sah, wie unterhalb der Wasserlinie, auf halber Höhe des Hecks kleine Wasserfontänen ins Boot schossen. Im Nu entluden wir das Kanu, und eine Minute später war klar, wer der Schuldige war: »Ein Bär!« Deutlich erkannten wir die Bissabdrücke seiner Zähne. Seit diesem Morgen hat unser Kanu seinen Namen: *Beartooth*, Bärenzahn!

Wir drückten weiches Fichtenharz in die Löcher, strichen heißes Harz darauf und klebten darüber *duct tape*, »Panzerband«. Dann tauchten wir zum ersten Mal die Paddel ins Wasser.

Legt man die Landkarte Alaskas auf jene der gesamten USA, so berührt die westlichste Aleuten-Insel fast die mexikanische Grenze, der Norden geht bis an die Grenze Kanadas, und Südostalaska reicht in Floridas Norden hinein. Fakten, die schon Wohnmobilreisende mit 350 PS unter der Haube beeindrucken, aber mehr noch den Paddler in seiner Nussschale. Mit gut anderthalb Millionen Quadratkilometern größter Bundesstaat der USA, macht Alaska ein Fünftel der Gesamtfläche der Vereinigten Staaten von Amerika aus.

Als ich am Morgen unseres Aufbruchs einen letzten Blick auf meine Übersichtskarte warf, sah ich, wie der North Fork in südwestlicher Richtung entlang zweier Bergzüge fließt; die Kuskokwim Mountains im Nordwesten und die Alaska Range im Südosten. Dazwischen liegt sein Einzugsgebiet mit nur einer Handvoll Dörfer, in denen insgesamt etwa 500 Einwohner leben: Telida, Nikolai, Medfra und McGrath. Dies ist das Land der weiten Wälder, der Tundra und Taiga. Eine »meditative Landschaft«, in der man die Seele beim Paddeln auch mal baumeln lassen kann. Vorausgesetzt, Wind und Wetter spielen mit. Auf dem North Fork rechnete ich nicht mit ernst zu nehmenden Wellen. Später, am Beringmeer, würde das ganz anders aussehen. Ein Wildwasser ist er auch nicht, obwohl er an diesem Tag gluckste und schmatzte. Hier und dort küselte sein Wasser.

Aber ich nehme jeden Fluss ernst; natürlich paddelten wir in Schwimmwesten.

Jetzt bei Hochwasser schätzte ich seine Geschwindigkeit auf flotte sieben Stundenkilometer. »Wenn das so bleibt, haben wir gute Chancen, doch noch pünktlich in McGrath zu sein«, sagte ich. Just in dem Moment trat eine Elchkuh aus dem schützenden Dickicht ans Wasser. Offenbar nahm sie uns nicht wahr... Da schob sich ein Elchwinzling, der kaum über Mutters Kniegelenke hinausreichte, aus dem Blättervorhang. Der Kleine folgte der Elchkuh ins Wasser, still schwammen beide über den Fluss.

»Erst im Mai geboren«, flüsterte Carol. Dafür bewegte sich der Neuling schon recht souverän. Erst beim Erklimmen der Uferkante zeigte er sich unentschlossen. Beim vierten Versuch war das Kalb an Land.

»Schule des Lebens!«, schmunzelte Carol. »Aber solche Risiken sind gering im Vergleich zu der Gefahr durch Bären. Die ziehen gern hinter Elchkühen und ihrem Nachwuchs her. Elchjunge sind leichte Beute... sofern Meister Petz nicht selbst unter die Hufe der Elchkuh kommt.« Der größte Feind des *moose*, so nennen sie den Elch hier, ist allerdings der Mensch. Die in Anchorage erscheinende Tageszeitung *Alaska Dispatch News* berichtete unlängst, dass jährlich in Alaska rund 800 Elche durch Autos getötet werden. Die Zahl der bei *moose vehicle collisions* »lediglich« verletzten Elche ist deutlich höher. Zudem gehören Elche mit Abstand zu dem beliebtesten jagdbaren Wild. Elchkühe und Junge sind allerdings ganzjährig geschützt!

Die Natur verwöhnte uns: Innerhalb eines halben Tages belauschten wir aus nächster Nähe neun Elche. »Eine meiner Marotten ist, bei Kanufahrten das Wild zu zählen«, lachte Carol. Bei den Bibern kam sie bereits am ersten Tag auf 23.

Träume nicht dein Leben, lebe deinen Traum!

Wir vertreiben uns die Zeit damit zu rätseln, wo wir vor Tagen bei unserer Odyssee erstmals auf den Fluss getroffen waren. Die genaue Stelle finden zu wollen, gliche der Suche nach der Nadel im Heuhaufen. Aus der Paddlerperspektive sah sowieso alles gleich aus. Es war am Ende eines Tierpfades gewesen, und solche gab es hier hundertfach. Der Wildbestand war ganz offensichtlich hoch, besonders der des Bibers, dessen »Plumps« beim Aufschlagen seines Schwanzes die Begleitmusik zu unserem Flussabenteuer war.

Wenn wir nicht in die Natur lauschten, redeten Carol und ich über Gott und die Welt. Manchmal sprach sie auch über ihre Familie im fernen Osten der USA, ich über meine auf der anderen Seite des Globus. Wir plauderten über unsere Träume von einst; den Drang auszusteigen, alles abzubrechen, dem Alltagstrott zu entfliehen. Sie zog nach Alaska, mein »Abenteuerspielplatz« ist seit mehr als vierzig Jahren die ganze Welt.

Und dann machten wir eine Bestandsaufnahme: Was blieb von den Träumen von einst übrig?

»Eine ganze Menge!«, sagten wir wie aus einem Mund. Es gibt erstaunlich viele Parallelen in unseren Biografien, nicht nur, dass in unseren Pässen dasselbe Geburtsjahr steht.

Anfang 1970 kommt Carol mit ihrem Freund Bob nach Alaska. Sie, die graduierte Lehrerin, er mit seinem Master-Abschluss für Forstwirtschaft in der Tasche. Bob schreibt sich an der *University of Alaska* in Fairbanks ein, um zu promovieren. Doch ein anderer Traum der beiden ist stärker: in der Wildnis ein Stück Wald zu roden, eine Blockhütte zu bauen und vom Land zu leben, also von der Jagd, dem Fallenstellen und Fischfang.

Bob und Carol heiraten und beschließen, den Traum in die Tat umzusetzen. »1972 war das letzte Jahr, in dem unweit der Siedlung Manley Hot Springs kostenlos Land für *homesteading* vom Staat freigegeben wurde. Bob und ich gingen mit nichts außer uns selbst und unserem gemeinsamen Traum in die Wildnis.«

»Was hatte dich inspiriert?«

»Die Schriftstellerin Laura Ingalls Wilder. Mit ihren Büchern wie *Little House on the Prairie* heizte sie meine Fantasie an. Ich wollte auch so ein einfaches Leben weitab vom Schuss führen.«

»Wer war die treibende Kraft in eurem Zweierteam?«

»Beide gleichermaßen«, sagte sie und hielt inne. »Nun …, vielleicht war ich doch mehr die Triebfeder und er der Planer mit der größeren Umsetzungskraft.«

»Wie war die Reaktion deiner Familie daheim im Staate New York?«

»Nicht negativ … eher verständnisvoll. Es war ja nicht so, dass ich vor irgendetwas davonrannte. Ich hatte meinen Berufsabschluss in der Tasche. Ich wusste, dass ich meinen Traum leben musste, und hatte ein Ziel. 1972 wurde unsere Tochter Tonya geboren. Mit ihr lebten Bob und ich in unserem selbst gebauten Blockhaus am Mooseheart Mountain. Nur unterbrochen von den Monaten, in denen wir in Fairbanks einem Job nachgingen, um wirtschaftlich überleben zu können.«

Sechs Jahre später wird die zweite Tochter geboren. Im selben Jahr zerbricht die Ehe. Carol zieht mit ihren beiden kleinen Kindern zu ihrer Familie in den Osten. Aber nur für ein Jahr, der Ruf Alaskas ist übermächtig. Sie kehrt mit den Töchtern zurück und schlägt sich allein mit ihnen durch.

»Und wie war es um deine Träume bestellt?«, fragte sie.

»Ich hatte viele Träume und Pläne und war – zum Leidwesen meiner Eltern – entschlossen, meine bürgerliche Existenz und berufliche Kariere aufzugeben. Ich sagte mir damals: Träume nicht dein Leben – lebe deinen Traum! Juliana war an meiner Seite! 1970, als du nach Alaska kamst, durchquerten wir Skandinavien und danach die Sahara. In dem Jahr, als deine erste Tochter geboren wurde, rollten wir in einem alten VW-Bulli auf dem Hippie Trail über Iran und Afghanistan nach Indien und Nepal. Und als du mit Bob in der Blockhütte lebtest, gaben Juliana und ich unsere Berufe und alles andere auf und begannen eine achtjährige Nonstop-Weltreise, die in fast allen Ecken der Welt kaum ein Abenteuer ausließ.«

»Hast du noch Träume?«, wollte sie wissen.

»Wäre ich ohne Träume hier?«

»Und wie sieht es bei dir aus?«, fragte ich.

»Es lief zwar nicht immer alles so, wie ich es mir vor gut vier Jahrzehnten vorgestellt habe ... Aber auch bei mir sind noch Träume lebendig«, sagte Carol, die zwar ihre Wurzeln in einer gutbürgerlichen amerikanischen Familie hat, sich aber ein dauerhaftes Leben außerhalb der Wildnis Alaskas nicht mehr vorstellen kann.

Dann verstummten unsere Gespräche wieder.

Es war still, bis auf das leise Klatschen unserer Kanupaddel auf die Wasseroberfläche. Die hatte noch das dunkle Braun einer *hot chocolate* mit einem Schuss Schlagsahne drauf. So jedenfalls sah es an den Stellen aus, wo Turbulenzen oder Strudel Wasser aufgewühlt und der Oberfläche kleine Schaumkronen verpasst hatten.

Die Ufer glitten wie ein Panoramafilm an mir vorbei. Mit kleinen, großen oder überhängenden Bäumen. Das Land war meist unterspült. An den Uferrändern blühten weiße wilde Rosen und das rote *fireweed*, das schmalblättrige Weidenröschen. Bilder, die für mich nie an Faszination verlieren. Auf Bootstrips hatte ich sie tausendmal gesehen. Dennoch war da auch immer etwas Neues: Etwa alle 200 Meter hatten Biber, wo sie vom Ufer ins Wasser geglitten waren, mit Bäuchen und Hintern dreißig Zentimeter breite Rutschbahnen in den Boden gefräst.

»Merkwürdig, dass wir kaum Biberbauten sehen«, meinte Carol.

Hatte das Hochwasser sie unter Wasser gesetzt? Wenn ja, war das gefährlich, denn die Bauten sind an Uferschrägen unter Bergen herbeigeschleppter Zweige und Stämme so über der Wasseroberfläche konstruiert, dass die Tiere drinnen im Hohlraum leben können. Bei Hochwasser und Flutung der Bauten könnten sie absaufen.

»Kaum«, meinte Carol, »zum einen sind Biber gute Baumeister. Zum anderen wirken sie an Land zwar plump, wandern aber erstaunlich weit. Vermutlich stammen einige Biber von woandersher und kommen auf der Suche nach leckeren Weiden- oder Birkenstämmen hierher.«

Die spitz zulaufenden Biberbisse an Baumstümpfen waren unübersehbar. Häufig lagen mächtige Stämme daneben. Meister Bockert, so heißt er in der deutschen Fabel, hat messerscharfe Zähne, die auch Baumriesen flachlegen.

Anders als in Europa gelten Biber in Kanada und Alaska als nicht gefährdet und werden weiterhin in speziellen Fallen gefangen, auch solchen mit Schlingen, in denen sie sich unter Wasser selbst erdrosseln.

Ganze Imperien begründeten ihren Wohlstand auf dem wertvollen Biberpelz, der jahrhundertelang fast so hoch wie Gold gehandelt wurde. Und wer weiß, wie die Geschichte Kanadas verlaufen wäre, hätte die mächtige Hudson's Bay Company nicht bereits ab 1670 den Biber im Fokus gehabt. Um ihn drehte sich der *fur trade*, der lukrative Pelzhandel. Später lockte er auch den Schotten Alexander Mackenzie auf den Plan, der auf der Suche nach neuen Pelzpfründen und Handelsrouten über Athabasca- und Sklavenfluss den Pelzhandel bis an die Ostgrenze Alaskas herantrug.

Doch schon lange vor Ankunft des weißen Mannes fingen nordamerikanische *natives* den Biber in Fallen. Sein Pelz hielt sie warm, und sein fettes Fleisch sorgte für die Zufriedenheit ihrer Bäuche. Geschätzt wurde der Biber auch in Mitteleuropa, wo er allerdings vor Jahrhunderten eine wundersame Verwandlung vom Säugetier zum Fisch erlebte. Zumindest nach den Statuten der Kirche, deren pfiffige Diener argumentierten, der Biber sei »hinsichtlich des Schwanzes ganz Fisch«. Also dürfe er während der Fastenzeit verspeist werden.

Nie zuvor hatte ich in kurzer Zeit so viele Biber zu Gesicht bekommen wie hier auf dem North Fork Kuskokwim. Sahen wir seinen dunklen Kopf über das Wasser ziehen, verharrten wir. Dreißig Sekunden später gab es von ihm einen lauten Aufschlag mit dem breiten beschuppten Schwanz. Es war, als hätte dies Aufs-Wasser-Peitschen den dreißig Kilo schweren Körper für Sekundenbruchteile halb aus dem Wasser katapultiert. Dann war er schon wieder abgetaucht. Das Wasser brodelte noch, während er bereits an anderer Stelle auftauchte.

Aus der starken Biberpräsenz schlossen wir, dass das Hochwasser weder sie noch ihre Bauten gefährdet hatte. Die Mehrzahl der Biberburgen musste irgendwo am Rande kleinerer Zuflüsse sein. Wir vermuteten auch, dass manche Biber schlichtweg von einer Flusskehre des North Fork zur nächsten wechselten. Während wir fünf Kilometer nach Norden und dann fünf Kilometer nach Süden paddelten, brauchte er nur die Uferbank zu überqueren und hatte gleich viel erreicht wie wir. Eine ernüchternde Vorstellung...

Bei Kanu- und Kajaktouren möchte ich immer wissen, wo exakt auf der Karte ich mich befinde. Auf dem North Fork hatte das wegen des unüberschaubaren Flussschleifengewirrs keinen Sinn. Unser Zwischenziel McGrath war ohnehin nicht zu verfehlen. Bis dahin lagen noch acht bis zehn Tage vor uns.

Wir hatten sieben Stunden gepaddelt; es war an der Zeit, nach einem geeigneten Platz fürs Abendessen Ausschau zu halten. Nach der reinen Lehre der Outdoorhandbücher wird im Bärengebiet der Kochplatz nicht dort errichtet, wo man übernachten will. Also legt man rechtzeitig am Ufer an, bereitet sein Abendessen zu, isst und bricht erneut auf. Erscheint also der durch Düfte angelockte Bär auf der Bildfläche, ist der Paddler längst auf dem sicheren Wasser, wo er nach einer »duftfreien Zone« für die Übernachtung Ausschau hält.

So weit die Theorie, an der es auch nichts auszusetzen gilt. Die Lebenswirklichkeit sieht oft anders aus.

Aber genauso lehrbuchhaft verhielten wir uns am ersten Abend der Paddeltour. Fürs Abendessen fanden wir eine Sandbank, deren oberes Ende gerade noch ein Stück aus dem Wasser ragte. *Rice with beans* standen auf der Menükarte.

Weiden sind für Elche eine Delikatesse, für Kanuten auf der Suche nach Feuerholz aber ein Albtraum. Das saftig-grüne Gestrüpp brennt überhaupt nicht, und Totholz ist kaum besser. Außerdem war dieser Uferabschnitt und somit auch das angeschwemmte Holz sehr feucht. Ich hätte den Versuch also aufgeben und nach meinem effizienten kleinen Gaskocher greifen können – was mein Stolz allerdings nicht zuließ.

Irgendwann brannte das Feuer. Der Rauch, der wie ein feiner weißer Schleier über unserem Camp lag, verjagte nicht nur die Moskitos, sondern verlieh dem Platz einen zusätzlichen Zauber. Sogar Reis und Bohnen schmeckten ... Dann paddelten wir in die helle Nacht hinein. Es dauerte geraume Zeit, bis wir einen erhöhten Kiesstreifen zum Übernachten fanden. Dünne Wolken zogen jetzt über die tief stehende Sonne, die sich mühte, ein paar Strahlen zu uns zu schicken.

»Ein guter Start!«, sagte Carol, die ein außerordentlich waches Auge für Vögel hat. »Heute sahen wir Eisvögel, genau genommen die einzige hier im Norden lebende Unterart, die

Gürtelfischer. Dann waren da noch Drosseln und Wanderlaubsänger.«

Meine ornithologischen Kenntnisse sind eher rudimentär, ich freute mich also über die tägliche kleine Vogelkunde. Als Carol mein Interesse bemerkte, legte sie gleich mit der auffälligsten Pflanze des Tages nach: »Stinkweed, ein asternartiges Gewächs mit schmalen Blättern und purpurfarbenen Blüten, für das die Ureinwohner Alaskas und Kanadas vielseitige Verwendung hatten. Als Bestandteil ihrer traditionellen Medizin nutzten sie das Kraut für Entwurmungskuren, aber auch um Arthrose und Infektionen zu bekämpfen. Sogar als Aufguss im Dampfbad fand es Verwendung.«

Ich hatte mir inzwischen mein Highlight des Abends zubereitet: heiße Schokolade. Zufrieden blickte ich über den Fluss und auf meinen blinkenden Spot Messenger, der gerade sein GPS-Signal via Satellit auf Julianas Rechner in Deutschland schickte. Nach insgesamt acht Stunden reiner Paddelzeit war ich mit unserer ersten Tagesleistung zufrieden und fühlte mich wohlig müde. Es war kurz nach Mitternacht, allerdings noch so hell, dass ich hätte lesen können.

Ich ließ den Blick über den North Fork schweifen. Einen schmalen, klaren Fluss mit Sandbänken, auf denen trockenes Treibholz für die Stunden am Lagerfeuer bereitläge, hatte ich erwartet. Stattdessen war seine Strömung schnell, sein Wasser tiefbraun. Wegen treibender Baumstämme und vereinzelter Turbulenzen mussten wir stets wachsam sein. Das Treibholz war nass, die Sandbänke waren gänzlich abgesoffen und die unterspülten Ufer schwer zu erklimmen. Die Reise würde nicht einfach werden ...

In Höhe der Wasserlinie steckte ich einen Ast in den Boden. »Bin gespannt, ob das Wasser weiter steigt«, sagte ich zu Carol. Mehr für die Abendromantik als aus purer Notwendigkeit entfachte ich aus wenigen Holzstücken ein letztes kleines Feuer. Es war fast windstill, und der Rauch waberte wie feiner Nebel über das Wasser. Keine der vielen Enten und Gänse, die tagsüber mit uns den North Fork bereist hatten, war zu sehen. Kein Vogelgezwitscher lag in der Luft. Mein Blick reichte gerade mal siebzig Meter weit zum gegenüberliegenden Ufer.

Carol holte mich aus meinen Gedanken in die Gegenwart zurück, indem sie heißes Wasser zum Baden der malträtierten Füße brachte. Seit Kurzem steckten auch Dornen der unzähligen wilden Rosen in unseren Fingern. Was völlig unvermeidbar war, denn wo immer die Hand hingriff, fasste sie in die Dornen dieser hübsch blühenden Pflanze.

Aber ich fühlte mich wohl in dieser Welt abseits aller Städte, aller Straßen, aller Flughäfen, allen Lärms – für viele, die anders ticken als ich, aber auch eine Welt jenseits aller Vorstellungskraft. Ich trank den letzten Schluck Kakao, kroch ins Zelt, legte das Bärenspray neben mein Kopfende und schlief ein.

Bilder einer Kanureise: Rosen, Buschfeuer und Elche

Als mein Wecker um sechs Uhr klingelte, lag ich bereits wach im Schlafsack und beobachtete das Gewimmel der Moskitos zwischen Innen- und Außenzelt.

Mag sein, dass es lächerlich klingt, mit dem Wecker durch die Wildnis zu reisen. Aber es schien mir hilfreich, den Tagen auf dem Fluss etwas Struktur zu geben und dadurch auch flotter voranzukommen. Ich hatte die Hoffnung, Juliana pünktlich bei ihrer Ankunft in McGrath zu treffen, noch nicht aufgegeben.

Bei Kanu- und Kajaktouren richte ich mich gewöhnlich nach Wind und Wetter und nicht nach der Uhr. Den Schlaf ordne ich den Tagesaktivitäten unter, wobei ich nicht selten die ganze Nacht durchpaddele. Der Zauber der stillen Nordlandnacht, die unwirklichen Farben, wenn das rote Glühen der Sonne am Horizont das Grau der nur kurz aufziehenden Dunkelheit übertrumpft, und eine Stille, die man förmlich hören kann, haben für mich einen ganz besonderen Reiz. Es fällt mir leicht, nachts munter zu sein; die Mitternachtssonne setzt die innere Uhr außer Kraft. Natürlich bin ich nach einem langen Paddeltag oder einer durchpaddelten Nacht hundemüde und würde gern länger schlafen, weiß aber aus Erfahrung, dass mir unterwegs täglich sechs bis sieben Stunden Schlaf reichen. Der Wecker hilft mir, das in den Griff zu kriegen.

Ich kroch aus dem Zelt und stapfte zu meinem Messstab am Ufer: Das Wasser war über Nacht gestiegen. Warmes Sonnenlicht ließ die gegenüberliegende Uferseite rotgolden leuchten. Darüber spannte ein riesiger Regenbogen seine Brücke von Ost nach West. Irgendwo musste es heftig regnen.

»Packen ist ein *fulltime job*«, brummte Carol. Wir hatten die Aufteilung des Camps in »Zeltplatz«, »Nachtdepot für Lebensmittel« und »Küche« beibehalten. Natürlich dauert es seine Zeit, Ausrüstung und den Kleinkram von drei Stellen zusammenzutragen und im Boot zu verstauen ... Wenn dann das Kanu beladen ist, ist auch die letzte Morgenmüdigkeit verflogen.

Meist verdeckten die Bäume am Fluss den Blick aufs Hinterland. Am Ufer entdeckte ich die großen purpurroten Blüten des an Gewässern heimischen Arktischen Weidenröschens, dessen englischer Name *river beauty* mir eher zutreffend schien. Mit feinem »Pitsch, Pitsch, Pitsch ...« durchtrennten die Paddel die Wasseroberfläche. Kein Wind ging, die Weißfichten am Ufer spiegelten sich im Wasser. Geisterhaft wirkten die von Buschfeuern gezeichneten dunklen Flächen, auf denen die Natur mit jungen Birken und dem Rot der Schmalblättrigen Weidenröschen Kontrapunkte setzte. Diese Pionierpflanze gedeiht bestens auf den vom Feuer »gerodeten« Flächen, daher auch die englische Bezeichnung *fire weed*. Sie ist ein blühender Garant für die Erneuerungskraft der Natur. Auch Buschfeuer sind Teil dieses Naturzyklus; man lässt sie daher brennen, solange sie nicht Menschen oder Siedlungen gefährden.

Die Spuren solcher Feuer sind gut aus den in geringer Höhe fliegenden Buschflugzeugen zu sehen. Das Brummen von *bush planes* hatten wir jetzt wochenlang nicht mehr gehört. Nur an den Spitzen der gelegentlich am Himmel entlangziehenden Kondensstreifen erahnten wir die Silberpünktchen von Jets. Wohin sie wohl flogen?! Zu den Küstenstädten Kotzebue, Nome? Oder gar nach Asien? Tokio oder Shanghai?

Dann und wann warf ich einen Blick auf meine topografischen Karten, um ein Gespür dafür zu bekommen, wie der North Fork sich in dieses Land einfügt.

Zentralalaska wird von zahlreichen Flüssen durchzogen; Nowitna, Innoko, Iditarod und Hoholitna River, nur um einige zu nennen. Legt man die Messlatte des 49. US-Bundesstaates an, sind das kleine Flüsse. Im Vergleich zu Neckar und Mosel sind sie riesig. Ein Leben reichte nicht aus, um alle abzupaddeln. Meine Fantasie huschte an diesem Morgen kurz über die kanadische Grenze in die Yukon-Region und die Northwest Territories, deren Wasserlabyrinthe sogar all dies hier in den Schatten stellen.

Erst als Carols Paddel in der Luft verharrte, kehrten meine Gedanken zum North Fork zurück. Eine Elchkuh mit Jungem hielt beim Knabbern an Weidenzweigen inne und beobachtete regungslos, wie wir zwanzig Meter vor ihr vorbeidrifteten. Ganz anders die Reaktion der nächsten Elchmutter, die ihr Junges mit knurrendem »Hmh, Hmh, Hmh« in Sicherheit trieb. »*Moose number five*« unserer Morgenstatistik war ein Jungbulle mit kleinem Schaufelgeweih.

»Vor ein paar Jahren nahm Tonya auf ihrem Grundstück bei Fairbanks Aasgeruch war«, erinnerte sich Carol. »Sie ging dem nach und fand einen verendeten Elchbullen, der keines natürlichen Todes gestorben war.«

Mit einer Schulterhöhe von 1,80 Metern und einem Gewicht von bis zu 750 Kilogramm gehören Alaskas Elchbullen zu den Mächtigsten ihrer Art auf Erden. Was auch für ihre bis zu zwei Meter breiten Geweihe gilt. Einen solch massigen Kadaver zu beseitigen, ist aufwendig.

»Tonya versuchte, Unterstützung von der Forstbehörde zu bekommen. Die lehnte ab: ›Das Tier ist auf Ihrem Grund und Boden verendet, also müssen Sie es entsorgen‹«.

Später wurde festgestellt, dass ein *bow hunter*, ein Jäger mit Pfeil und Bogen, den Elch angeschossen, dann aber bei der Nachsuche aus den Augen verloren hatte.

»Diese Art der Jagd ist legal in Alaska. Das ist ein Zugeständnis an die Abenteurer aus New York und Los Angeles«, sagte Carol mit einem verschmitzten Lächeln. »Allerdings wird für die Jagd auf Großwild wie Grizzly und Elch neuerdings ein Sachkundenachweis verlangt.« Gut so!

Obwohl ich mich vor Jahren in Deutschland durch die Jägerprüfung gebüffelt habe und weiß, dass Jagd und Hege wichtig sind, fühle ich mich nicht als Jäger. Ich beobachte lieber im Stillen für mich das lebendige Wild. Gegen einen Fisch an der Angel habe ich jedoch nichts, und die Aussicht auf zehn Mal *rice with beans* zum Abendessen machte unsere kleine Angel in meinen Augen äußerst attraktiv. Carol, die viele Sommer mit einem Fischrad Lachse aus dem Yukon gezogen hatte, dachte beim Thema Fisch eher in größeren Dimensionen: »Für die Lachswanderung ist es leider noch zu früh, und wenn es hier überhaupt Fische gibt, dann große Hechte!«

»Die Zuflüsse des North Fork sind gute Gewässer für Arktische Äschen«, hatte Ray Wildrick gesagt. Der North Fork aber hatte sein Schokoladenbraun jetzt auch in die sonst glasklaren Creeks gedrückt, was das Angeln erschweren würde. Bei Hochwasser sind die Chancen, diesen Fisch an die Leine zu kriegen, also denkbar ungünstig: Die Arktische Äsche liebt sauerstoffreiches, klares Wasser ...

Versuch macht klug, und so steuerte ich das Kanu auf einen knapp zehn Meter breiten Bach zu. Mit jedem Paddelschlag wurde das Wasser klarer. Dieser stille Creek war eine andere Welt; Libellen tanzten über dem Wasser, das die Uferbänke in perfekter Harmonie widerspiegelte. Über unzähligen weiß blühenden Rosen summten Bienen und Hummeln.

»*Good Fishing*«, sagte Carol, »und sieh zu, dass ich nicht beim schwungvollen Auswerfen als Erste am Haken hänge!« Es war lange her, dass ich das letzte Mal geangelt hatte.

Volltreffer beim ersten Wurf; eine Äsche hing am Haken. Der Versuch, den Fisch zu greifen, misslang. Der zweite Fisch zappelte sich kurz vor dem Bootsrand frei, den dritten bekam ich ins Kanu.

Wir paddelten weiter. »Psst!«, Carol legte sacht ihr Paddel auf den Bootsrand. »Hörst du, was der Vogel ruft: *Three beers, three beers, three beers ...!*« Sie lachte still in sich hinein: »Drei Biere, drei Biere ...!« Das war der *alder flycatcher*, der Erlentyrann. Von der Tundra her erklang jetzt der heisere Ruf eines Raben. Kurz bevor wir auf einer der immer seltener werdenden Sandbänke zum Abendessen anlegten, hörten wir den Schrei des Wanderfalken, ein Sommergast, der nur zum Brüten nach Alaska kommt.

Wir legten an. Während Carol den Fisch säuberte, sammelte ich Holz und entfachte ein Feuer. Als wir nach dem Abendessen das Boot erneut ins Wasser schoben, zogen Wildgänse über uns hinweg. Biber kennen keine festen Arbeitszeiten, und so trugen die Flussufer auch jetzt das »Plumps« ihrer Schwanzhiebe als Echo zu uns. Ich sah entwurzelte Baumstämme, wo im Frühjahr

Eisschollen mit brutaler Wucht ganze Uferpartien abgehobelt hatten.

Es ist ein besonderer Menschenschlag, der in dieser Wildnis auf Dauer überleben kann, dachte ich. Carol gehört dazu. Aber viele der mit Träumen und Idealen Angereisten können dieses einsame, entbehrungsreiche Leben auf Dauer nicht ertragen. So auch der Trapper Miles Martin, mit dem Carol und ihre beiden kleinen Töchter am Kantishna River zusammengelebt hatten.

Vor geraumer Zeit hatte ich Miles besucht und ihn gefragt: »Wie war das damals mit den Träumen?«

»Schon als ich fünf war, hatten Geschichten über Trapper und Bären in meinem Kopf Bilder erzeugt, die ich unbedingt live sehen wollte. So begann meine Reise nach Alaska.«

Der Sohn »aus gutem Hause«, sein Vater war Collegeprofessor, war auf Hawaii geboren worden. Aufgewachsen in Kalifornien, Michigan, Ohio, Pennsylvania und Maine, ging Miles mit 19 zur Navy und nach seiner Entlassung über Kanada nach Alaska. Ich kenne keinen anderen, der die Fantasie so anheizt, wie Miles. In seinen pointierten Geschichten verschwimmen die Grenzen zwischen Fakten und Fiktion: Erzählungen von unwahrscheinlichen Bärenbegegnungen, gefährlichen Elchjagden oder Grenzsituationen, in denen er mit knapper Not in der Wildnis überlebte. Miles ist der geborene Geschichtenerzähler ...

Aber vieles ist wahr. Carol nannte ihn »einen der letzten *mountain men* unserer Zeit«. Einen, den es von der Zivilisation weg und immer tiefer in die Wildnis hineingezogen hatte.

»Während ich damals mit ihm und meinen Töchtern das Leben einer Trapperfamilie am Kantishna River führen wollte, blieb er zunehmend länger mit seinen Hunden auf dem Wintertrail und baute neue Hütten«, erzählte mir Carol nun. »Er dehnte seine *trapline* letztlich so weit aus, dass er kaum noch nach Hause kam. So zerbrach unsere Beziehung.«

»Als ich jünger war, verglich ich mich mit einem Elchbullen«, sagte Miles bei meinem Besuch. »Ich ging meinen eigenen Weg; wollte alles besser machen als andere, wollte intensiver leben, mit den Huskys der Schnellste beim Schlittenhunderennen sein und als Trapper mehr Pelze reinholen als andere. Für mich war das Teil des Wettstreits unter Männern – wie beim Paarungskampf der Elchbullen. Dann eines Tages, viele Jahre später, fühlte ich, ›du hast jetzt all das gelebt, wovon du als junger Bursche geträumt hast, warst selbst ›König der Berge‹ wie im Abenteuerroman ...‹ Und ich stellte mir die Frage: Was kommt jetzt?«

Nach einer Weile des Nachdenkens fügte er hinzu: »Dazu kam, dass mir nach dem harten Leben in der Wildnis mein Körper, vor allem mein Rücken, Probleme bereitete. Jahrzehntelang hatte ich Baumstämme für den Bau von Blockhütten gewuchtet und Feuerholz geschleppt.« Nachdenklich fügte er hinzu: »*I have burnt the candle on both ends!*« Er lebte ein intensives Leben und war überzeugt, seine Lebenskerze an beiden Enden angezündet zu haben.

Später wurde er in einer Siedlung am Tanana River sesshaft und stellte aus Leder, Elchgeweihen und Vogelfedern landestypische Kunst her. Damit verdiente er seinen Lebensunterhalt.

»Wie bei allem, was er tat, lebte Miles auch hierbei zu intensiv und bis an die Grenze ...«, sagte Carol nachdenklich und unterbrach für einen Moment das Paddeln. »Um das zu verstehen, musst du wissen, dass Alaskas Vorschriften über den Besitz von Walross-Elfenbein extrem restriktiv gehandhabt werden. Nur *natives* der Küste, nahezu ausschließlich Yup'ik und Inupiat, dürfen Walrosse jagen und ihr Elfenbein besitzen. Es darf an keine *non natives*, also Nicht-Ureinwohner, weitergegeben werden, und unter keinen Umständen darf Elfenbein das Gebiet der USA verlassen. Miles hat dagegen verstoßen, das Gericht statuierte ein Exempel und verurteilte den *mountain man*. Er hatte wieder mal die Kerze an beiden Enden angezündet.«

Am Abend dieses zweiten Paddeltags verkündet Carol die Tagesstatistik: »Elf Elche und 13 Biber.«

Flussnotizen: zwischen Dschungelcamp und Ghosttown

3. Tag – das Wasser steigt
Gegen Mitternacht waren wir in die Schlafsäcke gekrochen, um fünf Uhr reißt mich der Wecker aus einem traumlosen Schlaf. Es ist kalt, aber trocken. Wir packen; die Handgriffe sitzen, Routine ist jetzt auch im Flussalltag eingekehrt.

Meine Füße sind stark entzündet. Unter den Nägeln der großen Zehen quillt Eiter hervor. Schuhe anziehen ist wegen des Druckschmerzes fast unmöglich. Ich werde heute, wie auch gestern, nur Neoprensocken tragen.

Drei Stunden nach dem Aufstehen sitzen wir im Boot. Mein Angelglück scheint sich gestern verausgabt zu haben. Der North Fork ist erneut gestiegen und hat sein schokoladenfarbenes Wasser und damit auch die Fische creek-aufwärts getrieben. »Immerhin haben wir noch acht Portionen rice and beans«, sagt Carol, »und sollten die nicht ausreichen, habe ich für vier Tage getrocknete Erbsen!«

Bis mittags lässt sich kein Elch blicken. Die Abendstatistik sieht schon besser aus: 17 Elche und 31 Biber. Unvergesslich aber sind die Entenfamilien. Ich zähle zwei Dutzend dieser fürsorglichen Vogelmütter, jede umgeben von einem halben Dutzend possierlicher Küken. Mucksmäuschenstill und regungslos sitzen wir im Boot. Trotzdem scharen sich die Küken ängstlich um die Mutter, um dann – eins nach dem anderen – wie zufällig abzutauchen. Derweil zieht Mutter Ente ihre Ablenkungsshow ab: torkelt mit den Füßen platschend über das Wasser, während sie mit einem Flügel wie schwerverletzt durch die Luft rudert. So zieht sie potenzielle Feinde von ihren Jungen fort. Die bleiben auf Tauchstation, während Mama jetzt ein paar Hundert Meter fortfliegt. Ist die Luft rein, kehrt sie zurück, und die Jungen tauchen auf.

Die Wolken haben sich zusammengezogen: »Da ist alles drin …«, prophezeie ich. Das unvermittelt einsetzende Unwetter aber haben wir nicht erwartet; während der nächsten Stunden schüttet es wie aus Kübeln. Ein Spraydeck wie in meinem Faltboot hätte uns jetzt untenherum trocken gehalten, das offene Kanu hingegen läuft zunehmend voll. »Lass uns ein Nachtlager suchen«, sage ich nach zehneinhalb Stunden Paddelei.

In einer winzigen Bucht finden wir genügend Halt, um nicht von der Strömung erfasst und abgetrieben zu werden. Ich steige aus und folge einem ausgetretenen Elchpfad. Eine halbe Stunde später sind zwei Plätze freigeschlagen: einer fürs Camp, der andere für die »Küche«. Während Carol das Lebensmitteldepot anlegt, baue ich auf dem halbmetertiefen und schon jetzt regennassen Tundramoos unser Zelt auf.

Seit dreieinhalb Stunden schüttet es ohne Pause. Als ich die Schlafsäcke ins Zelt werfe, denke ich: Sie sind unsere Überlebensgarantie! Sie müssen trocken bleiben! Zitternd vor Kälte liegen wir später mit dicken Wollsocken und langer Unterwäsche in den Schlafsäcken. »Nordalaska gilt als arctic desert*«, sagt Carol. »Aber die arktische Wüste ist gerade dabei abzusaufen …«*

4. Tag – Dschungelcamp

Seit 14 Stunden gießt es ohne Unterbrechung. In den Schlafsäcken liegend diskutieren wir: »Aufbrechen oder den Regen im Zelt aussitzen?«

»Aussitzen!«, beschließen wir.

Die aufsteigende Körperwärme hat zwischen Innen- und Außenzelt Wolken von Moskitos angelockt. Gut einen Meter unter dem Zeltdach gelingt es uns weiterzuschlafen.

16.45 Uhr: Seit zwanzig Stunden regnet es nun. Ich stehe auf und bekomme trotz der Nässe ein Feuer in Gang. Ein Kriterium für die Wahl dieses Camps war die Handvoll Birken und Weißfichten hier. Mit Birkenrinde und den toten Zweigen einer Fichte gelang es mir bislang immer, ein Feuer zu entfachen.

Carol stapft über die vor Feuchtigkeit wippende Tundra zu mir. »Eigentlich ein schöner Platz«, sage ich und blicke durch die Zweige auf den Fluss. Das Wasser ist seit unserer Ankunft um anderthalb Meter gestiegen.

Über das qualmende Feuer gebeugt, versucht Carol den Moskitos zu entkommen. Ich behaupte tapfer, Regen und Kälte hätten die Angriffslust der Stechmücken lahmgelegt, und überlebe noch immer ohne Kopfnetz. An Momente wie diesen im Regen am Lagerfeuer werde ich mich später gern zurückerinnern. Als ich mit meinem Becher Kakao in der Hand in die Runde schaue, wird mir die Einmaligkeit dieser Situation bewusst: »Carpe diem«, brumme ich Carol zu, »genieße den Tag«.

5. Tag – Ghosttown

Vierzig Stunden Dauerregen. Seit gestern ist der North Fork um drei Meter gestiegen.

Allerdings ging der Starkregen vor ein paar Stunden in einen geradezu emotionslos herabfallenden Nieselregen über. Kein Lufthauch, der das Grau fortblasen könnte. Aber wird das Grau nicht heller? Ein paar jubilierende Vögel deute ich als Botschafter des bevorstehenden Wetterwechsels.

»Let's go!«, sagen wir entschlossen.

Endlich gleitet das Boot ins Wasser. Aber Vorsicht – treibende Äste und Baumstämme kreuzen jetzt unsere Spur. Nachmittags hört der Regen endlich auf. Die Sonne schält sich durch das soßige Grau. Unsere Jacken dampfen.

17 Uhr: Ich traue meinen Augen nicht: Von links trifft ein etwa achtzig Meter breiter Fluss auf den North Fork.

»Das kann nur der Swift Fork sein!«, spekuliert Carol. Aber mehr noch fesseln mich drei offenbar verlassene Blockhütten am rechten Ufer. »Eine Ghosttown!«, sage ich. »Lass uns anlegen.«

Und so, als habe jemand einen Schalter umgelegt, scheint plötzlich die Sonne an einem fast blauen Himmel.

Spurensuche am Fluss

Flussnotizen:

Ein Adler würde eine hüfthoch mit Gras und Büschen bestandene Fläche von etwa 3000 Quadratmetern wahrnehmen. Kein Pfad verbindet die drei dort stehenden Blockhäuser. Woraus geschlossen werden kann, dass niemand hier wohnt. Das Dach der mittleren cabin ist eingefallen, in die Hütte dahinter könnte man ohne allzu großen Reparaturaufwand einziehen.

Das dritte und stattlichste Blockhaus steht unweit eines kleinen Creeks am Ufer des North Fork. Ein großartiger Platz, um abends im Schaukelstuhl oberhalb des Wassers zu sitzen, zu träumen und das Bild des friedlich dahinfließenden Flusses in sich aufzunehmen. Die Tür der Hütte steht halb offen, am Giebel darüber ist das mächtige Geweih eines Elchbullen befestigt. Die

Zeit hat die Schaufeln grau und spröde werden lassen. An den großen Nägeln, die einst jemand in die dicken Stämme des Blockhauses geschlagen hatte, hängen Ketten, eine Handsäge und ein Waffeleisen.

Das könnte einladend wirken, wäre da nicht weniger als zwei Meter vor der Eingangstür die steile Abbruchkante des Flussufers. Unübersehbar hat das Eis des North Fork nach dem letzten break up *hier große Uferstücke herausgebrochen. Das Hochwasser würde dieses Werk fortsetzen. Das Krachen, Plumpsen und Spritzen der ins Wasser stürzenden Uferabschnitte hat nach dem Regen zugenommen. Vielleicht sogar noch in diesem Sommer oder auch erst im kommenden Frühjahr würde der Fluss den ersten Meter Erde unter der Tür fortreißen. Die Fluten der nächsten Jahre würden weiter nagen und alles unterhöhlen. Und irgendwann würde das Blockhaus mit dem Elchgeweih, der Säge und dem Waffeleisen nach vorn kippen, auseinanderbrechen und Stamm für Stamm im Fluss verschwinden.*

Der Adler über der Ghosttown sähe aber auch die zwischen den Blockhäusern liegenden Maschinenteile, die verrosteten Motorschlitten aus den 1970er-Jahren, den verbogenen Grill, auf dem einst Elchfleisch brutzelte, und die verwitterten Holzstühle.

Vorsichtig bewegte ich mich durch das Dornengestrüpp. Behutsam trat ich mit meinen nur in Neoprensocken steckenden Füßen auf. Schuhe konnte ich noch immer nicht anziehen, und in solch verlassenen Siedlungen lagen garantiert jede Menge rostiger Nägel und anderes gefährliches Zeug herum.

Ein leichter Wind ging, die Sonne schien. Wir waren zwar hungrig, aber ein Lunch stand in meiner Priorität weit hinten. Erst mussten Kleidung und Ausrüstung trocken werden. Das hieß, Boot entladen, wasserdichte Behälter öffnen und Schlafsäcke, Zelt und Kleidung so geschickt über die Büsche legen, dass Wind und Sonne sie schnellstmöglich trocknen konnten. Wobei wir wegen der unzähligen Dornen beim Ausbreiten der Zeltaußenhaut höllisch aufpassen mussten.

Das Zelt hatte sich bestens bewährt, ich war froh, beim Kauf nicht an der falschen Stelle gespart zu haben. Was auch für den Schlafsack gilt. Bei Letzterem hatte ich mich wegen des kleinen Packmaßes bewusst für Daunen entschieden. Natürlich ist mir bekannt, dass man mit Synthetikfasern im Schlafsack bei Flussreisen eher auf der sicheren Seite ist als mit einer Daunenfüllung. Aber die Diskussion pro oder contra Synthetik/Daunen ist ja auch geprägt vom eigenen Komfortempfinden. Also entschied ich mich für die kuschelige Flaumfeder, mit der ich bei vielen Flussreisen beste Erfahrungen gemacht hatte. Jetzt allerdings war der Schlafsack klamm und hatte etwas von seiner exzellenten Wärmeeigenschaft eingebüßt. Das aber würde sich schnell ändern; die Sonne brannte urplötzlich heiß herab, und die Luft war verblüffend trocken.

War das der lang ersehnte Wetterumschwung?!

Wir aßen »Panzerplatten« mit krümeligem Corned Beef. Danach erkundeten wir das Gelände.

Wer hatte hier gelebt? Wann hatten die Menschen alles aufgegeben, die Gebäude, Einrichtungen und die alten Motorschlitten? Bei aller Lust, die Fragmente der Vergangenheit zu untersuchen, meldete sich auch eine kritische Stimme in mir: Wer lässt seinen über Jahrzehnte angesammelten Hausrat und Müll einfach hinter sich ...? Carol und ich hatten die Frage unserer Müllentsorgung diskutiert und klar beantwortet: Wir hinterlassen keinerlei Spuren außer denen unserer Füße.

Warum hatten die Menschen, die einst hier lebten, nicht das Bedürfnis, diese nahezu unberührte Wildnis mit dem gleichen Respekt zu behandeln? Eine Frage, die man sich auch als Wohnmobilreisender auf Alaskas Highways stellt, wo der Blick oft auf verlassene Grundstücke und die zurückgelassenen Trümmerfelder zerplatzter Träume trifft. Auch sie, die alles hinter sich ließen, waren einmal voller Erwartung und Tatendrang angereist, hatten Häuser und Hütten gebaut. Sie kauften Trucks und Maschinen, die, als sie nichts mehr taugten, irgendwo auf dem Grundstück abgestellt wurden. Als die alt gewordenen Knochen sich nach der Wärme des Südens sehnten, waren die Menschen einfach davongegangen, hinunter in die Sonne Arizonas oder Floridas, und nie wieder zurückgekehrt. Das Testgelände für Träume verfiel und wucherte zu, bis nur noch die Dächer ihrer Hütten und der alten Trucks aus dem Gras schauten.

Dennoch faszinieren mich diese mit tausenderlei Krimskram zurückgelassenen Blockhütten am North Fork, denn sie erzählen Geschichten über die, die einst hier lebten ...

»Sei vorsichtig«, warnte Carol, als ich den Schädel am niedrigen Türrahmen einzog und unter dem grauen Elchgeweih in das Halbdunkel der Hütte trat. Zu gerne hätte ich gewusst, was die verblichenen Schriftzeichen »¾ mile ...« auf der Holzplatte oberhalb der Tür bedeuteten. Der Zahn der Zeit hatte den Rest unlesbar gemacht.

Erst einmal mussten sich meine Augen an das Dunkel im Innern gewöhnen. Vorsicht, der Boden war an vielen Stellen eingebrochen. Gleich links neben der Tür stand auf einer Metallplatte das Herzstück eines jeden alaskischen Blockhauses: der eiserne Ofen, *barrel stove* genannt. Eine modifizierte *55-gallon-drum;* vorn die Klappe zum Befüllen mit Holz, oben der Rauchauslass mit dem Ofenrohr. So sehen alle Öfen in Busch-Alaska aus.

Über dem *barrel stove* war eine Wäscheleine gespannt, auf der ein graues Geschirrtuch hing. An der Wand hatte man die rote Schraube eines Außenbordmotors befestigt. Ein nicht mehr funktionstüchtiges Gewehr lag neben Arbeitshandschuhen auf dem Holzfußboden, dessen Planken hochstanden. Die Petroleumlampe baumelte an der Decke, darunter ein aus Ästen selbst gebautes, gelb gestrichenes Kinderbett.

Ich wagte mich weiter vor.

»*Be careful!*«, hörte ich Carols Warnung. »Vielleicht liegt unter den Plastikplanen und dem Papiermüll eine gespannte Tierfalle!« Unwahrscheinlich. Ich hatte eher vor rostigen Nägeln Angst.

Zwischen einem verbeulten Metallkoffer und einem Benzinmotor, der vermutlich eine kleine Schneefräse angetrieben hatte, lagen Kinderturnschuhe. An der Wand hing der aufgeschlagene Kalender mit dem Aufdruck »*OCTOBER 1980*«. War das der letzte Monat, in dem Menschen hier gelebt hatten?

Auf einem Wandbehang mit leuchtend roten Blumenmotiven las ich: »*A happy home recipe*«, das Rezept für ein glückliches Zuhause. Die Zutaten standen gleich darunter: »vier Becher Liebe, drei Becher Vergebung, fünf Löffel Hoffnung und ein Fass fröhliches Lachen. Mische das Ganze, streue Freundschaft und Hoffnung drauf und backe es mit Sonne im Herzen.«

Berührend.

Wer waren diese Menschen? Gab es sie noch? Wenn ja, wo lebten sie? Unweit davon hing eine Kuckucksuhr mit einem Trachten-Schwarzwaldmädel als Pendel. Abraham Lincolns Porträt wachte über dem Durchlass, der in den zweiten Raum führte. Wegen der gefährlich hochstehenden Dielen wagte ich mich dort nicht hinein, entdeckte aber an der Wand billige Drucke von russischen Ikonen. Ein paar verblichene Kinderfotos hingen daneben.

Wer wart ihr?

Ich erlaube mir, der Chronologie der Ereignisse vorzugreifen. Zwei Monate nach dieser Spurensuche im Blockhaus am North Fork erreichte mich ein Brief von Carol mit der Kopie einer

Landkarte von 1922, auf der das Flussgewirr des Upper Kuskokwim deutlich hervorgehoben war.

Carol schrieb: »Habe Kontakt mit Steve Eluska aufgenommen, der mir eine fantastische Geschichte erzählte.«

Ich kenne Steve, den Athabasken aus der Siedlung Telida. Erstmals hatte ich ihn vor Jahren im Winter mit Schlittenhunden dort besucht. Schon zu dem Zeitpunkt hatte der Ort, einer von zweien am Upper Kuskokwim, nur drei Einwohner; außer dem knapp sechzigjährigen Steve lebten noch seine Mutter Heldina und sein Vater Deaphon hier. Beide waren bereits damals sehr alt.

Die übrigen Bewohner hatten den Ort schon vor Längerem verlassen, um in Alaskas Städten Arbeit und bessere Ausbildungsmöglichkeiten für ihre Kinder zu finden. Steves einziger bezahlter Job war das Freihalten des *airstrip*, auf dem fast nie ein Flugzeug landet. Ansonsten lebte er von *subsistence*: Fallenstellen, Jagen und Fischen.

»Er wuchs hier im Land am Upper Kuskokwim auf«, las ich Steves Geschichte in Carols Brief. »Im Sommer fischten seine Eltern, manchmal ging sein Vater in McGrath oder in der Siedlung Medfra einem Sommerjob nach. Im Winter lebten seine Eltern mit den Kindern im McKinley Fork-Blockhaus.«

Hier hatte Carol eine Erklärung eingefügt: »In früheren Tagen nannte man den Swift Fork auch Tutlathun Fork oder McKinley Fork, da er an einem Gletscher des Mount McKinley entspringt. Du findest die Namen auf der beigefügten alten Karte von 1922. Heute heißt der Fluss – weil er so schnell fließt – Swift Fork.

In dem Blockhaus, das wir in Augenschein genommen hatten, waren also Steve, seine Schwester Agnes und der schon früh verstorbene Bruder Andrew aufgewachsen. Als die Kinder größer wurden, zogen die Eltern Deaphon und Heldina mit ihren Kindern in die Siedlung Telida. Die *cabins* wurden seitdem nicht mehr benutzt.«

Was für eine verblüffende Auflösung des Rätsels! Zumal ich den vierschrötigen Steve mit dem steten Lächeln in dem faltigen, bärtigen Gesicht so gut kenne.

»Übrigens«, fuhr Carol in ihrem Brief fort, »vertraute mir Steve noch eine nette Geschichte über die Blockhäuser unserer Ghosttown an:

Seine Eltern erhielten das McKinley Fork-Blockhaus und die Hütten daneben von einem Trapper, der das Land verließ, weil er kein *grubstake*, also keine Lebensmittel, keine Winterausrüstung und wohl auch keine Hoffnung mehr hatte. Er hatte zwar gut für den Winter eingekauft und alles seiner Frau übergeben, aber sie hatte die gesamten Habseligkeiten in einer Bar in McGrath versoffen und verspielt.

Der Trapper wollte nur noch weg! Da Steves Vater in dem Jahr reichlich Fisch gefangen und auch genügend Elchfleisch hatte, gab er dem Mann, was er für seine Reise brauchte. Der Trapper übereignete Steves Familie das Blockhaus und die Nachbarhütten und verließ Alaska, ohne auch nur einmal nach seiner Frau zurückzuschauen ...«

Im Land der Athabasken

Man war wenig einfallsreich bei der Namensfindung: Der North Fork als längster Quellfluss des Kuskokwim hatte jetzt mit dem Swift Fork seinen ersten großen Zufluss. Kurz vor der Siedlung Medfra kommen der East Fork und wenige Kilometer später der South Fork dazu. Dem North Fork, der schon seit Jahrtausenden in seinem Flussbett nach Südwesten fließt, waren diese von Menschen erdachten Namen völlig egal; die aber hatten beschlossen, dass er ab dem Zusammenfluss der drei »Forks« bis zum Beringmeer Kuskokwim heißen solle.

Dichinanek' Hwt'ana nennen sich die Urbewohner im Einzugsbereich des oberen Kuskokwim. Sie sind Teil des großen Volkes der Athabasken.

Mit ihnen verwandt sind die Küstenvölker in Südostalaska: Tlingit, Tsimshian und Haida. Sie entwickelten eine Kultur, die vor allem auf dem reichen Angebot aus dem Meer gründete; Lachs und Krabben, aber auch Wildfleisch und Beeren standen auf ihrem Speiseplan. Die Athabasken Zentralalaskas dagegen führten ein nomadisches Leben entlang der fünf längsten Ströme Alaskas: Yukon, Tanana, Susitna, Kuskokwim und Copper River.

Sie teilen sich in zahlreiche Clans. Innerhalb desselben Clans gilt man als Verwandter und kann nicht untereinander heiraten. Es herrscht das Matriarchat; Neugeborene gehören – von ganz wenigen Ausnahmen abgesehen – zum Clan der Mutter. Der Einfluss der Ältesten war und ist groß; sie bestimmen über Heiraten und die Clan-Führung. Noch immer ist es ein traditioneller Grundpfeiler im Leben der Athabasken, dass sich der Bruder um die Kinder seiner verheirateten Schwester kümmert. Dieses System half beim Leben und Überleben in der Wildnis: Jedes Clan-Mitglied galt als Bruder oder Schwester und fand so überall in den Weiten des Landes Aufnahme.

Für die Dichinanek' Hwt'ana waren die Flüsse am Upper Kuskokwim gleichermaßen Highways wie Nahrungsquelle. Doch so verbreitet der Lachs im Unterlauf des Stroms ist – hier oben kommt nur wenig davon an. Die Dichinanek' Hwt'ana mussten deshalb dem saisonalen Nahrungsangebot hinterherziehen, und das oft über weite Strecken. Für viele war es daher einfacher, den Tieren zu folgen, als das erlegte Wild in eine Siedlung zu bringen. Grundsätzlich begleiteten Frauen und Kinder die Männer, die Elch, Dallschaf, Karibu, Schwarzbär und Grizzly jagten. Die Dörfer Telida und Nikolai bewährten sich als Überwinterungsplätze. Später lebten einige Familien, wie etwa die

Eluskas, während des Winters in ihren *trapline cabins*, Blockhäusern, von denen aus die Männer als Fallensteller arbeiten konnten.

Aber die Moderne veränderte das traditionelle Leben, vor allem die Einführung der Schulpflicht. 1948 wurde die erste Schule in Nikolai errichtet, dann folgte eine in Telida. Nun konnten die Familien den Winter nicht mehr gemeinsam im Blockhaus an der *trapline* verbringen. Die Kinder blieben mit ihren Müttern in Nikolai oder Telida, wo sie die Schulen besuchten. Die Männer aber folgten weiterhin den Tieren und kamen nur zurück, um Fleisch zu bringen, Pelze einzutauschen und Feuerholz zu schlagen. Leistungsstarke Motorschlitten und -boote sowie neue Kommunikationsformen trieben den Wandel weiter voran.

Nicht wenige Athabasken leben heute in Anchorage oder Fairbanks, aber auch in den übrigen US-Bundesstaaten im Süden. Viele versuchen sich im Spagat zwischen traditioneller und moderner Lebensform.

Der 1971 von Präsident Nixon unterzeichnete *Alaska Native Claim Settlement Act* brachte den *natives* nicht nur einen gewissen Wohlstand, sondern auch eine soziale Absicherung. Man gab ihnen unter anderem fast eine Milliarde Dollar und 180 000 Quadratkilometer Land. Dies entspricht fast der Hälfte der Fläche Deutschlands.

Heute ist es nichts Ungewöhnliches mehr, einen Yup'ik oder Athabasken auf dem Pilotensitz des Buschflugzeugs, am Computer einer Behörde oder auch als Teilnehmer beim Iditarod-Schlittenhunderennen zu finden.

Viel Treibholz und Biber wie im Bilderbuch

Wir waren jetzt nicht mehr die einzigen Flussreisenden, denn eine Armada von Baumstämmen driftete mit uns nach Südwesten. Das war die Hauptflussrichtung; in Wirklichkeit trieben wir eben noch zwei Kilometer nach Norden, um dann nach Süden und bald schon nach Osten oder Westen umzuschwenken.

Der Himmel war tiefblau, aber gegen Abend schwand die Wärme des Tages. In einer der vielen Flussschleifen, die uns wieder einmal nach Westen führte, entdeckte ich über den Weißfichten am Ufer etwas Markantes.

»Wolken?«, sagte ich wie zu mir selbst.

»Moment mal...«, Carol legte ihr Paddel auf den Rand des Kanus. »Das sind Mount McKinley und Mount Foraker.«

Tatsächlich, es waren die beiden höchsten Berge Alaskas! In gerader Linie, *as the crow flies*, waren sie zwar sechzig Kilometer entfernt, ragten aber wie weiße Riesen vor uns über dem Fluss auf. Seit unserem Aufbruch war das der erste freie Blick auf die Alaska Range.

An diesem Abend fanden wir eine knapp anderthalb Meter über dem North Fork liegende Sandbank. Ihr Boden war schwammig und feucht. Doch das kannten wir ja, und es hielt uns nicht davon ab, hier das Lager aufzuschlagen.

»Lass uns Boot und Lebensmittel an die höchste Stelle tragen«, schlug ich vor. »Der Fluss wird noch weitersteigen.«

Von dem, was ich als die reine Lehre der Outdoorhandbücher bezüglich Trennung von Koch- und Zeltplatz bezeichnet hatte, waren wir schon seit zwei Tagen abgewichen. Der hohe Wasserstand machte ein problemloses Anlanden fast unmöglich. Fast alle Sandbänke waren abgesoffen, und das Erklimmen der steilen Uferkanten war schwierig, wenn nicht gar gefährlich. Wir verzichteten darauf, fürs Abendessen anzulegen und danach noch einmal in die Nacht hineinzupaddeln, um dann in einem »duftfreien« Camp zu schlafen. Die räumliche Trennung von Zeltplatz, Lebensmitteldepot und Kochstelle behielten wir bei. Bärenspuren waren ein klares Indiz, dass Meister Petz gelegentlich auch hier aufkreuzte. An der Tatzengröße erkannten wir, dass es sich nicht um Grizzlys, sondern um Schwarzbären handelte.

»Willst du eine nette Bärengeschichte hören?«, fragte Carol, als wir uns am Feuer wärmten. Das angeschwemmte Holz war nass gewesen und qualmte auch im lodernden Feuer. Warm wurde mir trotz allem nicht. Es war, als wehe vom schneebedeckten Mount McKinley eine eisige Brise herüber. Ich kroch noch ein wenig dichter ans Lagerfeuer. Der Ruß hatte die Falten meiner Hände geschwärzt, die harten Handflächen erinnerten an Relieflandschaften.

»Lass deine Geschichte hören«, sagte ich und schob noch ein Stück Holz ins Feuer.

»Es war in dem Jahr, bevor ich an den Lake Minchumina zog. Damals lebte ich noch in meinem Erdhaus in Manley Hot Springs. Der Augusttag war warm, und ich war in meiner Hütte ein wenig eingenickt ...«

Sie sah zu mir hin: »Du wirst dich an meinen Herd erinnern, hinter dem an der Hüttenwand meine Bratpfannen hingen.« Ich nickte. »Du kannst Bratpfannen schrubben, so lange du willst, die feine Nase eines Bären werden sie dennoch anziehen.

So auch an diesem Tag. Ich schreckte auf, weil ich eine Erschütterung wahrnahm. Ein Erdbeben? Nichts Ungewöhnliches in Alaska, ich hatte schon einige erlebt. Aber dieses Beben war stärker. Da bemerkte ich, dass auf einmal Tageslicht durch die dicke Plastikfolie im Dach meines Erdhauses fiel. Schlagartig wurde mir klar: Von wegen Erdbeben – ein Bär! Das schwarze Kraftpaket hatte oben etwas gewittert, die Erdabdeckung der Hütte zur Seite geschoben und war just dabei, die Plane zu zerreißen. So weit kam es nicht: Ich packte Töpfe und Pfannen und hämmerte sie wie toll gegeneinander. Der Bär suchte das Weite!«

Um Bären kommt man auf einer Alaskareise nicht herum. Jeder, der hier lebt, weiß Geschichten über sie zu erzählen. So etwa über Zusammenstöße von Grizzlys und Joggern im Großraum Anchorage, manche auch mit schlimmem Ausgang. Eher zum Schmunzeln war eine Überschrift in der Zeitung *Fairbanks Daily News-Miner*: »*Bear killed moose at golf course*«. Ein Bär hatte den Golfplatz von Fort Wainwright zweckentfremdet, einen Elch gerissen und an Ort und Stelle Lunch gemacht.

Der Fluss war über Nacht erneut einen Meter gestiegen. Unser Zelt befand sich zwar noch außerhalb des Gefahrenbereichs, aber um zum Boot zu kommen, musste ich eine Senke durchwaten, die während der letzten Stunden vollgelaufen war. Auf dem North Fork trieb jetzt eine Kette aneinandergereihter, miteinander verhakter Baumstämme, die oft zehn Meter maßen; ein kilometerlanger brauner Wall aus Treibholz. Im Denali National Park hatten ganz offensichtlich gestern gewaltige Gewitterschauer Berghänge und Tundren geflutet. Bislang auf dem Trockenen liegendes Treibholz war dort vom Swift Fork erfasst worden und hatte sich auf die Reise zum Beringmeer gemacht.

Unser immer breiter werdender North Fork riss ganze Uferabschnitte mit sich. Überall polterte und spritzte es. Wir vermieden es, den mächtigen *logs* in die Quere zu kommen. Wenn wir die Strömung kreuzen wollten, suchten wir vorsichtig eine Lücke in der fast nahtlosen Treibholz-Armada, neben der halbmeterhohe schokoladenbraune Schaumkronen schwammen. All die Flussturbulenzen aber hielten vier Gänsemütter nicht davon ab, unter den überhängenden Gräsern eines stillen Uferabschnitts einen Familienausflug mit ihrem zwanzigköpfigen Nachwuchs zu machen.

Überhaupt war es ein tierischer Tag: Der schnepfenartige Prärieläufer trippelte übers Ufer, flussabwärts trieb ein Schwan. Vor dem steilen Kliff zu unserer Rechten jagten Uferschwalben Insekten und verschwanden mit ihrer Beute in den Bruthöhlen, um ihre Jungen zu füttern.

Zwischendurch verstummten unsere Gespräche. Dann hörten wir nur das vertraute »Pitsch, Pitsch, Pitsch...« der Paddel. Als der klagend lang gezogene Ruf des *arctic loon*, des Eistauchers, durch die Wildnis klang, hielt ich inne. Kein anderer Laut verbindet sich für mich so mit den Seen und Flüssen des Nordlands wie der Ruf dieses schwarz-weiß gefiederten Tauchvogels. Für mich »der Lockruf der Wildnis« schlechthin.

Wir sangen an diesem Tag deutsche Volkslieder: »Am Brunnen vor dem Tore...« und als die Sonne sich dem Horizont näherte: »Guten Abend, gute Nacht«. Carol hat eine tief gehende Beziehung zu Deutschland und liebt *German folksongs*.

»Meine Großmutter Emma Auguste wuchs nahe dem niedersächsischen Helmstedt auf. Mein Großvater Walter kam aus Ostpreußen. Die beiden begegneten sich bei einer Wanderung im Harz und heirateten. 1926 emigrierten sie mit meinem damals fünfjährigen Vater nach New York, wo mein Großvater einen Job bei Singer Nähmaschinen kriegte.«

Der Einfluss der *German Oma* auf Carol war immens. »Ich wünschte, ich hätte die Lebensgeschichten meiner Großeltern damals aufgeschrieben. Nie werde ich vergessen, wie mein Großvater sich an seinem Geburtstag immer etwas Typisches aus seiner alten Heimat wünschte. Ein ganz eigenartiges Essen: Hering in saurer Sahne mit Rote Bete.«

»Klingt nach Heringssalat«, sagte ich, und das Wasser lief mir im Mund zusammen.

Einen Tag später lag tiefer Frieden über dem Fluss. Das Treibholz war weniger geworden, wir waren entspannter als zuvor, leise sang ein Vogel. »Heute ist Sonntag! Ich würde gern ein Lied singen«, sagte Carol plötzlich.

Nur das leise Schmatzen und Glucksen des Flusses war zu hören, als sie zu singen begann: »*This is my Father's world, and to my listening ears all nature sings, and round me rings the music of the spheres.*«

Es war, als besinge sie mit dem gut hundert Jahre alten Lied genau die Welt, durch die wir gerade trieben. Dabei hallte ihre volle Stimme als Echo vom Ufer wider – ein irgendwie feierlicher Moment. Dazu passte kurz darauf das Bild, dem ich im Stillen die Überschrift »Sonntags daheim« gab.

Am linken Flussufer, keine zehn Meter von uns entfernt, sonnte sich eine Biberfamilie. Links vom Bau saß Mutter Biber, das Junge an sie gelehnt. Rechts davon der Vater, vor dem zwei pelzige Halbstarke tollten. Es bedürfte keiner großen Fantasie, um dazu eine kleine Märchenszene für Kinder zu texten. Einen Moment lang zuckte meine Hand nach der Kamera. Verdirb den Zauber nicht, ermahnte ich mich und zog die Hand zurück. Regungslos beobachteten wir die kleine Familie, dann hatte uns der North Fork fortgezogen.

Es gibt immer wieder Freunde, die mich beim Betrachten meiner Fotos von Kajakreisen fragen: »Warum machst du das eigentlich? Ist das nicht auf Dauer langweilig?« Klar, die Bilder ähneln sich, denn die Szenen bei der Anlandung und der Zeltplatzsuche wiederholen sich. Bei der komprimierten Präsentation eines Outdoorabenteuers im Fernsehen fällt das natürlich nicht ins Auge: Dort sind die Ereignisse von dreißig Tagen auf einen halbstündigen Film voller Highlights reduziert.

Aber was mag ich lieber? Den Film mit den spektakulären Bildern oder die Realität der fast meditativen Langsamkeit, der

Stille, auch der Routine? Dazu gehören die Knochenarbeit bei der Platzsuche, die Moskitos, geschundene Füße und Hände, die von den allgegenwärtigen Dornen zerstochen und geschwollen sind. Ist es nicht ähnlich wie beim Goldgräber, dessen Schatz erst dann funkeln kann, wenn er im Schweiße seines Angesichts Schaufel und Pickhacke in den Boden gehauen hat?

Am Nachmittag dieses Tages begann der Regen erneut, und ich wünschte mir ein Spraydeck herbei. Umsonst. Wir droschen die Paddel ins Wasser, um warm zu bleiben. Beim erfolglosen Versuch, eine Äsche an den Angelhaken zu bekommen, konnte ich förmlich das Hohnlachen des Fisches unter Wasser hören. Zum Glück sprang Carols Begeisterung über den anderthalb Meter hohen Riesen-Bärenklau mit den weißen schirmartigen Blütendolden, auch Herkulesstaude genannt, auf mich über. Sie war jetzt in ihrem Element, zeigte auf den ebenfalls weiß blühenden, gut drei Meter hohen *highbush cranberry*, den amerikanischen Schneeball. Und immer wieder staunten wir über die scheinbare Eigenwilligkeit der Natur; hier die krüppeligen Schwarzfichten auf Permafrostboden, keine 200 Meter weiter riesige Weißfichten, wo die ans Ufer prallende Strömung den Boden eisfrei gehalten hatte.

Ohne Unterbrechung regnete es zwölf Stunden lang. Das Wasser hatte nun auch seinen Weg unter meine Regenjacke gefunden. Und weiter westlich, am Beringmeer, würde es noch schlimmer kommen. Einen Moment lang spielte ich mit dem Gedanken, von McGrath kurz nach Anchorage zu fliegen und beim Expeditionsausrüster REI weitere Regenbekleidung zu kaufen. Doch dann verwarf ich diese Schnapsidee. Stattdessen dachte ich mit einem Anflug von Wehmut an sehr frühe Kanutrips, bei denen mich ein »unkaputtbarer«, alter gummierter Armeemantel trocken und warm gehalten hatte. Selbst Lagerfeuerfunken konnten ihm nichts anhaben. Aber er war schwer und voluminös. Stattdessen nun Goretex vom Feinsten: leicht, atmungsaktiv und kaum am Körper zu spüren. Meine zweite Haut. Aber darunter war mir kalt, und ich wusste, dass ich mich vor Dornen und spitzen Ästen in Acht nehmen musste. Auch an diesem Abend.

Es war einer dieser verheißungsvollen Momente. Dabei hatte es zunächst nicht so ausgesehen, als würden wir hier überhaupt einen Fuß an Land kriegen. Die Machete in der einen Hand, zog ich mich mit der anderen an Land und versuchte, mir über angeschwemmte, halbmeterdicke Baumstämme einen Weg durchs Dickicht zu bahnen. Alles war glitschig und nass. Ich strauchelte, reicherte die Dornenkollektion meiner Finger um weitere an und schwang die Machete. Der Boden unter meinen Füßen war der Traum eines Ökofreaks: über Generationen umgestürzte Bäume und Millionen abgestorbene Pflanzen, die ungestört eine Biomasse produziert hatten, auf der sich wilde Rosen, Herkulespflanzen, Preiselbeeren und unzählige Schachtelhalme wohlfühlten. Ich stolperte, strauchelte, stürzte erneut. Aber ich hatte auch Augen für die unglaubliche Schönheit dieses Zauberwalds. Nur einen halben Meter über die Gräser hinweg spähte ich in einen Dschungel. Hoch oben wölbte sich das dunkle Dach des Nadelbaumwalds. Mit dem Blick fürs Praktische erkannte ich gleich, dass hier auch nach mehrstündigem Regen genügend trockenes Feuerholz zu finden wäre. Und das war schon die halbe Miete. Wir blieben.

Es war an diesem Abend nicht das erste Mal, dass mir der Einfluss von uns Menschen auf die Natur bewusst wurde: Ich hatte ein paar schmale Pfade geschaffen, ohne die wir uns unmöglich hätten bewegen können. Dann war da der freigeschlagene Platz fürs Zelt, die »Küche« und unser Lebensmitteldepot. Ich hatte Holz gesammelt und ein Feuer entfacht. Alles nur winzige Eingriffe. Dennoch: Ein müder Bär wäre einem winzigen Biberpfad gefolgt, hätte sich auf die Bärenhaut gelegt und auf einem kleinen Fleckchen geschlafen.

Merkwürdig, dachte ich, welche Gedanken dir manchmal durch den Kopf gehen ...

»The Forks« – Geburtsplatz eines großen Flusses

Der Mann war nicht groß, rund 1,60 Meter, aber nach ihm wurde ein Mondkrater benannt und – vermutlich noch eindrucksvoller – Mount Spurr, der höchste Vulkan der Aleuten-Kette, der 1992 sogar Asche auf Anchorage regnen ließ. Dabei dürfte der Namensgeber, Josiah Edward Spurr (1870–1950), in jungen Jahren für seine Eltern eine Enttäuschung gewesen sein. Sie hätten ihn gern in der eigenen Fischfabrik gesehen, aber Josiah wurde im Boot immer seekrank. Also schickte man ihn aufs College, wo er Geologe wurde. 1896 und 1898 leitete er zwei Expeditionen. Ziel der Ersteren war es, eine Landverbindung von Südostalaska zu den Quellwassern des Yukon zu finden. Spurr und seine Mannschaft waren so erfolgreich, dass zwei Jahre später dieser Pfad als *gold rush trail* in die Geschichte einging. Tausende Glücksritter folgten ihm vom Hafen Skagway über den Chilkoot Pass zum Yukon. Dort angekommen, war das Klondike-Gold schon fast in greifbare Nähe gerückt ...

Spurrs Auftrag für die U.S. Geological Survey Expedition von 1898 lautete: »Folgen Sie dem Kuskokwim River bis zum Beringmeer und kartografieren Sie ihn!«

Das Wissen über Alaska steckte zu dieser Zeit noch in den Kinderschuhen. Noch hatte die Region bei der Politik im fernen Washington keine Priorität. Das Interesse stellte sich nach den ersten Goldfunden ein – und dann nach dem japanischen Bombardement von Pearl Harbour und der Aleuten-Insel Attu, das die militärische Verwundbarkeit Nordamerikas zeigte. Als dessen Folge wurde der Alaska Highway quasi über Nacht aus dem Boden gestampft.

Josiah Spurr startete 1898 von der kleinen Siedlung Tyonek am Cook Inlet aus. Heute liegt der Siedlung die erst 1915 gegründete Großstadt Anchorage gegenüber.

Spurrs Team bestand aus Fachleuten wie dem Kartografen Post, dem Naturforscher Hinckley, und dem Campgehilfen Oscar Rohn. Auch an Post und Rohn erinnern noch heute Namen in Alaska; nach Ersterem wurde ein kleiner Fluss benannt. Der Name Rohns erscheint Jahr für Jahr in den Medien, wenn die Teams des Iditarod-Schlittenhunderennens den Rohn Checkpoint erreichen.

Doch zurück ins Frühjahr 1898: Jeder der Expeditionsteilnehmer hatte einen Colt Kaliber 45 erhalten; zur Verteidigung und zum Jagen. Anfangs gelingt es den Männern, ihre Mahlzeiten mit Enten aufzupeppen. Aber je höher sie in die Alaska Range kommen, umso seltener wird das jagdbare Wild. Als eins der drei Expeditionskanus kentert und einen Teil des Proviants einbüßt, kippt die Stimmung kurzzeitig, es kommt zu Spannungen. Einer der Teilnehmer schlägt Oscar Rohn, worauf Spurr ein Machtwort spricht: »Wenn du einen meiner Männer tötest, wirst du auf der Stelle gehängt!«

Das wirkt, und von da an kommen alle bestens miteinander aus. Nachdem die Männer die Wasserscheide überwunden haben, folgen sie einem Wildwasserfluss, dem sie mit einem mutigen Griff in die griechische Mythologie den Namen Styx, Wasser des Grauens, geben. Den Namen findet man bis heute auf Landkarten. Denn die Teilnehmer von Spurrs Expedition vergessen trotz aller Schwierigkeiten nicht, das Land zu kartografieren, Pflanzen zu bestimmen und Gesteinsproben zu sammeln. So erreichen sie den South Fork und auf ihm später den North Fork. Der Punkt des Zusammenflusses wird »The Forks« genannt. Ab hier heißt der Fluss Kuskokwim.

Drei Monate nach ihrem Aufbruch in Tyonek erreichen die Männer die Missionsstation Bethel. Die Spurr-Expedition hat ihr Ziel erreicht: Der Kuskokwim ist nun auf der Landkarte verzeichnet.

Auch mehr als hundert Jahre später konnte ich mich gut in die Schwierigkeiten der Spurr-Expedition hineinversetzen. Zum Beispiel wenn ich morgens aus dem warmen Schlafsack kroch und mich in die vom Vortag nasskalte Wäsche und die triefenden Neoprensocken hineinquälte.

Noch immer regnete es stark. Den Pott Kaffee in der einen Hand, den Voice Recorder in der anderen, versuchte ich mich mit Tagebuchnotizen, was nicht ganz einfach war, denn Carol spekulierte lautstark darüber, wo wir uns wohl befanden.

Später würde ich in mein Tagebuch schreiben: *Um 16.30 Uhr gibt's die Antwort: Von Osten strömt ein Fluss in den unsrigen – laut Karte kann das nur der East Fork sein! Falls ich richtig liege, müsste schon bald der South Fork dazustoßen.*

Und als jener South Fork sich mit unserem North Fork vereinigte, waren wir auf dem Kuskokwim River. Er war hier stattliche 200 Meter breit. Das rasant strömende eisige Gletscherwasser aus dem Denali National Park hatte zudem unsere Geschwindigkeit deutlich erhöht.

Der South Fork und ich waren alte Bekannte. Vor Jahren war ich im Winter mit meinen Schlittenhunden von Anchorage kommend am Rohn Checkpoint auf ihn getroffen. Bis zum Fairwell Lake war ich seinem Verlauf gefolgt, um dann den alten Iditarod Trail bis zur Siedlung Nikolai zu befahren.

Einen Moment lang blitzte in mir die Erinnerung an eine der unvergesslichsten Nächte meines Lebens auf.

Eine bitterkalte Nacht mit minus 42 Grad! Aber meine Hunde liefen mit einer Präzision, Ausdauer und Schnelligkeit, die nur verstehen wird, wer selbst einmal lange mit Huskys unterwegs war. Es bedurfte keiner aufmunternden Worte, keiner Rufe. Sie liefen, ohne auch nur einmal zurückzuschauen.

Morgens um fünf näherte ich mich der Siedlung Nikolai. Ich gab meinen Hunden zu fressen und zu trinken, bis einer nach dem anderen, die Nasenspitze unter dem Schwanz, einschlief. Ich selbst kroch in meinen Schlafsack im Schlitten. Doch der eisige Reißverschluss war schwergängig. Ich zog meine Handschuhe aus. Ein Riesenfehler! Ich konnte zwar das Reißverschlussproblem beseitigen, spürte aber binnen weniger Augenblicke eine nie zuvor gefühlte Kälte in den Händen, die bald von einem höllischen Schmerz abgelöst wurde. Bei minus 42 Grad waren mir alle zehn Fingerspitzen erfroren. Noch heute habe ich deshalb Schwierigkeiten zum Beispiel mit Handytastaturen.

»Jetzt müssten wir eigentlich bald in Medfra sein!« Carols Stimme riss mich in die Gegenwart zurück. Medfra war auf meiner topografischen Karte als kleine Siedlung verzeichnet. Aber wo genau dieser Ort war und wie viele Menschen dort lebten, hatten wir trotz mehrfacher Anläufe nicht in Erfahrung bringen können.

Ein Sommercamp für Prospektoren, die im Hinterland nach Bodenschätzen suchen – so ließe sich das Ergebnis der Nachfragen am treffendsten zusammenfassen. Genau genommen ist Medfra kein Dorf, sondern eine Ansammlung versteckt im Wald liegender Häuser. Für uns war Medfra der erste Punkt seit Lake Minchumina, an dem wir möglicherweise andere Menschen zu Gesicht bekommen würden.

Goldsucher gibt es hier schon seit einem Dreivierteljahrhundert, denn bald nach Josiah Spurr's Expedition erschien der Fleck als Berry's Landing in Berichten des U.S. Geological Survey. Spurr hatte mit der Kuskokwim-Expedition eine Lawine losgetreten: Ein Jahr später, 1899, überquerte ein Leutnant Joseph

Herron die Alaska Range und erkundete oberhalb von »The Forks« Zuflüsse des Kuskokwim. 1901 schaffte es der erste Dampfer vom Kuskokwim-Delta kommend flussaufwärts bis zu »The Forks«. Im darauffolgenden Jahr überquerte der alaskische Chefgeologe Alfred Brooks die Alaska Range nahe der Quellwasser des South Fork, von wo er zu einer völlig unbekannten Bergkette nördlich des Polarkreises weiterzog. Seine Forschungen dort waren erfolgreich. Die Berge tragen heute seinen Namen: Brooks Range.

All dies ermutigte Prospektoren und Glücksritter, sowohl in das Gebiet des Upper Kuskokwim als auch in andere Gebiete Zentralalaskas vorzudringen. *Mining camps* entstanden, und auch Berry's Landing wurde zeitweise von Schiffen zum Abtransport des Goldes angelaufen. Als am Weihnachtstag 1908 Gold am Iditarod River entdeckt wurde, wiederholte sich, was zahllose Male zuvor in Alaska und dem Yukon Territory geschehen war: Über Nacht entstand ein Ort mit Bank, Zeitung, Hotels, Bars und Bordell. Nachdem alles Gold aus dem Boden gebuddelt worden war, baute man die Stadt wieder ab und zog weiter. Die Glücksritter waren zu diesem Zeitpunkt bereits dem nächsten Gerücht hinterhergejagt.

So auch in Iditarod. 1930 gab es hier kein Gold mehr. Nur Fundamente und andere Überreste erinnern an die einstige Stadt.

Der folgende Morgen war eiskalt. Die Sonne schien zwar aus tiefblauem Himmel, doch die Strahlen konnten gegen die Kälte der Nacht wenig ausrichten. Ich saß in weichem Gestrüpp aus *labrador tea* und notierte ein paar Ereignisse des vergangenen Tages:

Medfra ist unauffindbar! Ich sehe nur eine Antenne. Doch da ihre Position nicht den Markierungen auf meiner Karte entspricht, verzichten wir darauf anzulegen. Und dort, wo Medfra auf der Karte verzeichnet ist, sehen wir nur ein undurchdringliches Weidendickicht.

Seit »The Forks« weiß ich, wo genau unsere Position auf der Karte ist. Aber wegen des Hochwassers, der Überschwemmungen und der starken Strömung ist es fast unmöglich geworden, am Ufer anzulegen.

Dennoch ist die Stimmung gut: Nach dem Dauerregen klart der Himmel auf, und die Sonne bricht durch. Wir paddeln in die Nacht hinein …

Woran ich mich besonders erinnere? Vor allem an die Stille, die Weite und die Mitternachtssonne. Schwierig aber ist es, fürs Abendessen anzulanden. Überall ist Land unter. Um zu höheren, trockenen Lagen zu gelangen, müssten wir uns mit dem Boot durch dichtes Weidengestrüpp quälen. Ich manövriere stattdessen die Spitze des Bootes in eine halbwegs vor der Strömung geschützte Bucht. Da Aussteigen unmöglich ist, machen wir es uns im Boot bequem und rasten. Ein Biber, nur acht Meter entfernt, schwimmt ungerührt um uns herum.

Habe seit heute Bauchschmerzen! Acht Tage lang Bohnen hält der zäheste Traveller-Magen nicht durch. Zum Glück haben wir noch einige »Panzerplatten« und Käse.

Dennoch ist der Abend unvergleichlich: Der Fluss ist hier sehr schnell, nagt am Ufer, schiebt seine braunen Fluten tiefer und tiefer ins Land hinein. Der Dauerregen von gestern ist nur noch eine blasse Erinnerung.

Stattdessen: Am stahlblauen Himmel steht eine Sonne, die auch zwei Stunden vor Mitternacht das Land noch mit goldener Farbe verzaubert. Die Oberfläche des 500 Meter breiten Flusses ist wie flüssiges Silber – doch nur wenn man gegen die Sonne blickt. Schaue ich nach hinten, sehe ich den altbekannten tiefbraunen Kuskokwim. Im Uferbereich glänzt ein perfektes Spiegelbild. Besonders fotogen sind die weißen Birkenstämme, deren Abbild weißer erscheint als die Realität an Land.

Wir plaudern, während wir an zahllosen unterspülten Birken und Fichten vorbeigleiten. Dann legen wir die Paddel zur

Seite, um emsigen Bibern zuzuschauen. Elche sehen wir kaum noch.

23.30 Uhr: Es ist sehr kalt geworden. Und plötzlich hören wir das Geräusch eines sich nähernden Motorbootes. Die ersten Menschen seit zweieinhalb Wochen: Am Steuer des flachen Metallbootes ein gedrungener Athabaske, die Frau vor ihm hat sich wegen des eisigen Fahrtwindes hinter dem Armaturenbrett zusammengekauert. Wir schwenken die Paddel, der Mann hebt die Hand. Das tiefe Brummen des Bootsmotors liegt noch eine Weile über dem Fluss, dann herrscht erneut Stille. Kurz darauf mischt der von Süden kommende Big River den Kuskokwim auf. Es ist, als paddelten wir jetzt durch eine ausufernde Seenlandschaft. Details aber erkenne ich nicht, da die Sonne sich kurz hinter den Horizont verabschiedet hat. Doch das fahle Licht reicht aus, um unsere Position anhand der Karte zu bestimmen.

Nachts an einem Steilufer anzulanden, das Kanu zu entladen, um dann im Urwald einen Platz fürs Camp zu schaffen, kann riskant sein. Nicht so in dieser Nacht. Wir haben Glück!

Das Ufer ist zwar steil, aber terrassiert. Zu meiner Überraschung sehe ich, dass auf einer etwa 200 Quadratmeter großen Fläche Bäume gefällt wurden. An einem stehen gebliebenen Stamm entdecke ich eine offizielle Plakette des Staates Alaska: »Dies ist ein Markierungsbaum für Landvermesser...« Ein Stück weiter stoße ich auf einen in den Boden eingelassenen Trigonometrischen Punkt.

Als wir unter der Sichel des bleichen Mondes in die Schlafsäcke kriechen, ist es bitterkalt.

Ich legte den Rekorder auf die Seite und griff nach meiner Kaffeetasse. Die Nacht war kurz gewesen. Um sieben Uhr waren wir bereits wieder auf den Beinen. *Labrador tea* duftete, die filigranen Blüten der wilden Rosen leuchteten weiß. Ich fühlte mich wie ein Bär nach dem Winterschlaf, was bedeutet: Ich kam nur langsam in die Gänge.

Wegen der Brandgefahr hatten wir unmittelbar im Uferschlamm auf einer für solche Fälle mitgenommenen Metallplatte Feuer gemacht. Darauf kochte Carol das Mittagessen vor: natürlich Reis mit Bohnen ...

So eiskalt es um sieben Uhr gewesen war, so heiß war es um neun. Es war der Auftakt eines Tages, wie wir ihn schon lange nicht mehr erlebt hatten. In das Tiefblau des Himmels schoben sich vereinzelt kleine weiße Schönwetterwolken. Das war bestimmt der ersehnte Wetterumschwung. Still paddelten wir an fünfzig Meter hohen nahezu senkrecht abfallenden Steilufern vorbei. Oben klammerten sich umgestürzte Baumstämme mit der letzten Kraft ihrer Wurzeln an der dünnen Erdschicht fest.

»Halt nach Mammutknochen Ausschau!«, sagte ich und meinte es sogar ernst. Alaskas Flüsse legen bei Hochwasser viele prähistorische Schätze frei; 10 000 oder 20 000 Jahre alte Grüße aus einer Zeit, als das Land zwischen Asien und Nordamerika noch oberhalb des Meeresspiegels lag und für Mensch und Tier begehbar war.

Natürlich fanden wir keine Knochen. Und wenn, hätten wir sie sowieso nicht bergen können, denn gerade klatschten Erdstücke von der Größe mittlerer Lastwagen ins Wasser.

Gegen Mittag sah ich zwei große Vögel, die in der Luft miteinander zu tanzen schienen. Sehr elegant, voller Grazie, aber mit unglaublicher Schnelligkeit und raschen Reaktionen.

Wir kamen näher ... »Von wegen Tanz!«, sagte Carol. Da verteidigte sich ein weißer Vogel gegen einen Greifvogel. Das Schauspiel dauerte schon länger als fünf Minuten. Wir waren uns jetzt sicher: Ein Wanderfalke versuchte, eine große Möwe zu schlagen. Die beiden drifteten auseinander, um dann mit unglaublicher Rasanz aufeinander zuzufliegen. Erst im letzten Moment wichen sie einander blitzschnell aus. Genau genommen wich die Möwe den tödlichen Krallen des *peregrine falcon* aus. Ein Tanz auf Leben und Tod. Wir stoppten, hielten uns am Ufer an Zweigen fest, um das Schauspiel in Ruhe beobachten zu können. Ich ahnte, dass es nur einen Sieger geben konnte. Schon flogen weiße Federn, der Sturzflug der Möwe wurde schwerfälliger. Noch mal wirbelten weiße Federn auf, der Falke hatte jetzt seine Krallen in die Beute geschlagen und ließ sich auf dem Wasser nieder. Trotz der Distanz sah ich, wie er seinen Schnabel in sein Opfer hieb.

Die Strömung half uns, zügig voranzukommen. Am Nachmittag war uns klar, dass wir rechtzeitig zu Julianas Ankunft in McGrath sein würden. Dieser Tag war wie ein Geschenk!

Zwanzig Kilometer vor McGrath legten wir an einem kleinen baumfreien Platz einen Dreiviertelmeter oberhalb der Wasserfläche an. Das Wasser würde jetzt nicht mehr steigen, also blieben wir. Und dann verwöhnten wir uns mit unserer Notfallration *MRE number 24*. Der Zufall wollte es, dass es sich dabei um *black beans with southwest beef* handelte. Wieder Bohnen ... aber wir sagten beide: »Schmeckt köstlich!« Der Rest der Armeeration entpuppte sich als Wundertüte: Tortillas, leckeres Trockenfleisch, köstliche Bananen-Schoko-Muffins und zum Nachtisch Apfelbrei und Kaugummi. Die Welt war wieder in Ordnung.

Ferne Motorengeräusche und die verstärkte Uferbefestigung verrieten, dass wir uns McGrath näherten. Knapp drei Wochen nach dem Aufbruch in Lake Minchumina legten wir in einer vor der Strömung geschützten Bucht am Ortsrand an und vertäuten das Boot.

Es war elf Uhr vormittags: In zwei Stunden würde Juliana landen. Ich wusste, dass sie mit Peter und seiner Frau Tracy, unseren gemeinsamen Bekannten, in Kontakt gestanden hatte. In ihrem Haus wollten wir uns treffen.

Ich sah einen drahtigen älteren Mann mit einer Motorsäge vor einem Berg Holz stehen. »Hi«, grüßte ich und ging auf ihn zu. Er war einen Kopf kleiner als ich, eher schmächtig und hatte die Züge eines Athabasken. Ob er wüsste, wo Peters Haus sei, fragte ich. »Klar«, grinste er freundlich, »hier kennt doch jeder jeden.«

Dann schlug er vor, unser Kanu auf seinen Pickup-Truck zu laden und uns samt unserer Ausrüstung zu Peters Haus zu fahren. Das war mehr, als ich erwartet hatte. Aber die Hilfsbereitschaft und Gastfreundschaft der Nordlandbewohner gegenüber allen, die ihr Land mit Muskelkraft auf eigene Faust erkunden, ist geradezu sprichwörtlich.

»*By the way*«, sagte er, »*my name is Ephrem Andrews.*«

Wir schüttelten einander die Hand und verluden unser Kanu. Da es ein paar Meter über die Ladefläche hinausging, setzte ich mich vorsichtshalber als Gegengewicht auf die gegenüberliegende Bootsspitze. Neben mir hockten Autumn und Cheyenne, Ephrems Enkelinnen aus Anchorage. Sie verbrachten gerade bei *granddad* ihre Sommerferien.

In diesem Moment flog ein großes, zweimotoriges Flugzeug über uns hinweg. Dann dröhnten Triebwerke.

Juliana war gelandet!

Wiedersehen in McGrath

Mehr als hundert Tage waren vergangen, seit ich Juliana das letzte Mal gesehen hatte. Das war in Kapstadt gewesen, von wo sie nach unserer Afrikadurchquerung und der geplatzten Verschiffung unseres Fahrzeugs nach Deutschland zurückgeflogen war, um während der Reise aufgeschobene Dinge zu erledigen. Derweil tourte ich noch geraume Zeit durchs südliche Afrika, stellte letztlich das Fahrzeug in einer Großgarage unter und gelangte auf langen, teils abenteuerlichen (Um-)Wegen hierher nach McGrath.

Seit einer Ewigkeit reisen Juliana und ich um die Welt. Eine »Ewigkeit«, die bis 1972 zurückreicht, als wir auf dem Hippietrail mit unserem VW-Bulli von Deutschland nach Nepal und ins indische Goa fuhren. Wir fanden daran Geschmack: 1975 gaben wir unsere Berufe auf, stiegen aus und reisten acht Jahre nonstop um die Welt – mir ist, als hätten wir dabei kein machbares Abenteuer ausgelassen.

Aber die Katze ließ auch danach das Mausen nicht. Fünf Jahre später brachen wir mit unserer damals zweijährigen Tochter Bettina erneut auf. Reisten mit Pferd und Wagen durch Neuseeland, lebten in Guatemala und der Südsee. Dann zog ich mit Schlittenhunden durch Alaska.

Auch bei fast allen Extremabenteuern, die später folgten, war Juliana an meiner Seite. Wie nun auch hier am Kuskokwim!

Ich freute mich auf unser Wiedersehen.

Obwohl es schon Abend war, lag noch immer das Gebrumm von schweren Maschinen in der Luft. Wegen des kurzen Sommers werden Bauarbeiten hier mit Hochdruck und gegebenenfalls auch während der Nacht erledigt. Als ich ausstieg, fühlte ich mich unsicher auf den Beinen, schwankte. Schließlich hatten wir täglich bis zu zehn Stunden nur im Boot gesessen, und das dichte Ufergestrüpp hatte ein kräftiges Ausschreiten an Land nicht zugelassen. Es würde einige Zeit dauern, bis ich richtig Tritt gefasst haben würde.

Ephrem Andrews lud unser Kanu samt Gepäck auf dem Rasen vor Peters und Tracys Haus ab. Das Holzhaus war braun gestrichen, über der grünen Eingangstür hing ein Elchgeweih. Leider waren Peter und Tracy vor wenigen Tagen nach Anchorage geflogen und mit ihrem Wohnmobil auf dem Alaska Highway in die südlichen Bundesstaaten gefahren, um Verwandte zu besuchen.

»Ihr seid willkommen, auch während unserer Abwesenheit bei uns zu wohnen«, hatte Tracy am Telefon zu Juliana gesagt.

Meine Gespräche mit Peter verbinde ich mit einem »heißen« Wintertag. So nannte er es, denn draußen herrschten nur zehn Grad minus. »Und was bezeichnest du als kalt?«

»Minus vierzig Grad«, schmunzelte Peter, und das Berlinerische bei ihm war unüberhörbar.

Mitten im Krieg in Berlin geboren, hatte er als Junge in Büchern geschmökert, die auch mich einst zum Träumen brachten: Bücher von Jack London oder – dichter vor der Haustür – von Heinz Helfgen, der in den 1950er-Jahren mit Büchern wie *Ich radle um die Welt* eine ganze Generation begeistert hatte. So auch mich … Peter war immer begeisterter Radrennfahrer. Diese sportliche Leidenschaft war es auch, die ihn mit Tracy zusammengeführt hatte: bei einem Trainingstrip 1971 auf Mallorca.

Seitdem sind die beiden zusammen. Peter, der Steinsetzer, folgte Tracy in ihre Heimat Alaska. Er schlug sich zunächst mit Jobs in einer Brauerei durch, dann als Zimmermann, ent- und belud Flugzeuge. »Manchmal mussten wir den Gürtel enger schnallen«, erinnerte er sich. »Wir hatten gerade noch fünf oder sechs Dollar, um das Auto zu betanken.« Der Job als Schulbusfahrer und Hausmeister der Schule von McGrath brachte die Wende. Er und Tracy blieben hier. Zwanzig Jahre lang war er der gute Geist der Schule, heute ist er im Ruhestand.

Seine »Pfannkuchen nach deutscher Hausfrauenart« kennt jeder hier, und auch ich hatte ihn virtuos in der Küche die Pfanne schwenken sehen. Schade, dieses Mal musste ich darauf verzichten.

Der Zustand meiner Zehen hatte sich verschlimmert. Entsprechend angeschlagen humpelte ich zum nahe gelegenen *post office*, um die Modalitäten für einen Paketversand zu erfragen. Sobald Juliana hier war, würde das Umorganisieren und Umpacken beginnen. Dann sollte mein Faltkajak per Flugzeug angeliefert werden. Später im Kuskokwim-Delta mussten wir das zusammengelegte Faltboot per Flugzeug von Bethel via Anchorage nach Fairbanks schicken. Dafür benötigten wir dort Packmaterial und Stausäcke, die wir natürlich nicht auf unserer Bootstour mitführen wollten. Jeder Kubikzentimeter war verplant ...

Diese Bootspacktaschen würden wir postlagernd nach Bethel schicken. Nicht mehr benötigte Ausrüstung ginge zu unserem Pickup-Camper in Fairbanks. In Peters Haus erwarteten mich zudem drei von Anchorage hierhergeschickte Pakete: mit haltbaren Lebensmitteln für zweieinhalb Wochen, persönlichen Ausrüstungsgegenständen und natürlich Julianas kompletter Kajakausrüstung, die ich vom Basisquartier in Südkanada nach Alaska mitgebracht hatte. Das organisatorische Strippenziehen ist aufwendig und nervig.

Als ich zu Peters Haus zurückkehrte, machte mich der etwas zerknautschte blaue Chevy-Silverado-Truck vor der Eingangsterrasse stutzig. Drinnen hörte ich Stimmen. Auch meine Ankunft war nicht unbemerkt geblieben, denn plötzlich stand Juliana vor mir ...

Nach dreieinhalb Monaten der Trennung durch Kontinente ... nach Irrwegen in der abgesoffenen Tundra ... nach den Tagen des Paddelns auf dem eigenwilligen North Fork standen wir uns nun endlich in diesem kleinen Wildnisdorf wieder gegenüber.

Im Hintergrund stand Wayne, Peters Freund und Eigentümer des alten Silverado Suburban. »Hi«, sagte ich und schüttelte ihm dankbar die Hand. Er hatte Juliana am Flughafen in Empfang genommen und hierhergebracht.

McGrath hat einen relativ großen, verblüffend stark frequentierten Flugplatz. »Dabei leben hier nur 350 Menschen. Die meisten arbeiten für die Regierung, für die Post, den Straßenbau oder die Forstbehörde«, sagte Wayne.

Und ich lebe in Deutschland in einem 1500-Einwohner-Dorf, wo die letzte Bank aus »Kostengründen« dichtgemacht hat, so wie auch Bäcker und Fleischer längst schon ihre Läden aufgegeben haben! In Busch-Alaska aber ist eine Siedlung von der Größe McGraths ein bedeutender Ort: mit Schule, Postamt und einem Supermarkt. Und das Iditarod-Schlittenhunderennen bringt McGrath jedes Jahr auf die Fernsehbildschirme der Nation. Als *musher* eines Hundeteams war auch ich das erste Mal hier angekommen. Beim zweiten Besuch machte ich eine Fotoreportage über die einlaufenden Iditarod-Teams. McGrath kannte ich bislang also nur im Winter.

Gold war der Geburtshelfer der Siedlung: Im Jahr 1924 flog der Pilot Carl Ben Eielson Alaskas ersten Luftpostbrief nach McGrath. Eielson wurde schon bald eine alaskische Legende: 1928 flog er als erster Mensch von Point Barrow am Arktischen Ozean über den Nordpol nach Spitzbergen. Ein Jahr später kam es zu einem tragischen Unfall: Sein Flugzeug stürzte über Sibirien ab. Eielsons Leben endete zwar mit 32 Jahren, aber sein Name lebt in Alaska fort, etwa beim Eielson Visitor Center im Denali National Park.

»Das ist einer der Gründe, warum ich seit meinem Ruhestand hier lebe«, sagte Wayne und blickte in den wolkenlos blauen Himmel. »Früher war ich technischer Chef der Wasser- und Abwasserversorgung in Cold Bay.« Dieser Ort liegt im Herzen der Aleuten-Kette und damit in der Wetterküche der Welt. »Man kann dort gutes Geld verdienen«, erinnerte sich Wayne. Doch das feucht-kalte Klima setzte ihm zu. »Dort empfindest du minus fünf Grad als kälter als minus vierzig Grad in McGrath.«

Wir stiegen in Waynes Silverado, wo uns sein Labrador Toby mit feuchter Zunge liebevoll begrüßte.

Man könnte meinen, ein 350-Einwohner-Dorf sei schnell erforscht, doch McGrath erstreckt sich über mehrere Kilometer. Wayne zeigte uns das Krankenhaus, die Bücherei und den Iditarod Checkpoint. Zum Schluss stoppten wir bei der *Alaska Commercial Company*. »*We serve you since 1867*« stand auf einem Schild. Ich spendierte jedem ein Eis. Mein Gott, war das gut!

Je entlegener die Siedlung, umso gepfefferter die Preise. Für frisches Obst und Gemüse muss man tief in die Tasche greifen. Doch Juliana zauberte später einen Festschmaus aus den in Anchorage besorgten Leckereien.

Die erste Dusche nach drei Wochen war das andere Highlight.

Das Wetter war so fantastisch, dass ich fast ein schlechtes Gewissen hatte, nicht auf dem Fluss zu sein. Mein Motto lautet: Paddle, wenn es windstill und trocken ist, Sturm und Regen werden schon für Ruhepausen sorgen.

Zunächst aber mussten wir das Faltboot zusammenbauen.

Seit vielen Jahren sind Pouch-Faltboote Teil meiner Ausrüstung. Im Osten Deutschlands, wo der Hersteller seinen Sitz hat, verband man früher mit dem Namen Pouch das Urlaubs- und Wochenendvergnügen auf der Mecklenburgischen Seenplatte oder im Spreewald. Aber es gab die Boote auch im damaligen Westdeutschland zu kaufen, und so hatte ich mir mein erstes Pouch-Faltboot bereits in den 1970er-Jahren zugelegt. Andere folgten. Diese Reise würden wir auf einem Reisezweier, dem Pouch RZ96, unternehmen. Das Boot ist robust, gut zu manövrieren, hat ausgezeichneten Stauraum und liegt stabil auf dem Wasser. Ein entscheidendes Kriterium aber ist auch, dass sich der Reisezweier mit relativ wenigen Handgriffen von fünfeinhalb Metern Länge auf zwei handliche Packsäcke reduzieren lässt. Denn vom Kuskokwim-Delta mussten wir das Boot per Flugzeug zurück zum Camper in Fairbanks und später nach Deutschland transportieren. Auch hier bewährt sich das Faltboot.

Tags darauf landete Steve Green mit seinem einmotorigen Wasserflugzeug. »Wegen des Treibholzes musste ich zwei Landeversuche unternehmen«, sagte er. Wir hievten unser Faltboot aus der einmotorigen Maschine. Dann stieg Carol in das kleine Buschflugzeug und nahm auf dem einzigen segeltuchbespannten Passagiersitz hinter dem Piloten Platz. Sie winkte uns noch einmal zu. »Unseren Fußmarsch durch die Tundra vergesse ich nie!«, rief ich und winkte zurück. Jetzt konnten wir schon über die durchgemachten Strapazen lachen ... »Bis zum nächsten Mal! *Take care!*« Der Rest ihrer Worte ging im Dröhnen des Flugzeugmotors unter. Das Wasserflugzeug hob ab. Ich atmete tief durch: Teil zwei des Abenteuers begann. Zuvor aber verlor ich abends beim Duschen die Nägel beider großer Zehen.

Am *Fourth of July*, dem amerikanischen Unabhängigkeitstag, feierte auch McGrath. Wir sahen eine kleine Parade der Dorfbewohner auf Quads, und Kinder mit Bugs Bunny-Ohren schwenkten Papierfähnchen. Die begleitenden *Alaska State Trooper* ließen die Sirenen ihres Streifenwagens heulen.

Danach begannen wir, das Faltboot zusammenzubauen, tüftelten und überlegten, denn das ist keine alltägliche Aufgabe.

Von dem legendären Herbert Rittlinger, der bereits 1936 im Faltboot den Amazonas befuhr, ist folgendes Bonmot überliefert: »Inmitten eines wirren Haufens von Hölzern, Gummi und Ausrüstungsgegenständen ist ein schwitzender Kajakmann stets grantigen Gemüts und von intoleranter Denkungsart. Außenstehende seien gewarnt, sie halten sich zweckmäßigerweise fern jeglichen Aufbauplatzes.«

Als hätte er mich beschrieben ... Aber irgendwann hatten wir das Faltboot dann doch zusammengebaut.

Die Baumaschinen waren nur während der Unabhängigkeitsparade verstummt. Jetzt wurden die Arbeiten wieder aufgenommen. Ein paar uralte Pickup-Trucks, deren Getriebe mit asthmatischem Pfeifen grüßten, rumpelten an uns vorbei. Mit einem Mal war der Feiertag wieder Alltag.

»Würdest du gern hier leben?«, fragte ich Juliana, während wir uns nach dem Abendessen mit einem Glas Wein zuprosteten. *Liquor* ist in McGrath erhältlich, was nicht selbstverständlich ist, denn viele der entlegenen Gemeinden Alaskas haben den Verkauf von Wein, Bier und Hochprozentigem untersagt, um das oft extreme Alkoholproblem in den Griff zu kriegen.

Juliana legte den Kopf zurück, als überlege sie. Ich kannte ihre Antwort, bevor sie den Mund aufmachte. Solche Gespräche hatten wir schon oft geführt. Sie würde sagen: »Für einige Zeit schon …« Aus meinem Mund hingegen käme das schwärmerische: »Ich könnte für immer hierbleiben!« Aus unseren in diesem Punkt gegensätzlichen Positionen hatten wir unseren Lebenskompromiss gebastelt. Ein paar Jahre hatten wir in Alaska, Kanada, Mittelamerika und in der Südsee gelebt. Jetzt touren wir hier und dort durch die Welt, fühlen uns aber immer dorthin zurückgezogen, wo unsere familiären Wurzeln sind.

Am Abend des letzten Tages in McGrath rief Carol aus Lake Minchumina an. Was sie sagte, war niederschmetternd: Mein Freund Bill Fliris war tags zuvor bei einer Kajaktour auf dem Colorado River ertrunken.

Für mich war Bill ein besonderer Mensch. Unsere Freundschaft begann, als wir längere Zeit in Zentralalaska lebten. Ich hatte meine ersten Gehversuche als *musher* unternommen und mithilfe von Freunden ein leistungsfähiges Husky-Team zusammengestellt, mit dem ich kürzere Touren durch die Wildnis unternahm. Eines Tages erzählte man mir von Bill, einem Trapper, der mit seiner Frau und zwei Söhnen am Yukon River lebte. Was ich hörte, machte mich neugierig … Die hundert Kilometer lange Reise zu ihm war mein erster größerer Alleingang mit Schlittenhunden.

Ich erinnere mich noch gut an den ersten Abend in seinem selbst gebauten Blockhaus und besonders an den Morgen danach... Wir saßen in seinem geräumigen Wohnzimmer und tranken Kaffee. Bill, der bereits das Yukon-Quest-Schlittenhunderennen gefahren hatte, meinte eher beiläufig: »Ich würde gern auch am Iditarod teilnehmen, aber ich habe noch keinen Partner gefunden.« Da schob sich meine Hand in die Höhe, und ich sagte: »Hier sitzt einer!«

Das war der Beginn einer Freundschaft und die Initialzündung zu einem der größten und schönsten Abenteuer meines Lebens. Mit geübter Hand baute Bill meinen Schlitten, der mich im folgenden Winter 1865 Kilometer quer durch Alaska nach Nome am Beringmeer brachte. Von ihm, dem nach dem Krieg in Deutschland geborenen Sohn eines US-Soldaten, lernte ich sehr viel über Hunde und das Überleben in der Wildnis. Und im darauffolgenden Winter gingen wir beide auf den Iditarod Trail – Bill über die halbe Distanz, ich über die ganze. All die Jahre danach blieben wir in Kontakt miteinander.

Die Nachricht von seinem Tod traf mich wie ein Schlag.

Flussabwärts durch die Geschichte Alaskas

Die Katze in Peters und Tracys Haus miaute, als wir unser Gepäck vor die Tür stellten. Ob aus Freude darüber, das Haus wieder für sich allein zu haben, oder aus Abschiedsschmerz, verriet sie uns nicht... Danach zog mir Toby, der Labrador, vor Freude seine feuchte Zunge durchs Gesicht.

Es war nicht einfach, unser Faltboot in Waynes Chevy zu verstauen. Genau genommen passte es überhaupt nicht hinein, sondern hing ein paar Meter hinten raus. Na wenn schon...

Die Startvoraussetzungen waren gut, doch Juliana wirkte bedrückt. »Carols Nachricht empfinde ich als schlechtes Omen ...« Ich legte meinen Arm um sie. Neben der Information über Bills Tod hatten wir erfahren, dass ein österreichischer Kajakfahrer auf einem Fluss nahe dem Shellenbarger Pass in der Alaska Range gekentert war und sein Boot verloren hatte. Über die Notfalltaste seines Spot Messengers war er gerettet worden. Man barg sein Kajak, und er setzte seine Reise über Yentna und Susitna River in Richtung Anchorage fort.

Wayne brachte uns zu der Stelle, wo Carol und ich wenige Tage zuvor in McGrath angelandet waren.

Wir waren uns sicher, an alles gedacht und auch denkbare Eventualitäten eingeplant zu haben. Unsere Lebensmittel sollten gut zwei Wochen reichen. Aber eins war auch klar: Nie wieder Reis mit Bohnen!

Sollte uns irgendetwas fehlen, würden wir in den Siedlungen am Kuskokwim das Notwendigste nachkaufen können. Je weiter wir uns südwestwärts in Richtung Beringmeer bewegten, umso zahlreicher würden die Ortschaften werden. Hier in McGrath war noch traditionelles Athabasken-Gebiet. Hinter Stony River aber beginnt das Land der Yup'ik, des größten indigenen Volkes Alaskas.

Um gleich mit einigen Klischees aufzuräumen: Yup'ik und Inupiat leben nicht in Iglus, und das Kajak für den Fisch- und Walfang hat größtenteils ausgedient. Das Motorboot ist ihr Transportmittel für den Sommer, so wie der Motorschlitten für den Winter. Und selbst in entlegenen Regionen wohnen sie heute in komfortablen Häusern, in deren Kühlschränken die gleichen Waren lagern, wie man sie auch in den Supermärkten Kaliforniens oder New Yorks findet.

Erstaunlich, wie schnell wir McGrath hinter uns ließen ... auch gefühlsmäßig. Mit einem Mal hatte uns die Wildnis aufgesogen. Wir passierten die Stelle, wo der Takotna River einmündet, und folgten dann dem eigenwilligen Verlauf des Kuskokwim, der sich in weiten Schleifen um McGrath herum- und später an den Roundabout Mountains entlangwindet.

Nach wie vor war der Himmel wolkenlos. Bald wurde uns zu warm.

Obwohl ich bereits wochenlang im Busch unterwegs war, war es für mich doch wieder ein Neustart: mit neuer Partnerin, neuem Boot und einem Fluss, der sich deutlich vom Oberlauf unterschied. Noch stärker war die Umgewöhnung für Juliana, allein schon wegen der ungewohnten Bewegungen. Aber auch meine Arme mussten sich an den neuen Paddelrhythmus im Faltboot gewöhnen.

Südlich von McGrath ist der Kuskokwim mehrere Hundert Meter breit. Zwei Motorboote kamen uns entgegen. An einem auf der Karte als Sterling Landing markierten Punkt sah ich eine große Arbeitsmaschine. Wie der weiter nördlich fließende Yukon ist auch der Kuskokwim ein *Highway of the North*, eine Hauptverbindung, an deren Ufern zahlreiche Siedlungen liegen. Im Sommer verkehren auf ihm *barges*, große Frachtkähne; sie bringen Fahrzeuge, Sprit, Baumaterialien und neben Lebensmitteln alles, was man sonst noch fürs Leben im Busch benötigt.

Irgendetwas reflektierte am gegenüberliegenden Ufer.

»Erkennst du etwas?«, fragte Juliana. Ich legte die Hand über die Augen, doch das Gleißen der Wasseroberfläche ließ die Details verschwimmen.

»Lass uns rüberpaddeln«, schlug ich vor. Beim Näherkommen erkannten wir, dass das Metalldach eines Blockhauses reflektierte. Der vordere Teil des Gebäudes war unterspült und schwebte in der Luft. Das Ding hing gefährlich schief. Eine Seite der *cabin* war einen Meter über dem Wasser, die andere acht Meter. Hinter einem zerborstenen Fenster erkannte ich einen umgestürzten gelben Küchenschrank. Der Dachfirst war gebrochen, die blechernen Dachplatten hingen durch. »Abstand halten!«, mahnte Juliana. Die Strömung hatte uns mehrfach fortgetrieben, doch immer wieder waren wir zurückgepaddelt. Schließlich wollte ich Fotos machen.

Erst als wir von der *log cabin* entfernt im sicheren Fahrwasser trieben, ließ ich der Fantasie freien Lauf. Wer hatte hier gelebt? Ein Aussteiger, Eigenbrötler, eine Familie?

Für die Blockhütte eines Fallenstellers war das Gebäude zu groß. Vermutlich war es ein Wohnhaus, in dem eine ganze Familie gelebt hatte. Jetzt tickte die Uhr … Es war nur eine Frage von Tagen oder Wochen, bis der Lebensmittelpunkt von vielleicht ein, zwei Generationen unter einer Gischtwelle im Fluss verschwinden würde.

Gegen Nachmittag übertünchten graue Wölkchen das Blau des Himmels. Übler war der von vorn kommende Wind, der die Wasserspritzer von Julianas Paddeln auf mir ablud. Erstmals zogen wir das Spritzdeck über die Bootsöffnung.

Nach sieben Stunden im Kajak suchten wir einen Nachtplatz. Die eine Flussseite war mit Weidengestrüpp zugewuchert, auf der anderen, dort, wo die Strömung nagte, war das Ufer abgebrochen und steil. Nach einer ganzen Weile hatten wir endlich einen leidlich guten Platz fürs Zelt gefunden. Das Faltboot mussten wir allerdings fünf Meter die Uferböschung hochhieven!

Juliana war an diesem Abend sehr still. Sie teilte nicht meine Begeisterung über den herrlich weiten Blick über den Fluss, der in der Ferne auf die Felsen des Vinasale Mountain traf. Der erste Tag auf dem Kuskokwim hatte sie an ihre Grenzen gebracht.

Während die Landschaft in fast unmerklichen Variationen an uns vorbeiglitt, waren es vor allem die Lagerplätze, die sich bei mir in die Erinnerung einbrannten. Wie der am folgenden Abend …

Tagsüber war das Wetter umgeschlagen. In unmittelbarer Nähe niedergehende Blitze und heftiger Gewitterregen trieben uns tief in ein überflutetes Weidengestrüpp. Nicht, dass ich hier besonderen Schutz erwartet hätte. Doch bei einem Gewitter die einzige »Erhebung« auf der Wasseroberfläche zu sein, kann einen Kopf und Kragen kosten. Hatte der befürchtete Wetterumschwung eingesetzt? Dazu passte der Himmel, der offenbar noch nicht recht wusste, wie es weitergehen würde ... Während sich über uns und im Westen schwarze Gewitterwolken ballten, türmten sich im Süden leuchtend weiße Kumuluswolken.

Dass dieses Naturspektakel die Luft abgekühlt hatte, war angenehm. Gegen Abend entdeckten wir an der Mündung eines mit Treibholz blockierten Creeks einen mächtigen Biberbau. So weit es ging, paddelten wir in den Creek hinein. »Reizender Platz für die Nacht«, sagte ich.

Während des gesamten Tages hatten wir keine fünf Stellen zum Anlanden gesehen. Alle Ufer waren abgesoffen, auch hier würde es nicht einfach werden. Ich musste mit der Machete Stufen in den Uferschlamm hacken, damit wir aufs hohe Ufer kamen. Das Faltboot würde über Nacht angebunden in diesem geschützten Creek bleiben.

So weit ein paar Impressionen aus dem Alltag eines Flussreisenden. Es geht schlichtweg ums Elementare: sich effektiv fortzubewegen, sicher und trocken zu schlafen und den Bauch zufriedenzustellen. Diese paar Dinge halten einen täglich bis zu 18 Stunden auf Trab.

Eine weitere Stunde später war das Kajak entladen, das Zelt stand, und ein kleines Feuer brannte. Von der Feuerstelle bot sich uns ein großartiger Panoramablick über die gesamte Breite des Kuskokwim, der gesäumt von grünen Wäldern schokoladenbraun gen Westen floss.

Einige Meter tiefer hatte der Biber ganze Arbeit geleistet und auf sieben Meter Breite das Ufer mit Baumstämmen und Zweigen abgedeckt; seine Biberburg. Dann zeigte sich der Baumeister persönlich. Wir verhielten uns mucksmäuschenstill, aber Meister Bockert schien unsere Anwesenheit zu ignorieren. Behutsam erhob ich mich und holte meine Videokamera aus ihrer wasserdichten Tasche. Keine zehn Meter von mir entfernt putzte sich der Biber und rieb sich mit Bibergeil ein, einem fetthaltigen Sekret, das seinen dichten Pelz extrem wasserabweisend macht. Während der Mensch gewöhnlich mit bis zu 600 Kopfhaaren pro Quadratzentimeter durch die Welt läuft, sind es beim Biber 23 000 Haare.

Geduldig massierte unser Biber die ölige Masse mit den Vorderpfoten ins Fell. Dann glitt er mit einem lauten »Plumps« ins Wasser.

Auf ausufernde Mäander hatte der Kuskokwim in diesem Abschnitt verzichtet. Er schien sich für den Kurs Süd entschieden zu haben. Wir hatten das Gefühl, zügiger voranzukommen. Zumindest auf der Karte, denn in der Realität veränderten Fluss und Ufer ihr Gesicht nur unmerklich. Nennenswerte Berge gab es hier nicht, nur von Schwarzfichten bewachsene Hügel von 300 oder 400 Metern, nichts Spektakuläres, aber sie gaben dem Land am Kuskokwim Kontur.

In meinen Notizen findet sich der Satz: *Wir paddeln durch Bilder eines Panoramafilms!* Das lag zum einen an der Breite des Flusses, zum anderen an dem riesigen Himmel darüber. Vier Fünftel meiner Wahrnehmung bestand aus diesem Himmel, der den Fluss wie die Kuppel eines Riesendoms überspannte. Und inmitten dieses Panoramafilms bewegten sich Julianas Arme im Rhythmus des Paddelns auf und nieder. Es war das prägende Bild dieser Tage.

Das Wetter bot etwas für jeden Geschmack. Blickte ich über die Schulter nach hinten, entdeckte ich in der Ferne schwarze Regenfronten. Also sah ich nach vorn, wo nur weiße Haufenwolken über den Himmel schwammen. Trotzdem regnete es bald darauf zwei Stunden lang.

Den wie aus Stein gemeißelten Weißkopfseeadler in der Spitze der Fichte störte das nicht. Auch nicht sein grau geflecktes Junges, das unbeeindruckt fünfzig Meter entfernt im Nest saß. Aufgeregt aber war das Wanderfalkenpaar, das pfeifend über uns hinwegstrich. »Wenn sie Gefahr wittern, schießen Falken wie Bomber auf dich herab!«, hatte Carol gesagt. Ein Bild vollkommener Harmonie bot eine Elchmutter mit ihrem zwei Monate alten Jungen.

Auf der westlichen Flussseite entdeckte ich auf meiner Karte drei kleine schwarze Punkte, neben denen die Worte *Deacons Landing* stehen. Ein Anlandeplatz für den Diakon?

Neugierig geworden, legten auch wir an: Ein paar Hütten, aber keine Menschen, stattdessen ein paar weiße russisch-orthodoxe Grabkreuze. Hier schien schon lange niemand mehr gewohnt zu haben. Der Ausflug war schnell beendet, aber meine Gedanken wanderten zurück in die Vergangenheit...

»Russisch-Amerika« war die Bezeichnung für die russischen Besitzungen auf dem nordamerikanischen Kontinent. Dazu zählte auch Fort Ross in Kalifornien, vor allem aber Alaska.

Es war der Russe Semjon Deschnjow, der bereits auf seiner Expedition von 1648 erkannt hatte, dass zwischen Asien und Amerika keine Landverbindung existiert. Kap Deschnjow, der östlichste Punkt Russlands und gleichzeitig des asiatischen Kontinents, ist nach ihm benannt. Allerdings gilt der einst in russischen Diensten stehende Däne Vitus Bering als Entdecker Alaskas. 1741 betrat er auf der heutigen Kayak Island in Begleitung des deutschen Naturforschers Georg Wilhelm Steller alaskischen Boden. Sie blieben nicht lange, denn Bering drängte zur Rückkehr. Heute tragen die Wasserstraße zwischen den Kontinenten sowie das Beringmeer seinen Namen.

Von 1784 bis 1867 war Alaska fernstes Anhängsel des zaristischen Weltreichs. Den Forschern folgten die russischen Pelzhändler, die eine blutige Spur hinterließen. Viele Bewohner der Aleuten, mit denen sie erste Kontakte hatten, deportierten sie auf die Pribilof-Inseln, wo sie als Sklaven beim Robbenschlachten schufteten.

Es war ein gewisser Alexander Baranow, der ab 1790 den Pelzhandel zum Riesengeschäft machte. Man nannte ihn »König von Alaska«. Doch Mitte des 19. Jahrhunderts waren die Tierbestände fast erschöpft, und damit erlahmte das russische Interesse an diesem Teil der Welt. So konnten die USA 1867 Alaska für den aus heutiger Sicht geradezu lächerlichen Preis von 7,2 Millionen Dollar erwerben.

Die oft skrupellosen Praktiken der russischen Pelzhändler trieben die Bevölkerung in die schützenden Arme der Priester.

Es waren vor allem russische Missionare wie St. Innocent von Alaska, St. Herman von Alaska und St. Peter der Aleute, die den christlichen Glauben zu Alaskas indigenen Völkern brachten. Der Einfluss der russischen Kirche ist nach wie vor stark. Noch heute gibt es sehr aktive orthodoxe Kirchen in achtzig alaskischen Gemeinden; die markanten Gebäude mit den charakteristischen Zwiebeltürmen und Kreuzen sind unübersehbar. Neuzuwanderer waren während der Sowjetzeit die *Old Believers*, Altorthodoxe, die heute noch so wie vor 200 Jahren im alten Russland leben. Siedlungsbezeichnungen wie Russian Mission oder Shishmaref sind in Alaska ebenso selbstverständlich wie russische Vor- und Familiennamen bei Yup'ik und Aleuten, aber auch bei den Tsimshian und Tlingit Südostalaskas. Nirgendwo sonst kommen sich Russland und die USA so nah wie hier: Die sibirische Ratmanow-Insel und Alaskas Little Diomede Island trennen nur vier Kilometer Wasser! Im Winter ist es kein Problem, mal eben mit dem Schlitten die Nachbarn zu besuchen.

Gegen Mitternacht kam leichter Wind auf, der den Rauch unseres Lagerfeuers über den Kuskokwim blies. Es war das erste Mal auf dieser Reise, dass ich fünfzig Meter am Fluss entlangschlendern konnte, ohne über Äste, Sträucher und Dornenbüsche zu straucheln. Am Waldessaum leuchteten abertausend purpurrote Arktische Weidenröschen, dazwischen blühte es vereinzelt gelb. Etwas Dunkles trieb über den Fluss. Als es laut klatschte, wusste ich, dass es ein Biber war.

In die Stille drang das ferne Dröhnen eines schweren Motors, unmerklich kam das wummernde Geräusch näher. Erst eine halbe Stunde später konnte ich den Namen des bulligen Schleppers lesen: *Toolik River*. Er schob zwei flache, motorlose Lastkähne vor sich her. Darauf standen große Arbeitsmaschinen, vier Pickup-Trucks, zwei Pkw und mehrere Tanks. Aus Auspuffrohren von der Dicke eines Hausschornsteins quollen die Abgase seiner drei insgesamt 1100 PS starken Motoren. Dazu passt die Tankkapazität des Schleppers: 41 000 Liter Diesel. Noch beeindruckender aber war die Leistung des Kapitäns, der solch ein Monstrum sicher an den tückischen Sandbänken vorbeimanövrierte.

»Vermutlich ist die *barge* in Bethel gestartet«, sagte Juliana. Ich nickte. Bethel wiederum wird von Anchorage aus versorgt und Anchorage von Seattle im Staate Washington … Über astronomische Preise darf man sich hier also nicht wundern.

Es war weit nach Mitternacht, als ich den Reißverschluss meines Schlafsacks zuzog. Das Wummern der Schleppermotoren war längst verklungen. Eine Schneeeule schrie »Huhuu, huhuu«. Die neue Stille über dem Fluss war wohltuend. Nur manchmal hörte ich es im Wasser spritzen, wenn ein Lachs auf seiner Wanderung zu den Laichplätzen für den Bruchteil einer Sekunde auftauchte.

Leben am Fluss:
von Stony River nach Sleetmute

Sicherlich wäre das braune Kuskokwim-Wasser trinkbar gewesen. »Dreck reinigt den Magen«, sagt der Volksmund, und von Tieren ausgeschiedene Krankheitserreger wären durch das gewaltige Wasservolumen des Flusses bis zur Bedeutungslosigkeit aufgemischt worden. Außerdem kochten wir das Wasser, hatten Micropur-Desinfektionstabletten und unseren bewährten Katadyn-Pocketfilter dabei. Dennoch ... klares Creek-Wasser war uns lieber.

So paddelten wir vom letzten Camp ein Stück flussaufwärts bis dahin, wo ich bei der Anfahrt abends zuvor das Rauschen eines verborgenen Creeks gehört hatte. Wir fanden ihn und füllten unsere Wassersäcke.

Das Paddeln gegen die ansonsten starke Strömung war im Kehrwasser unproblematisch gewesen. In diesem Moment huschten meine Gedanken zurück zu der Begegnung mit einem Mann, der abertausend Kilometer gegen die Strömung großer Flüsse angepaddelt war: Verlen Kruger aus Lansing/Michigan, einer der außergewöhnlichsten Kanu- und Kajakfahrer. Viele Jahre sind seitdem vergangen. Wir trafen dort aufeinander, wo der Athabasca River in den Lake Athabasca mündet. Ich sehe noch Verlen neben seinem Kanu stehen, ein drahtiger, relativ kleiner Mann mit einem verschmitzten Lächeln. Erst im Alter von 41 Jahren begann der Klempner und Vater von neun Kindern mit dem Paddeln. Als er 82-jährig starb, hatte er 160 000 Kilometer im Kanu und Kajak zurückgelegt. Elf Mal stand er im Guinness-Buch der Rekorde.

Man trifft nicht allzu viele Menschen auf Flüssen, doch wenn, dann sind es oft die Außergewöhnlichsten.

Der Kuskokwim blieb seiner Südwestrichtung treu. Vor dem Dorf Sleetmute, wo der Holitna River auf ihn trifft, biegt er später scharf nach Nordwesten ab, um sich zwischen den Orten Crooked Creek und Napaimut einen Durchlass durch die Berge zu suchen. Westlich von Aniak wird er die Reise durchs Flachland zum Delta am Beringmeer fortsetzen.

Wir plauderten jetzt weniger, denn wir benötigten die »Puste« zum Paddeln. Der Wind ging stark, sodass die Blätter der Pappeln am Ufer wie Silberstücke im Sonnenlicht glitzerten. Bald danach hämmerten Regentropfen auf uns ein.

Irgendwo durch die Fichten- und Weißbirkenwälder zogen in diesem Moment Vielfraß, Rotfuchs, Wolf, Bär, Elch und Karibu. Sie alle leben hier, so wie die Menschen des Ortes Stony River, auf den wir an der Einmündung des gleichnamigen Flusses trafen. Der Kuskokwim bildet hier ein unübersichtliches Labyrinth, bei dem man sich für den einen oder anderen Flussarm entscheiden muss. Doch hinter den verstreut liegenden Häusern des Ortes ziehen sie wieder vereint nach Südwesten.

Ich schloss für einen Moment die Augen und versuchte mir vorzustellen, wie das Land im Winter aussieht. Wegen der vielen Zuflüsse wie Swift, Stony und Holitna River hat der Kuskokwim hier eine flotte Strömung und friert erst Ende Oktober zu. Anfang Mai schmilzt das Eis. Die mittlere Wintertemperatur liegt bei minus 24 Grad Celsius, gemessen wurden aber auch schon klirrende minus fünfzig Grad.

Man lebt in Stony River von dem, was das Land bietet; zwischen Mai und August ist das hauptsächlich Lachs. Nach dem ersten Frost graben die Menschen nach *wild potatoes,* den Wurzeln einer Pflanze mit dem lateinischen Namen *hedysarum alpinum.* Diese »wilde Kartoffel« ist bei vielen indigenen Völkern weit verbreitet. Auch Grizzlys lieben sie. Doch Achtung, wer die Samen verzehrt, kann sterben! So wie Chris McCandless, dessen tragisches Schicksal vom Buchautor Jon Krakauer porträtiert und in dem Film *Into the Wild* der ganzen Welt einfühlsam nahegebracht wurde. Statt der Wurzeln aß Chris die Samenkörner und starb.

Im Herbst pflücken die Frauen hier Moltebeeren, während die Männer Elche jagen. Auch Enten und Gänse füllen die Gefrierschränke, die dank Permafrost nichts anderes als tief in den Boden gegrabene Löcher sind. Zwischen Ende Dezember und Januar dreht sich auch hier das Denken um Weihnachten; die Mehrheit der Menschen ist russisch-orthodoxen Glaubens. So feiert man Weihnachten auch gern zwei Mal: zunächst nach dem offiziellen Kalender im Dezember und dann nach dem russisch-orthodoxen am 7. Januar.

Doch das Leben funktioniert auch hier nicht ohne ein Einkommen in Dollar und Cent. Das verdienen die Menschen durch Jobs als *firefighter* bei der Brandbekämpfung. Im Sommer arbeiten viele in den Fischfabriken von Bethel. Auf jeden Fall aber unterscheidet sich das Leben der fünfzig Athabasken und Yup'ik von Stony River erheblich von dem in den meisten anderen Teilen der Welt.

Während wir unser Nachtlager aufschlugen, balgten sich auf einer nahe gelegenen Insel lautstark zwei Flussotter. Unser Camp befand sich auf einer hohen, mit Weiden bewachsenen Sandbank oberhalb des Zusammenflusses von Kuskokwim und Holitna River. Vom Wasser aus hatten wir dort am Ufer ein paar Häuser und ein Wasserflugzeug gesehen: Mellicks Trading Post. Einen Kilometer flussabwärts befindet sich die Neunzig-Einwohner-Gemeinde Sleetmute.

Ein Weißkopfseeadler segelte ohne einen Flügelschlag über uns hinweg. Irgendwo meckerte mit hektischem »Tschick, Tschick, Tschick« ein Arktisches Eichhörnchen. Wolfs- und Bärenspuren im Uferschlamm veranlassten uns, noch einmal die *bear spray*-Flaschen am Gürtel zu überprüfen. Noch lange nach Mitternacht zwitscherte ein Vogel. Da wir abends keinen Creek mit sauberem Wasser gefunden hatten, schöpfte ich braunes Flusswasser und ließ die Sedimente über Nacht sacken.

Der Morgen danach war trocken. Vereinzelt brach die Sonne durch, und bei genauem Hinsehen entdeckte ich zwischen den Wolken einen Fetzen Blau. Der Kaffee aus Flusswasser schmeckte bestens, wenngleich Sand zwischen den Zähnen knirschte. Ich war gut drauf, ließ mir auch nicht dadurch die Stimmung verderben, dass unser Erste-Hilfe-Beutel beschädigt und einige Medikamente nass geworden waren. Während ich die Verpackungen am Lagerfeuer trocknete, bereitete Juliana in der Pfanne Fladenbrot zu. Rauch brannte in den Augen, Tränen liefen, die Hände waren schmutzig ... Unvermittelt lachte Juliana: »Wenn unsere Freunde und Nachbarn uns so sähen!«

Unmerklich für uns mischten sich die Wasser des Holitna mit denen des Kuskokwim. Rasch zog uns die Strömung am *trading post* vorbei. Ich legte mein Paddel beiseite und sah mich um.

Der Fluss hatte sich erneut verändert, war seit dem Zusammenfluss mit dem Holitna schneller geworden. Wie viele Geschichten sein Wasser doch erzählen könnte ... Über die Berghänge, über die es herabgerauscht war, über die Elche, Bären und Karibus, die durch es hindurchgestapft waren. Über wie viele Wintertrails, wie dem zum North Fork, war es geflossen? Wie viele Tundren hatte es absaufen lassen, bis es letztlich durch Flüsse wie Swift Fork, Takotna, Selatna oder Stony River diesen breiten Kuskokwim geformt hatte! Sein Braun war ein Mix der Farben Zentralalaskas.

Ich wurde in meinen Gedanken unterbrochen, denn ich sah neun große Motorboote am Ufer.

»Das ist Sleetmute«, sagte ich. »Lass uns anlegen.«

»Von woher kommt ihr?«, rief eine Frau am Ufer. Ich antwortete.

»Und wohin geht die Reise?«

»Bethel!« Wir hörten ein paar ungläubige Ausrufe.

»Wo ist das Ortszentrum?«

»Ihr seid schon dort«, rief sie zurück. Ich steuerte unser Faltboot in Ufernähe und manövrierte den Bug gegen die Strömung. Vorsichtig ertastete ich mit dem Paddel die Wassertiefe, stützte mich mit beiden Händen auf dem Bootsrand ab und hievte mich an Land.

In der Sprache der Yup'ik heißt der Ort Cellitemiut. Goldgräber verballhornten den Namen zu Sleetmute, und dabei blieb es.

»Siedlungen sind das Salz in der Suppe des Flussreisenden«, behaupte ich gern. Ohne allerdings eine allzu große Erwartungshaltung zu haben, denn Yup'ik und Athabasken sind eher zurückhaltend. Niemand hier würde uns mit schulterklopfender Jovialität lautstark mit »*How are you doing?!*« begrüßen. Und Sehenswertes ist eher rar. Trotzdem waren wir gespannt.

Nach hundert Metern waren wir im Zentrum. Das ist wie überall in Alaska das *United States Post Office*: hier ein weißgraues Gebäude mit blauem Metalldach und großer Satellitenschüssel. Alles in tadellosem Zustand. Ihm gegenüber ein modernes Holzhaus mit verblüffend großen Fensterfronten. Eine Rampe für Behindertenfahrzeuge führte hinauf zum Eingang. Dies war der Sitz der Ortsverwaltung.

Der Rest von Sleetmute sah völlig anders aus. Die Hauptstraße war schlammig. Das mit Plastikfolie überzogene Schild mit der handschriftlichen Aufforderung, wegen des Staubs bitte schön langsam zu fahren, mutete ungewollt komisch an.

Mit unseren Regenjacken und Schwimmwesten darüber waren wir unschwer als *river travellers* zu erkennen. Ein etwa dreißigjähriger Yup'ik stoppte sein Quad. Wir kamen ins Gespräch.

Die letzten Tage habe er Rotlachs gefangen. »Nur für den Eigenbedarf«, antwortete er auf meine Frage. »Kommerzieller Fischfang spielt nur in Küstennähe eine Rolle.«

»Gibt es hier einen Supermarkt?«

»Ja«, sagte er, »folgt der Straße, er ist gegenüber der Schule und nicht zu verfehlen!«

In einem Ort mit weniger als hundert Einwohnern, deren Leben sich sowieso entlang dem Fluss abspielt, dürfte kaum etwas zu verfehlen sein.

»Merkwürdig, dass einige Häuser auf Holzstelzen stehen«, wunderte ich mich. Vor uns waren Bauarbeiter damit beschäftigt, ein komplettes Gebäude anzuheben, um es gleich nebenan auf Holzpfeiler zu setzen. Ein stämmiger Mann auf einem *four wheeler* erläuterte das Prozedere anhand einer Bauzeichnung.

Wir erreichten das Schulgebäude mit der Aufschrift *Jack Egnaty School*. Daneben stand ein gläsernes Gewächshaus, in dem sich Tomatenpflanzen rankten. Sehenswerter aber war das Gebäude gegenüber: Auf der Basis zweier Schiffscontainer, die künftig als Parterre des Neubaus dienen sollten, war just ein solides hölzernes Dachgerüst entstanden. Eine eigenwillige Konstruktion ... Daneben parkte ein Caterpillar, im Gras dahinter warteten fünf Schneemobile auf den winterlichen Einsatz. Ich sah Holzpaletten, Heizöltanks, einen zwei Meter hohen Kühlschrank sowie rote und grüne Gasflaschen. Kurz – es sah aus wie überall in den Ortschaften von »Busch-Alaska«. Das merkwürdigste Teil dieses Sammelsuriums aber war das zerschmetterte Vorderteil eines Flugzeugs.

»Dahinter müsste der Supermarkt sein«, sagte Juliana.

Aber erst mal bummelten wir weiter; vorbei an einem schlichten Holzhaus, über dessen Tür die Namen *Aggie* und *Zaukar* standen. Kinderspielzeug und Dreiräder lagen im Schlamm vor der Tür. Zwei Hunde stürzten sich schwanzwedelnd auf uns, um Streicheleinheiten zu kassieren. Rechts, in einem Urwald weiß blühender Herkulesstauden, standen einige Dutzend hölzerner russisch-orthodoxer Grabkreuze, viele von ihnen mit bunten Plastikblumen geschmückt. Nur auf wenigen las ich Namen. Dahinter erhob sich die vom Zahn der Zeit angenagte Dorfkirche mit den winzigen Zwiebeltürmen. An einem Holzgerüst baumelte eine Glocke. Hinter dem Fenster einer einfachen Hütte erwiderte eine alte faltige Yup'ik-Frau unseren Gruß.

Wir schlenderten zurück zum »Supermarkt«. An der abgewetzten Tür klebte ein Zettel: »Willkommen bei Hills. Geh durch diese Tür, halte dich rechts. Klingele dort, und die Bedienung kommt.«

Ebenso aufschlussreich der offizielle Anschlag daneben: »*Alaska State Law*: Wer alkoholische Getränke erwartet, MUSS persönlich am Flugzeug erscheinen, MUSS stocknüchtern sein und seinen Personalausweis dabeihaben.«

Drinnen hielten wir uns rechts und klingelten. Tatsächlich erschien eine Verkäuferin. Wir kauften Schokolade und Weißbrot für den dreifachen Preis dessen, was wir in Anchorage bezahlt hätten.

Draußen trafen wir auf den Mann, der neben den Bauarbeitern auf seinem Quad gesessen hatte. Jeff Bonin stammte aus Anchorage und arbeitete hier im Sommer als Ingenieur.

»Vor zwei Jahren«, sagte Jeff, »war das Frühjahrshochwasser acht Meter über dem heutigen Stand. Viele Häuser wurden überschwemmt. Die Regierung beschloss daraufhin ein Hilfsprogramm. Die Bewohner konnten staatliche Hilfe beantragen, um ihre Gebäude auf Stelzen setzen zu lassen. Deswegen bin ich hier!«

»Was hat es mit dem zerschmetterten Flugzeug auf sich?«, fragte ich Jeff. Er schaute über die Schulter, als wolle er sich vergewissern, dass niemand zuhörte. »Das Flugzeug gehörte dem Ladenbesitzer. Er hatte es zur Inspektion gegeben und wollte danach zum ersten Flug starten. Doch nach wenigen Hundert

Metern setzte der Motor aus, und die Maschine knallte auf den Boden. Der Mann blieb unverletzt, aber sein 200 000-Dollar-Flugzeug war nur noch Schrott! Der Mechaniker hatte bei der Wartung den Haupthahn für die Spritzufuhr abgestellt und niemanden darüber informiert ...«

Jeff hatte noch einen guten Rat für uns: »Nehmt von hier so viel Trinkwasser mit, wie ihr transportieren könnt.« Er sah unsere fragenden Gesichter.

»Fünfzehn Kilometer westlich von hier liegt die alte Red Devil Mine, in der zwischen 1933 und 1971 große Mengen Quecksilber gefördert wurden. Damals eine der größten Quecksilberminen der USA. Aber der Abbau geschah nach den Minenvorschriften von 1872, und die kannten das Wort ›Umweltverträglichkeit‹ nicht. Das Gelände ist verseucht!

Mitte der 1980er-Jahre wurde die Mine geschlossen. Die ehemaligen Betreiber scherten sich einen Dreck um das, was sie mal reich gemacht hatte ... Sie ließen alles zurück: Gebäude, Förderanlagen, Maschinen, volle Öl- und Dieseltanks, vor allem aber den mit Quecksilber kontaminierten Boden.

Gut 15 Jahre später trug der Staat die Gebäude ab und versenkte sie samt den Maschinen in einem alten Förderloch. Das *Bureau of Land Management* ließ auch den Boden abtragen und fachgerecht entsorgen.

Aber jeder hier weiß: Tief unter Red Devil ist der Boden noch immer vergiftet. Und mit dem Regenwasser gelangt das Quecksilber in den Kuskokwim. Ein heißes Thema auch in den Medien, denn man fürchtet um den Fischbestand. In Hechten fand man bereits gefährlich hohe Werte. Und man weiß auch, dass die Red Devil Mine nicht die einzige Dreckschleuder war.«

Spät abends verließen wir Sleetmute. Ich hielt folgende Notiz über diesen Moment fest: *Über uns ein Himmel, wie ihn nur Alaska kennt. Zwischen schwarze, graue und weiße Wolkenberge schiebt sich ein blaues Fleckchen, aus dem unvermittelt die Mitternachtssonne bricht.*

Wir hörten zwei Motorboote und sahen ein unbewohntes *fish camp*. Dort, wo wir die alte Red Devil Mine vermuteten, lag ein Frachtkahn mit rund fünfzig randvoll gefüllten Säcken. War das noch abzutransportierender Giftboden?

Wenig später passierten wir die Zwanzig-Einwohner-Siedlung Red Devil. Dies hier waren nicht die schlichten Häuser der Yup'ik von Sleetmute: Sie waren modern, funktional, zweckmäßig und nicht ganz billig. In diesem Abschnitt des Kuskokwim suchen Bergbauunternehmen noch immer nach Bodenschätzen. Mir war, als warte der Ort aufs Erwachen neuer Minenaktivitäten.

Ich verdrängte die Horrorgeschichten von giftigem Quecksilber und genoss noch lange nach Mitternacht die silbern glänzende Scheibe des Vollmonds.

Gold am Crooked Creek

Unser Fluss schlängelt sich durch die Kuskokwim-Kilbuck-Berge, bis er sich westlich der Siedlung Napaimiut ins Flachland ergießt. Dies ist der landschaftlich spektakulärste Abschnitt der gesamten Reise. Hier liegt auch Georgetown.

Orte dieses Namens findet man auf der ganzen Welt: Georgetown, die Hauptstadt von Guyana, oder Georgetown als Stadtteil der US-Hauptstadt Washington. Aber da ist auch noch Georgetown am Kuskokwim: Sitz des Georgetown Tribal Council, der die Interessen von insgesamt 120 Stammesangehörigen verwaltet. Nur eine Handvoll wohnt hier, drei Viertel dieses Stammes leben verstreut am Fluss, der Rest in Bethel.

Während wir an Georgetown vorbeitrieben, sah ich zwei Männer neben einem Motorboot Lachse filetieren. Sie schauten auf, winkten, wünschten uns eine gute Reise: »Genießt das gute Wetter«, sagte einer, »bald wird's regnen!«

Crooked Creek, mit gut hundert Einwohnern der größte Ort hier, erreichten wir ein paar Stunden später. Fast alle Einwohner sind Yup'ik. Wir legten an und kamen mit John ins Gespräch, einem Fünfzigjährigen, der mit traurigem Gesicht seinen zerlegten Outboard-Motor betrachtete.

In Wirklichkeit hatte John ganz andere Sorgen.

»Schon in wenigen Jahren wird alles hier ganz anders aussehen«, klagte er. »15 Kilometer weiter nördlich wurde am Crooked Creek, dem Lachsfluss, nach dem unser Ort benannt ist, Gold entdeckt: 34 Millionen Unzen! Das will man nun rausholen.«

John sah bekümmert über den Fluss. »Das sogenannte Donlin-Gold-Projekt ist auf dreißig Jahre angelegt. Die Auswirkungen auf die Natur sind genauso unvorstellbar wie die auf unser traditionelles Leben. Boote und Maschinen werden das Wasser verschmutzen und den Zug der Lachse gefährden. Lärm und Menschen vertreiben das Wild. 69 riesige Lastwagen, von denen jeder eine Ladekapazität von 400 Tonnen hat, werden täglich 59 000 Tonnen Erdreich bewegen. Aber auch eine 500 Kilometer lange Gaspipeline wird das Land verändern. So wie der geplante Flughafen, die Straßen, die Wohnhäuser für 3000 Arbeiter und ihre Familien, dazu der rapide ansteigende Schiffsverkehr auf dem Kuskokwim. Die Frachtkähne werden pro Jahr allein 1,5 Milliarden Liter Diesel für die Maschinen herbeischaffen.«

»Wem gehören Land und Schürfrechte?«, fragte ich.

»Der *Alaska Native Corporation*, und damit uns, den Yup'ik. Es gibt bei uns viele, die darin Jobs und eine wirtschaftliche Chance für die Zukunft wittern. Aber es gibt auch einige, die in dem Goldprojekt einen Todesstoß für unser traditionelles Leben sehen ... solche wie mich! Sobald der Startschuss fällt, wird ›Donlin Gold‹ eine der größten Goldminen auf Erden sein!«

Bedrückt paddelten wir weiter.

Der Klondike-Goldrausch veränderte 1898 den Yukon. Wird das Donlin-Gold – je nach Sichtweise Traum oder Albtraum – Realität, wird man den Kuskokwim schon bald nicht mehr so erleben wie wir an diesem Tag ...

Traumzeit in Alaska

Flussnotizen:
Nach acht Stunden Fahrt schlagen wir unser Lager auf. Da hält ein Motorboot auf uns zu. »Are you alright?«, ruft der Fahrer. »Yes!«, brüllen wir durch den Lärm des Motors zurück und winken. Dann ist es wieder still über dem großen Fluss. Nur vereinzelt klatscht es im Wasser, wenn kurz die Rücken von Lachsen auftauchen. Sorgen bereiten mir die frischen Bärenspuren am Ufer!

Der Morgen danach ist eiskalt. Nebel liegt wie ein weißes Tuch über beiden Ufern, und wir mittendrin. Ich spritze mir eine Handvoll Wasser ins Gesicht. Damit ist das Thema »Morgentoilette« abgehakt ... Dank des guten Treibholzvorrats flackert bald ein Feuer.

Ich mag solche Morgen, schwärme von unserer »Traumzeit in Alaska«, was Juliana nicht mal ein müdes Lächeln entlockt. Sie kommt heute schwer in Fahrt. Zum Glück brutzeln in ihrer Bratpfanne bald Schinken und Eier.

Mit meckerndem »Hä Hä Hä« versucht eine Möwe, uns mit ihrem Kot zu bombardieren; mit geringer Trefferquote ... Später im Boot denke ich: Du nimmst nur wahr, was du über dem Wasser siehst. Aber unter dir ziehen Tausende von Lachsen zu den Plätzen ihrer Geburt, um sich fortzupflanzen und zu sterben. Ihre Welt bleibt dir verschlossen.

Der Wind hat jetzt nachgelassen, die Wasseroberfläche ist glatt wie ein Spiegel. Insekten summen, leider auch aggressive Pferdebremsen. Arktische Weidenröschen verwandeln die Ufer in einen purpurroten Blumenstrauß.

In rasantem Tempo geht es nach Südwesten. Plötzlich entdecken wir in Ufernähe ein großes hölzernes Gestell auf dem Wasser. Ein Fischrad: Zwei sich mit der Strömung um eine Achse drehende Schöpfkellen schaufeln Lachse aus dem Wasser, die über eine Rutsche in einem Behälter landen. Dort werden sie vom Fischer rausgeholt, geschlachtet und geräuchert.

In dieser wilden Berglandschaft zwischen Horn Mountain, Buckstock Mountain und Russian Mountain liegt der Ort Napaimute.

»Erstaunlich anders ...«, staunen wir. Gepflegte Blockhäuser säumen das Ufer. Oberhalb der Siedlung steht eine Holzkirche mit weißen russisch-orthodoxen Kreuzen, neben denen acht Menschen versammelt sind. Sie winken. Das alles wirkt einladend. Wir legen an.

»Hallo«, rufe ich einem Mann mit den Zügen eines Yup'ik zu. Er sitzt in einem großen Motorboot und isst Kartoffelchips. Wir kommen ins Gespräch. Er heißt Bob und stammt aus Upper Kalskag. »Ich bin mit meiner Familie hier zu Besuch«, sagt er.

Um mehr über Napaimute zu erfahren, sollten wir mit Mark sprechen. »Da kommt er gerade«, meint Bob und deutet auf ein einlaufendes Motorboot. Mark, Mitte fünfzig, begrüßt uns.

»Niemand lebt heute noch ganzjährig hier«, sagt er. Im Sommer aber habe der Ort knapp zwanzig Einwohner. Die leben von subsistence. Napaimute bedeutet in der Yup'ik-Sprache »Waldmenschen«. »Früher wohnten in der nahe gelegenen, aber längst aufgegebenen Siedlung gleichen Namens mehr als 200 Menschen«, weiß Mark.

Das neu aufgebaute Napaimute ist ein Bilderbuchort: sauber und ohne Gerümpel, wie es in anderen Buschdörfern gang und gäbe ist. Mark selbst bewohnt ein doppelstöckiges Blockhaus mit kleiner Terrasse. Ein großer Smiley begrüßt Besucher, die Vorderfront des Hauses ist mit Goldwaschpfannen, Schaufeln, Pickhacken und Sägen dekoriert. Natürlich gibt es auch die obligatorischen Elchgeweihe. Wir gehen zu dem kleinen sign post *in der Ortsmitte. Auf weißen Schildern sind hier Ortsnamen mit Entfernungsangaben vermerkt: 2178 Meilen bis Brimley in Michigan. Bis Troy in Missouri sind es 3186 Meilen.*

»Aus diesen Orten stammen einige unserer Bewohner«, sagt eine hübsche junge Yup'ik-Frau. Wir bummeln weiter, als ein etwa zwölfjähriges Mädchen schnurstracks auf uns zusteuert und uns ein paar getrocknete Würste überreicht. »Welcome!«, sagt sie, die Eltern ließen grüßen. Eine tolle Geste!

Dann kommt ein Mann auf uns zu. »Dave Cannon«, stellt er sich vor. Wie auch andere kam er heute nach Napaimute, um oben an der Kirche eines jungen Mannes zu gedenken, der als Flussschiffer ins Wasser gefallen und ertrunken war.

Während Juliana den Ort erkundet, wandere ich hinauf zur Kirche. Our Lady of the Trees *steht über der Tür. »Gebaut 2009«. Davor eine pinkfarbene Holzbank, neben der sich drei Gräber mit weißen Holzkreuzen befinden. Auf einem steht der Name jenes Verunglückten: Teddy Carl Ausdahl. Die Grabstellen sind, wie bei* natives *üblich, mit kleinen weißen Holzzäunen umgrenzt und mit Plastikblumen geschmückt. An Teddys Grab baumelt eine US-Flagge. Weit streift von hier der Blick über den breiten Fluss, bis er sich im Westen im Flachland verliert.*

»Push me! Push me!«, ruft der dreijährige Knirps auf der Schaukel, als ich zurück im Ort bin. Schwupp, schon sitzt seine ältere Schwester mit den reizenden Mandelaugen auf dem Schaukelbrett neben ihm. »Push me! Push me!«, strahlt auch

sie mich an. Die Kinder winken, als wir durch blühende Weidenröschen zurück zum Boot gehen.

»Flussabwärts ist die alte russische Befestigung Kolmakovsky«, hatte man uns mit auf den Weg gegeben.

1841 errichtete die Russian-American Company hier einen Handelsposten. Während der nachfolgenden 25 Jahre tauschten russische Pelzhändler dort Decken, Töpfe und Gewehre gegen Biber- und Otterpelze. Zur Zeit des Alaska-Goldrausches diente die Befestigung Kolmakovsky den Amerikanern auch mal als Gefängnis. Dann verfiel sie. Archäologische Grabungen förderten historische Relikte zutage. Aber die Natur hat diese Momentaufnahme der russisch-amerikanischen Geschichte längst überwuchert.

Nach Mitternacht:
Ein riesiger, silberner Vollmond klettert über unsere campsite. In diesem Moment hören wir ein lautes Krachen im Busch. Ein schwerer, dunkler Körper bewegt sich auf uns zu.
»Ein Schwarzbär!«
Wir hämmern mit Stöcken auf Bratpfanne und Kochtopf. Bären mögen keinen Lärm. Er erhebt sich auf die Hinterbeine, wittert in die Runde und trollt sich.
Es ist der 14. Juli – seit einer Stunde hat Juliana Geburtstag. Solche Gäste aber sind unerwünscht!

Im Faltboot durchs Land der Yup'ik

Ein Bär kam in meinen Träumen nicht vor. Aber ich war froh, Boot und Lebensmittelvorräte morgens unversehrt vorzufinden. Und bevor Juliana aus dem Zelt kroch, hatte ich ihr einen Geburtstagsstrauß gepflückt.

Westlich der Berge spürten wir, dass der Kuskokwim langsamer geworden war. Der Russian Mountain, ein gut 1000 Meter hoher Berg, ist der letzte, der den Fluss berührt. Dort füllten wir unsere Wasserbeutel mit kaltem klarem Wasser. Ein Luxus, den wir lange nicht gehabt hatten... und auch bald schon nicht mehr haben würden.

Gut hundert Menschen leben hier im Ort Chuathbaluk, bei dessen Bauweise die Menschen offenbar auf Zweckmäßigkeit gesetzt hatten. Den Charme von Napaimute suchten wir vergebens. Neunzig Prozent der Bewohner sind *native Americans*, verrät die Statistik, fünf Prozent *white*. 43 Prozent der Einwohner sind jünger als 18 Jahre. Kinder spielten am Ufer zwischen den Motorbooten. *Alaska Fish & Game* forderte mit »*kids don't float*«-Schildern Eltern auf, den Nachwuchs nur mit Schwimmwesten an Bord zu nehmen.

Abends feierten wir Julianas Geburtstag am Lagerfeuer mit über der Glut gerösteten Marshmallows. Es ging auf Mitternacht zu, als sich das Rot des Sonnenuntergangs zwischen die dunklen Wolken im Nordwesten zwängte.

Dreiunddreißig Tage war ich seit dem Verlassen von Lake Minchumina unterwegs. Meinen Füßen ging es nun wieder leidlich gut, Arme und Schultern arbeiteten so zuverlässig wie Windmühlenflügel. Meine rissigen Hände hatten schon lange die schwarzgraue Patina der Wildnis. Es störte mich daher kaum, dass der Wind morgens mit vollen Backen ins Feuer blies und uns samt der leckeren Stockbrote mit grauer Asche bedeckte.

Aber Wind und Himmel gefielen mir nicht, ein Wetterwechsel lag in der Luft. Der Himmel war so grau wie die Oberfläche des Kuskokwim.

Die großen Krähen lamentierten lautstark. Von fern hörte ich das »Klong, Klong, Klong« eines Raben, der Weltenschöpfer in der Mythologie der Westküstenvölker. Zunehmend zeigten sich

Möwen. Am hohen Ufer setzten gelbe und lilafarbene Blüten neben Weidenröschen farbige Akzente. Farbe tat gut, denn auch meine Hose war so grau wie meine Hände. Und da der Flusspegel sank, wateten wir regelmäßig beim Aus- und Einsteigen zehn Meter durch breiigen Uferschlamm. Das Faltboot war jetzt graugrün.

Meine Karte auf dem Ufersand vor dem Zelt hatte ich vorsichtshalber mit Steinen beschwert. Ich kniete davor und folgte mit dem Finger dem Verlauf des Kuskokwim. Scheinbar erleichtert darüber, aus der Beengtheit der Berge in die Freiheit des Flachlandes entlassen worden zu sein, würde er westlich der Ortschaft Aniak förmlich ausufern und sogenannte *sloughs*, Kanäle mit oft mehreren Hundert Metern Breite, bilden. Wie den Aniak Slough. Kajaker, die dort hineingeraten, paddeln gegenüber dem Hauptstrom oft die doppelte Strecke... Das wollten wir vermeiden. Deswegen lag während der Fahrt die spritzwassergeschützte Karte immer dicht vor mir. Natürlich half bei der Navigation der Kompass.

Mit 500 Einwohnern ist Aniak einer der größten Orte am Fluss. Da wir am nördlichen Ufer entlangfuhren, war die Gefahr, ins Fahrwasser des Aniak Slough zu kommen, gleich null. Trotzdem war ich immer wachsam, denn bei einer Flussbreite von zwei Kilometern und bei einem zehn Kilometer gradlinig fließenden Fluss hat man leicht den Eindruck, über einen Riesensee zu paddeln. Gerade als wir überlegten, wo wir in Aniak anlegen sollten, hielt ein großes Motorboot auf uns zu. Seine Gallionsfigur war ein rotbrauner Hund. Der Mann am Steuer drosselte den Motor, dann hob er die Hand.

»Hallo«, sagte er. »Ich war schon gespannt, ob wir uns wiedersehen würden!« Es war Dave Cannon, den wir vor Tagen im hübschen Napaimute begegnet waren. Wir stiegen nicht aus, sondern überließen uns Strömung und Wind. Seite an Seite trieben wir flussabwärts.

»Ich arbeite als Fischbiologe für die hiesige *Native Corporation*«, erzählte Dave. Seit gut 15 Jahre lebte er in Alaska. »Zuvor war ich in Wyoming tätig.«

Dave machte sich Sorgen wegen des Klimawandels. »Hier in Alaska?«, fragte ich erstaunt.

»Einen Winter wie den letzten hat noch keiner hier erlebt. Fünf Mal kletterte die Temperatur über den Gefrierpunkt. Der Schnee ließ lange auf sich warten, und ebenso lange mussten wir mit unseren Motorschlitten über eine fast grüne Tundra fahren. Und das, wo sonst zwanzig Grad minus und Schnee an der Tagesordnung sind.« Für Dave waren das Auswirkungen der globalen Erwärmung. »Ich werde mich mit diesem Thema noch näher auseinandersetzen und darüber ein Buch schreiben.«

Aber ansonsten lebe man hier gut. Wenngleich die Gallone Sprit weit mehr als doppelt so viel wie in Anchorage koste.

»Die Preise sind gepfeffert. Deswegen ist der Lachsfang für die Menschen hier nach wie vor so wichtig.«

»Welche Lachse gibt es hier?«, wollte Juliana wissen.

»Alle Pazifiklachse«, sagte er: »*King, pink, silver, red* und *chum salmon*. Zwischen sechs Monaten und einem Jahr bleiben sie in den klaren Quellflüssen. Danach wandern sie, zumeist im Hochwasser, zum Pazifik, wo sie je nach Art ein bis drei Jahre leben. Bis sich eines Tages ihre innere Stimme meldet. Dann ziehen sie durch den Pazifik und den Kuskokwim zurück zu ihren Geburtsplätzen, wo sie sich vermehren und sterben.« Dave streichelte seinen Hund.

»Aber auf dem Weg zu den Laichplätzen werden viele in Netzen und Fischrädern gefangen. Lachs steht auf der Speisekarte der Inlandbewohner ganz oben. Und im Küstenbereich ist der kommerzielle Fischfang ein bedeutender Wirtschaftsfaktor. Allerdings strikt überwacht; der Staat setzt Fangquoten fest und kontrolliert!«

Der rotbraune Hund leckte Daves Hand. »Übrigens vergaß ich, ihn vorzustellen: Das ist Bert. Benannt nach Ernies Kumpel in der Sesamstraße.«

In der Sprache der Yup'ik bedeutet Kuskokwim so viel wie »langsam fließender Fluss«. Anders als beim Oberlauf trifft der Name hier zu. Südlich der Portage Mountains mäandert er in oft fünf Kilometer voneinander entfernten Kehren durchs Flachland. Wir folgten dem nördlichen Wasserarm, wo der Ort Upper Kalskag liegt. Dort wollten wir eine Pause machen und einen Blick in den Ort werfen.

Wir waren erstaunt über die vielen *fish camps*, die von Yup'ik im Sommer bewohnt werden. Unweit eines Camps legten wir zum Lunch an. Das kriegten drei große Hunde mit, die zutraulich zu uns kamen und sich streicheln ließen. Nur einer war undankbar, schnappte mit den Zähnen unseren Beutel mit frisch gepelltem Knoblauch und suchte das Weite.

Wo immer wir entlangpaddelten, grüßten die Menschen oder stoppten ihre Motorboote für einen Small Talk. Am Ufer eines schmalen, windgeschützten Seitenarms filetierten drei Frauen Lachse. Sie schauten auf, und eine rief: »*Welcome to the Kalskag Region!*« Kleine Gesten wie diese zaubern ein breites Lächeln ins Gesicht des Gastes.

Der Kuskokwim ist die Lebensader der Yup'ik. Das Land um ihn herum ihre Heimat. Die Besiedlung nahm immer mehr zu, je weiter wir kamen. Ich wunderte mich längst nicht mehr, am Ufer ein allein stehendes, riesiges russisch-orthodoxes Kreuz zu entdecken. Aber sie sind hier auch stramme Patrioten, denn nie zuvor sah ich auf einem Wildnistrip so viele große US-Flaggen flattern wie hier. Gegenüber einem solchen Sternenbanner legten wir an und bauten unser Camp auf.

Der darauffolgende Tag war verführerisch schön. Wir beschlossen, zu bleiben und zu faulenzen. Wobei wir nicht das

Gefühl hatten, die inneren Batterien aufladen zu müssen. Wir waren gut drauf und fit. Aber die Vorstellung, sich einfach mal einen Tag lang bei schönem Wetter am Campfeuer rekeln zu können, war verlockend. Wir dankten allen Bibern für die Holzvorräte, denn sehr viele Treibholzstücke wiesen den typischen Biberbiss auf. Und da die Feuergefahr auf unserer fast vegetationslosen Sandbank ausgeschlossen war, durften die Flammen auch schon mal hochschlagen. Trotz all dieser Aktivitäten besuchte uns an diesem Tag fünf Mal ein *porcupine*, Baumstachler, wie das nordamerikanische Stachelschwein heißt.

Es war sonnig. Doch blickte ich nach Südwesten, machte ich hässlich schwarze Wolken aus. Im Nordosten hingegen war der Himmel blau, also schaute ich lieber dorthin ... Derweil zog Juliana alle Register ihrer Koch- und Backkunst. Was im Busch der hohen Kunst des Improvisierens gleichkommt – aus wenig viel zu machen. *Solch ein Ruhetag ist Balsam für die Seele*, notierte ich später. Dennoch blickte ich immer wieder skeptisch zum Himmel hinauf; er verdunkelte sich immer mehr. Ich war heute meiner Devise untreu geworden: nämlich zu paddeln, wenn das Wetter gut ist, und stattdessen bei Sturm und Wind auf der faulen Haut zu liegen. »Hoffentlich bereuen wir das später nicht«, orakelte ich.

Die Antwort kam schnell.

Um 21 Uhr begann der Regen, morgens um neun Uhr hörte er auf. Zu diesem Zeitpunkt waren die Startvorbereitungen bereits erledigt. Das Stachelschwein war offenbar wasserscheu und ließ sich nicht blicken. Die Möwen aber kreischten, und in der Ferne hörten wir das Lachen des *loon*. Klar, Tauchvögel mögen nasses Wetter ...

Es war wohl dies Schietwetter, wie man bei uns in Norddeutschland sagt, weswegen unser Besuch in Upper Kalskag kurz ausfiel. Der Wind biss hart in unsere Gesichter und kroch unter die

Jacken. Ich sicherte das Faltboot neben einem Motorboot mit dem Namen *Princess Audrey*.

»Lass uns losgehen!«, drängte ich. Mir war kalt. Im Boot hatte uns die Paddelbewegung warm gehalten, hier an Land kühlte uns der schneidende Wind aus. Ein paar Autospuren führten das sandige Ufer entlang. Dort parkte ein Pickup-Truck. Wir kletterten daran vorbei das Ufer hinauf zum Ort. Ein schmuckloses rechteckiges Holzgebäude mit einem erleuchteten gelben Glaskreuz war offenbar die Kirche. Daneben standen Schiffscontainer. Auf einem Spielplatz hinter dem Schulgebäude lärmten Kinder. Die Hände in den Taschen, schlenderten wir weiter.

Unter Bäumen sah ich ein Tor mit einem Kreuz, über dem die Worte *Kalskag Cemetery* standen: der Friedhof. Auffällig war, dass die Grabkreuze hier nicht die charakteristisch russisch-orthodoxe Form hatten. Ebenfalls fiel mir auf, dass viele junge Menschen hier bestattet worden waren: »Terrance Aloysius, geb. 1961, gest. 1987. Patrick Kameroff, geb. 1957, gest. 1982.« Ähnlich frühe Daten fand ich auf anderen Grabkreuzen. Eine Antwort nach dem »Warum?« erhielt ich nicht. Aber mir ist bekannt, dass viele allzu frühe Tode auf Alkohol, Drogen, aber auch Selbstmord zurückzuführen sind. Viele Menschen werden mit ihrer Perspektiv- und Arbeitslosigkeit nicht fertig. Und Alkohol war seit jeher verheerend für die indigenen Völker Nordamerikas.

Dennoch hatte der Friedhof mit den teils bunten Holzzäunen um die Grabstellen eine freundliche, fast heitere Ausstrahlung. Neben Hunderten blauer und roter Plastikblumen hingen farbige Kränze mit pinkfarbenen Schleifen. Dazwischen standen weiße Gipsengel mit gefalteten Händen.

Wir gingen weiter. Ein Schild der *City of Upper Kalskag* wies darauf hin, das hier behandelte und vorgereinigte Abwässer in den Kuskokwim geleitet würden und auf 300 Metern das Baden untersagt sei.

Wir kehrten um.

»Je mehr ich unternommen habe, umso deutlicher erkenne ich, was ich noch unternehmen könnte!«, sagte ich, während mein Paddel auf und nieder ging. Juliana, durch ein bewegtes Leben an meiner Seite gelegentlich auch mal skeptisch geworden, legte das Paddel auf den Bootsrand, drehte sich zu mir und sah mich eine Weile lang fragend an.

»Was heckst du gerade wieder aus?«

»Wir könnten zum Beispiel von Upper Kalskag am Kuskokwim nach Russian Mission am Yukon paddeln beziehungsweise portagieren!«

Sie machte nur »tss tss tss!«, bedachte mich mit einem langen zweifelnden Blick, schüttelte den Kopf und paddelte weiter.

Dabei wäre alles machbar! Die Yukon-Kuskokwim-Portage ist Realität. Zugegeben – niemand nutzt die Verbindung mehr. Pläne, hier zwischen Yukon und Kuskokwim eine akzeptable und leicht befahrbare Verbindung zu schaffen, hat man längst zu den Akten gelegt. Auch in der Geschichte spielte die Yukon-Kuskokwim-Portage keine wesentliche Rolle... Fakt aber ist, dass sich nirgendwo sonst die beiden größten Ströme Alaskas so nahe kommen wie hier – bis auf fünfzig Kilometer! Der Trail zwischen Kalskag und Russian Mission am Yukon ist sogar auf meiner Karte vermerkt. Neun Seen respektive Creeks müsste man folgen. An vier Stellen müsste portagiert werden. Im Klartext: Boot und Ausrüstung wären dort auf dem Buckel zu schleppen. Ich dachte an unsere Upper Kuskokwim Portage, die abgesoffene Tundra, das tückische Tussock-Gras und die verlorenen Zehennägel... und widersprach Juliana nicht. Stattdessen ergriff ich mein Paddel und konzentrierte mich auf das, was vor uns lag.

Abends hielt ich als Notiz fest:

Ein Pilot fliegt mit seiner Maschine fünfzig Meter über uns hinweg und grüßt, indem er mit seinen Tragflächen wackelt. Am

Ufer kröpft ein junger Weißkopfseeadler seelenruhig ein Beutetier, während ihn sieben aggressiv keifende Möwen attackieren.

Ansonsten boten wir dem Wind die Stirn. Gelegentlich wichen wir auf schmale Seitenarme aus. Was nicht unproblematisch ist, denn der anfangs breite *slough* konnte nach einem Kilometer auf einer Sandbank und damit in einer Sackgasse enden. Nach Extratouren stand uns bei diesem Wetter nicht der Sinn.

Gegen 21 Uhr legten wir an einem gnadenlos verschlammten Ufer an. Dauerregen setzte ein. Wir trugen seit einiger Zeit Pullover unter den Regenjacken und darüber – auch im Camp – Schwimmwesten. Mit dem *petroleum-jelly*-Wattemix und trockener Birkenrinde, die ich im Boot wie einen Schatz hütete, gelang mir ein gutes Feuer. Juliana beschränkte ihre Kochkünste heute darauf, heißes Wasser in die Tüten mit Mountain House-Fertigessen zu gießen. Wer lange genug paddelt, hört auf, wählerisch zu sein …

Am Morgen danach meinte Juliana: »Schön, dass wir unserem Ziel näher kommen!« Um das zu verstehen, rief ich mir in Erinnerung, dass während der Nacht ein Trommelfeuer harter Regentropfen niedergegangen war. Davon blieb vormittags nur dichter Nieselregen übrig. Aber alles war grau: Himmel, Fluss, Hände, Kleidung, das Innere des Bootes. Und mit jedem Ein- und Aussteigen schleppten wir breiig-grauen Uferschlamm ins Boot. Lediglich beim Abwasch bewährte sich der Uferschlamm: Verrieb ich ihn mit den Stengeln des Schachtelhalms auf Kochtopf oder Teller, wurde ruckzuck auch das schmutzigste Geschirr sauber!

Natürlich hätte ich nichts gegen eine heiße Dusche, saubere Finger und verheilte Füße einzuwenden gehabt. Andererseits waren da die Gedanken, die ich an diesem Tag als Notiz in meinen Recorder sprach:

Die Vitalität der Bilder und Eindrücke wiegt alles auf. Die Schönheit der 1000 hohen Gräser, deren Spitzen bereits herbstgelb leuchten. Sie wiegen sich im Wind, während Regentropfen an ihren Halmen herabrinnen. Darunter leuchten Orchideen und die lila blühende subalpine daisy, *eine Gänseblümchenart. Hoch in der Luft singt ein Vogel.*

Der Flussspiegel sank rapide. Gelegentlich stießen wir mit den Paddelspitzen jetzt auf verborgene Sandbänke. Nachmittags hielt ein Motorboot auf uns zu. Darin zwei Erwachsene und vier Kinder.

Princess Audrey las ich am Bug. Hatten wir das Boot nicht erst gestern in Upper Kalskag gesehen?

Dann erkannten wir sie: Bob hatte vor Tagen in Napaimute Chips futternd in ebendiesem Boot neben uns gesessen und Tipps gegeben. Und seine kleine Tochter hatte mir später auf der Schaukel sitzend ein keckes »*Push me! Push me!*« zugerufen. Bob erzählte, sie seien heute Morgen gestartet, um seine Mutter in Bethel zu besuchen. »Nur ein kurzer Ausflug«, sagte er. Gemeinsam wollten sie dort *salmon berries*, Moltebeeren, pflücken.

»Wie lange benötigt ihr bis dorthin?«, fragte ich. »Drei Stunden – mit 250 PS ... Und ihr?« Wir schmunzelten: »Drei Tage – mit zwei MS, zwei Menschenstärken!«

Auf meiner Karte sah man rechts und links des Kuskokwim abertausend kleine Seen, und es wurden mehr, je weiter südwestlich wir kamen. Letztlich ist das Delta ein Irrgarten von *sloughs*, Seen und Sümpfen. Die Kilbuck Mountains fern im Osten sind der einzige Höhenzug. Es war der anfangs erwähnte Josiah Edward Spurr, der auf seiner Forschungsreise 1898 in der Siedlung Bethel von dem Missionarsehepaar Kilbuck eingeladen war.

Damals war Bethel die bedeutendste Missionsstation in Westalaska. Was ohne Zweifel dem Missionar der Moravian Church, der Herrnhuter Brüdergemeine, John Henry Kilbuck und seiner Frau Edith zu verdanken ist. Selbst indianischer Abstammung, fand Kilbuck schnell Zugang zu den Yup'ik. Auch weil er das Leben hier mit den Augen eines *native* sah.

Übrigens revanchierte sich Spurr für die herzliche Aufnahme, indem er die einzigen Berge weit und breit nach den Kilbucks benannte.

Unser Fluss war jetzt oft drei Kilometer breit. Das nutzte der von Südwesten kommende Wind, der ungehindert und wild wie über einen zwanzig Kilometer langen See pfiff und hohe Wellen auf uns zutrieb.

Eben noch war der Himmel schwarz, aber schon riss er auf; ich sah leuchtendes Blau. Eine Viertelstunde später prasselte erneut Regen auf uns nieder: Bilder von geheimnisvoller, düsterer Schönheit. Aber nach sieben Stunden im Boot sagten wir: »Genug für heute!«

Am Nordzipfel einer als Nelson Island bezeichneten Insel legten wir an. Beim Herausheben des Bootes sanken wir bis über die Knöchel ein ... Es war, als habe der Kuskokwim hier alles auf den Punkt gebracht: Diesen Schlamm hatte er aus allen Teilen Zentralalaskas hierhergeschwemmt. »Alaska auf einen Blick«, sagte ich. Wir mussten lachen.

Wie schön, dass Juliana ohne (hörbar) zu murren an meiner Seite war. Zum Abendessen verwöhnten wir uns mit einer *Polska Kiełbasa*, die wir wie eine Bratwurst über dem offenen Feuer brutzelten. Danach schob ich die letzte topografische Karte mit der Aufschrift *Bethel-Alaska* in meine wassergeschützte Tasche.

Der Endspurt begann!

Die Wetterküche des Nordens

In meinen Notizen findet sich die Bemerkung: *Der Himmel verändert sich schneller, als man gucken kann!* Gegen sechs Uhr morgens blinzelte die Sonne durchs Zeltdach. Um acht Uhr regnete es. Ich stellte fest, dass ich das Zelt gestern auf tiefen, im Boden eingetrockneten Elchspuren aufgebaut hatte. Da wir die Nacht wohlbehalten hinter uns gebracht hatten, zeigte ich Juliana die gestern Abend von mir entdeckten frischen Bärenspuren mit den deutlich erkennbaren Krallenabdrücken erst jetzt.

»Lass uns flott in die Gänge kommen«, sagte sie.

Wir verzichteten aufs Lagerfeuer und erhitzten unser *hot cereal*, ein Müsli mit Nüssen und vielen Früchten, auf dem Kocher. Heute wollten wir »Gas geben«. Was bedeutete: »Zur Not paddeln wir auch mehr als zwölf Stunden!« Also Augen zu und durch – es könnte ja noch schlimmer kommen!

In Wirklichkeit trieb uns nichts; da drückte kein gebuchter Flug, kein Urlaubsende. Wie zu mir selbst sagte ich: »*Keep cool*, kühlen Kopf bewahren!«

Der Fluss war zwischen zwei und drei Kilometer breit. Was man weder auf den ersten noch den zweiten Blick sah, da zahlreiche Inseln und Sandbänke den Eindruck vermittelten, durch ein Labyrinth zu paddeln. Dabei verpassten wir die hinter einem Landvorsprung gelegene Yup'ik-Siedlung Tuluksak.

Die Sicht beschränkte sich jetzt auf einen Radius von 400 Metern. Dahinter verschwamm alles in regenschwerem, schmutzigem Grau. Ein Handicap für mich als Brillenträger: Die sonst hervorragend polarisierenden Gläser dunkelten trotz fehlender Sonne wegen starker UV-Strahlung noch stärker ab. Notgedrungen schaute ich über den oberen Brillenrand – was meine Sicht weiter verschlechterte ...

Starker Südwestwind peitschte jetzt gegen den nach Südwesten fließenden Fluss. Trotz halbmeterhoher Wellen schätzte ich die Situation nicht als gefährlich ein. Sauber durchtrennte unser Bug die Wellen, die oft übers Bootsdeck liefen. Das Faltboot zeigte die Stärke seiner Flexibilität, mit der es sich geschmeidig der Bewegung des Wassers anpasst.

Wir schwiegen, aber ich wusste, was in Julianas Kopf vor sich ging: Sie wollte in der Nähe des schützenden Ufers sein oder an Land gehen, was aber wegen hoher Wellen am Steilufer so gut wie unmöglich war. Wir sprechen selten darüber ...

Es ist lange her, was da auf dem Churchill River im Norden der kanadischen Provinz Saskatchewan geschah und was sie seitdem bedrückt. Wir hatten Stromschnellen mit unserem voll beladenen Kanu nicht befahren können. Wollten stattdessen das Boot vom Ufer stromabwärts an den Stromschnellen vorbeiziehen. Beim Treideln stellte sich das Kanu jedoch quer, das Wasser riss es fort und begrub es. Während ich geistesgegenwärtig mein Leinenende losließ, klammerte sich Juliana an dem ihren fest und wurde vom abgetauchten Kanu in die Stromschnellen gerissen. Ich sah, wie sie als Spielball der Wellen tief heruntergezogen wurde und verschwand ... Flussabwärts spien die Wellen sie wieder aus. Kurz zuvor waren vier Männer mit ihrem Motorboot gekentert und an derselben Stelle ertrunken.

Es war ein Sturm von selten erlebter Heftigkeit. »Lass uns an Land gehen!«, sagte ich. Zum Glück entdeckten wir eine windgeschützte Sand- und Schlammbank. Der Untergrund war so schwammig, dass der Fuß bei jedem Tritt wippte. Zwischen niedrigem Weidengestrüpp hängten wir uns unsere Küchenplane als Windschutz über und rückten dicht aneinander.

Mag sein, dass es merkwürdig klingt; doch diese alte Plane vermittelte uns hier *in the middle of nowhere*, am Rande der Welt, unweit der Datumsgrenze, ein Gefühl von Geborgenheit.

Das Bewusstsein, in einem solchen Moment allein – zu zweit – den Elementen gänzlich ausgeliefert zu sein, verbindet. Während wir da Schulter an Schulter saßen, prasselte der Regen auf unsere Plane. Diese Erfahrung würde später zu den besonderen Momenten der Reise gehören.

Doch wir froren. »Besser, ich baue das Zelt auf!«, schlug ich vor. Um 17.30 Uhr lagen wir im Zelt. Dankbar zogen wir die letzten Fußwärmer von Carol hervor und schoben sie in unsere Socken. Es gelang uns, gut zwei Stunden zu schlafen. Gegen zwanzig Uhr wachte ich auf – das Prasseln aufs Zeltdach hatte nachgelassen, ebenso der Wind. Als ich nach draußen kroch, sah ich eine Entenmutter mit zehn Küken im Ufergestrüpp.

Die Entenfamilie machte mir Mut; allerdings wollten wir nur bei erkennbarem Wetterumschwung aufbrechen. Mit jedem Aus- und Zusammenpacken von Zelt und Ausrüstung würde alles nur noch nasser werden ... und damit gefährlich für uns.

Gegen 21 Uhr fiel der erste Lichtstrahl auf unser Zeltdach; der Sturm ließ nach. Anderthalb Stunden später saßen wir im Faltboot.

Bald nach Mitternacht verschwamm das Grau der Ufer mit dem des Himmels und des Flusses. Die unmittelbar unter dem Wasserspiegel liegenden Sandbänke waren tückisch ...

»Mir ist unheimlich zumute«, sagte Juliana.

Völlige Windstille: Keine Welle klatschte, keine Krähe krächzte, alles war grau, unwirklich, aber geheimnisvoll. Ich fühlte mich wie in einem dieser Träume, aus denen man mit einem so wohligen Gefühl von Entspanntheit erwacht, dass man gern wieder in die Geborgenheit der Illusion abtauchen würde. Eine verwunschene, traumhaft schöne Welt! Aber ich wusste, dass Juliana das anders empfand.

Die Situation war jetzt ungefährlich; eine Wetterverschlechterung war nicht zu befürchten, es gab weder Stromschnellen noch Wasserfälle. Das Schlimmste, was uns passieren konnte, war, auf einer Sandbank oder zwischen den Treibholzbergen eines toten Seitenarms zu landen. Diese Nacht war geheimnisvoll, sie wurde immer dunkler. Dann liefen wir auf eine Sandbank auf ...

»Lass uns schnellstmöglich anlegen«, sagte Juliana.

Auf einer kleinen Erhöhung schlugen wir morgens um drei zwischen hüfthohem Weidengestrüpp unser Zelt auf.

Beide klammerten wir die Hände um unseren heißen Kakaobecher. Da schob sich im Nordosten die Morgensonne durch die Wolken und nahm der Nacht ihren düsteren Zauber.

Ankunft im Delta am Beringmeer

Das Foto vom Morgen danach zeigt Juliana beim Packen unserer wasserdichten Säcke vor dem Zelt. Warmes Sonnenlicht fällt auf den niedrigen Bewuchs rund um unser Camp. Im Hintergrund sind die abgebrochenen Ufer zu erkennen, in deren Nähe wir auf die Sandbank aufgelaufen waren. Die Details sind deutlich auszumachen, das Farb- und Schattenspiel macht es sogar plastisch. Ein wunderschöner Morgen ... Doch das Geheimnis der Nacht war verflogen. Wir gönnten uns einen Pott Kaffee, packten und brachen ruckzuck auf.

Schon vor Tagen hatten wir das Yukon Delta National Wildlife Refuge erreicht, eins der großen Naturschutzgebiete Alaskas. Obwohl nur der Name des Yukon genannt wird, umfasst das riesige Schutzgebiet gleichermaßen das Kuskokwim-Delta und die davor liegende Insel Nunivak. Und das Ganze bei einer Fläche, die größer ist als Bayern!

1909 rief Präsident Theodore Roosevelt hier das erste Vogelschutzgebiet ins Leben. Weitere Schutzgebiete folgten. 1980 vereinte Präsident Carter diese zu dem heutigen Yukon Delta National Wildlife Refuge, einem der größten zusammenhängenden Rückzugsgebiete für Wasservögel in Nordamerika. In dieses Areal kommen jährlich etwa 100 000 Schwäne, 30 000 Kraniche und 40 000 Eistaucher. Eine Million Enten und über eine halbe Million Gänse brüten hier. 55 Säugetierarten leben im Gebiet beider Deltas, wo auch Seehund, Walross und Belugawal auf Jagd gehen. Und neben Bären und Elchen leben auf Nunivak auch wieder Moschusochsen: Sie sind die Nachfahren einer 1935 von Grönland hierhergebrachten Herde, nachdem die ursprünglichen *muskox* ausgerottet worden waren. Während der letzten Jahre überwinterten sogar 40 000 Tiere der Mulchatna-Karibuherde im östlichen Teil des Schutzgebietes. Trotz allem leben hier auch Menschen, überwiegend Yup'ik, die jagen und fischen.

Akiak ist einer der im Wildlife Refuge liegenden 35 Orte. Am Ufer zählten wir gut fünfzig Motorboote, was viel für einen 350-Einwohner-Ort ist. Es war, als schlafe Akiak noch: Man hörte kein Hundegeheul, kein Kinderlachen, keine Stimme, kein Motorengeräusch. Es war noch vor neun Uhr morgens, und im Sommer erwacht das Leben spät. Ich wunderte mich über einen mittelgroßen rot-gelben Lkw, der bis auf einen Dreiviertelmeter Höhe zusammengedrückt im Ufersand lag.

Oberhalb des Ufers stand hinter blühenden Weidenröschen eine mit Plastikfolie abgedeckte Hütte, in der mehr als hundert rote Lachsfilets zum Trocknen hingen. Die Dorfstraße war schlammig und die Kreuzung eine große Pfütze, in der ein umgestülpter Kindertraktor aus Plastik schwamm. An einem Holzhaus auf Stelzen, von dem die braune Farbe blätterte, baumelten vier Nistkästen. Davor ein *four wheeler* und ein alter Kühlschrank. Dahinter Kinderfahrräder und all der Krimskrams, der üblicherweise neben und unter den Häusern in Busch-Alaska liegt. Ein Mann in einer gummierten Arbeitshose beobachtete mich. Fremde fallen hier sofort auf.

»*Hi, I am a river traveller*«, grüßte ich.

Brian, so hieß er, war ein Yup'ik von Mitte dreißig. Sein Gruß war nicht überschwänglich, aber er war freundlich und hilfsbereit, als ich ihn wegen unserer Weiterfahrt fragte. Mit einem Schraubenzieher zeichnete er den Flussverlauf in den Sand.

»Nord- und Südufer liegen hier zwanzig Kilometer auseinander. Dazwischen mäandert der Kuskokwim in breiten Kanälen. Wenn ihr euch hier falsch entscheidet, kommt ihr zwar auch ans Ziel – allerdings nach langem Umweg. Also fahrt nicht über Akiachak im Norden, sondern über Kwethluk im Süden«, empfahl er. Ich schlenderte zurück zum Fluss, Brian würde mir mit seinem *four wheeler* folgen.

Ich schaute in die Runde, sah ein Dutzend Holzhäuser, neben denen Motorboote mit schweren Motoren lagen. Da war auch ein alter GM-Truck, der vermutlich als Ersatzteillager diente. Man wirft hier nichts weg!

»Was hat es mit dem zerschmetterten Lkw auf sich?«, wollte ich von Brian wissen, als wir am Ufer standen.

»Bei Hochwasser riss der Fluss das Ufer weg und der Lkw stürzte ins Wasser.« Seit Jahren liegt er dort…

»Während meiner Lebensspanne hat sich der Kuskokwim bereits zwanzig Meter tief in den Ort hineingefressen«, erinnerte sich Brian. »Dabei hat er ein paar Häuser mitgenommen.« Aber nicht nur das hat das Leben in Akiak verändert. »Früher war Akiak die ›Hauptstadt‹ des Kuskokwim. Hier lebten 1000 Menschen. 1911 bekamen wir die erste Schule, später sogar ein Hospital. Heute leben hier nur noch gut ein Drittel im Vergleich zu damals. Und es werden immer weniger.«

Bereits an diesem frühen Vormittag waren die Ereignisse der vergangenen Nacht gefühlte Lichtjahre von mir entfernt. Und je länger wir paddelten und je klarer der Himmel wurde, umso unwahrer schienen die Erinnerungen an den gestrigen Sturmtag. Es wurde warm; wir stoppten am Ufer, zogen die Regenkleidung aus und trockneten eine halbe Stunde lang die Schlafsäcke. Wer weiß, dass laut Statistik der Himmel hier nur an 55 Tagen im Jahr klar ist, nutzt die Gunst der Stunde. Heute war so ein Tag.

Ich spürte förmlich, dass wir auf der Zielgeraden waren. Wenngleich der wechselnde Sonnenstand mir verriet, dass diese »Gerade« auch aus großen Flussschleifen bestand. Siedlungen wie Nunapitsinchak lagen versteckt in Seitenarmen. Den Ort Kwethluk lokalisierten wir nur durch startende und landende Flugzeuge. Insgesamt war der Flussverkehr gering.

Mir war jetzt klar, dass wir heute noch Bethel im Flussdelta erreichen könnten. Aber ich war noch nicht bereit, mich von diesem anderthalb Monate langen Abenteuer so mir nichts dir nichts zu verabschieden. Ich wollte es behutsam ausklingen lassen ... Juliana fühlte ähnlich.

Drei Stunden lang paddelten wir wie über einen riesigen See. Dunstschleier milderten zwar die Intensität der Sonne, aber es blieb warm und windstill. Wie es wohl wäre, hoch oben mit dem Adler zu fliegen und auf das Gewirr Millionen kleiner und großer Seen und den Kuskokwim zu blicken? Und auf ihm ein fünfeinhalb Meter langes grün-schwarzes Faltboot zu entdecken; nur ein winziger Punkt in diesem Wasserlabyrinth kurz vor dem »Ende der Welt«. Denn nach dem Delta und dem Beringmeer käme die Datumsgrenze und dahinter Sibirien ...

Auf einmal aber spürte ich Veränderung: Von rechts stieß ein kilometerbreiter Wasserarm auf den unsrigen. Er musste der nördliche Arm sein, an dem die Siedlung Akiachak liegt.

Jetzt war mir klar, wo wir waren: »In fünf Paddelstunden sind wir am Ziel«, sagte ich.

Schlagartig nahm der Flussverkehr zu.

Wir waren gerade am Ufer, um uns die Beine zu vertreten, als sich uns ein großes Motorboot näherte: Der Fahrer, ein Yup'ik mit wettergegerbtem Gesicht, stellte sich als George aus Akiachak vor.

»Vorn links zweigt der Church Slough ab. Wenn ihr den nehmt, spart ihr viele Meilen gegenüber dem Hauptstrom. Jeder hier macht das so«, sagte George. Auch er wollte auf diesem Weg zur »City« fahren.

»Bethel ist hier das Versorgungszentrum schlechthin«, erzählte er. »In unserer Sprache nennen wir die Stadt Mamterillermiut, das heißt ›Räucherhausleute‹. Jeder von uns hat ein *smoke house*, um Fisch zu räuchern.«

Er hatte »City« gesagt und einen Ort von 6000 Einwohnern gemeint. Eine Kleinstadt in Deutschland, in Alaska aber ein bedeutendes Drehkreuz, das jeden Tag zwei Mal von den Jets der Alaska Airline angeflogen wird. Dann erzählte George vom Spagat seines Volkes, das traditionelles Leben mit der Alltagsrealität der Neuzeit in Einklang zu bringen versucht. Was nicht immer klappt, denn viele junge Leute der *»twitter and facebook generation«*, wie er sie nannte, zögen nach Anchorage. »Schon heute leben vierzig Prozent der Alaskaner in Anchorage, rund zehn Prozent davon sind *natives*.«

Auf dem nur vierzig Meter breiten Church Slough herrschte reger Verkehr. Motorboote kamen und gingen, eine rundliche Frau und zwei Mädchen grillten am Ufer Fleisch. In der Ferne fielen Schüsse. An der Hangar Lake Seaplane Base starteten und landeten Wasserflugzeuge. »Willkommen in der Zivilisation«, brummte ich etwas mürrisch. Es war Sonntagabend, und alle Welt schien vom Wochenendausflug zurückzukehren. Kurz bevor der Church Slough auf den breiten Kuskokwim trifft, fanden wir einen Übernachtungsplatz. Den letzten dieser langen Reise ...

Es war jetzt still, bis auf das Motorboot, das unvermittelt auf unseren Platz zusteuerte. Die Bugwelle schwappte ans Ufer. Ein Mann Anfang vierzig kam hinter dem Steuer hervor, kroch über Rucksäcke, Zeltplanen, Campingboxen und ein großes Karibugeweih an die Bootsspitze und schüttelte uns die Hand. So lernten wir Eric Whitney aus Bethel kennen.

»Ich komme gerade mit drei Kumpels von einer Schlauchboottour zurück«, sagte er. Und dann: »Trinkt ihr eigentlich Bier?«

»Klar doch!«, grinste ich.

Eric schob uns eine Dose *Mother Ale* rüber. »In Talkeetna/ Alaska gebraut«, sagte er. Während Juliana das *Mother Ale* für sich reservierte, leuchteten meine Augen beim Anblick der Dose mit der Aufschrift *Beck's Bier – originated in Bremen, Germany*.

»Hier ist meine Telefonnummer, ruft mich morgen an. Ihr könnt auf unserem Grundstück campieren.« Und schon brauste sein Motorboot davon.

Das war wieder eine dieser verrückten Fügungen beim Reisen... Und Erics Bier verschönerte den spektakulären Sonnenuntergang!

Als wir anderntags im Brown Slough von Bethel einliefen, erwartete uns dort ein junger Bursche: »Ihr müsst die beiden Deutschen sein! Mein Chef, Eric Whitney, hat mir aufgetragen, auf euch zu warten.« Er telefonierte, Eric kam kurz darauf. Wir paddelten den *slough* hoch und portagierten Boot und Ausrüstung hundert Meter bis zu seinem Haus. Abends verwöhnte uns seine Frau Elizabeth, ein heiteres Energiebündel, mit Pizza und Tomate-Mozzarella-Salat. Dabei hatte sie schon den ganzen Tag als Ärztin im Krankenhaus gearbeitet. Wir genossen diese Gastfreundschaft! Anderntags buchten wir Flüge von Bethel via Anchorage nach Fairbanks, wo unser Camper wartete.

Aber vorher zeigten uns Eric und Elizabeth Bethel, das Versorgungszentrum im Kuskokwim-Delta, unmittelbar vor dem Beringmeer. Ein großflächiger Ort mit allem, was auch für die Versorgung eines riesigen Hinterlandes benötigt wird. »Wenn eines Tages bei Crooked Creek die Förderung des Donlin-Goldes beginnt, wird man das Bethel von heute vermutlich nicht mehr wiedererkennen«, prophezeite Eric. Dann brachten sie uns samt verpacktem Faltboot und praller Seesäcke zum Airport.

Als ich aus dem Flugzeugfenster auf die endlose Weite unter mir sah, liefen die Bilder des Abenteuers wie ein Film vor mir ab: mein Straucheln in der abgesoffenen Tundra, das vom Bären zerbissene Kanu, die stürmischen Stunden auf dem Kuskokwim und das Gleiten durchs goldene Licht der Mitternachtssonne …

Der Film in meinem Kopf stoppte bei Carol, Tom Green, Peter und Tracy, Eric und Elizabeth – was wäre diese Reise ohne die Hilfe und die großartige Gastfreundschaft der Menschen Alaskas gewesen?!

2 YUKON RIVER
Strom des Goldes

Der Zauber des Yukon

Yukon – das ist ein Synonym für Träume, Freiheit und die Magie des Nordlands. Beim Namen dieses Flusses denkt man an Goldrausch, Jack London und ein fast menschenleeres Land. Von dem kanadischen Yukon Territory kommend, überquert er bei Eagle die Grenze Alaskas, wo er sich umständlich durch das Land wälzt, kurz den Polarkreis berührt und dennoch weit unten im Südwesten seine braunen Wasser in das eiskalte Beringmeer ergießt. In Alaska gilt er als der »Highway of the North«. An seinen Ufern leben besondere Menschen – *natives* wie die Athabasken und Yup'ik, Trapper, Aussteiger, Zivilisationsmüde, Naturfreunde und Abenteurer.

Wie Perlen auf einer Kette säumen Orte den Flusslauf: allen voran Whitehorse, dann Dawson Creek, Beaver oder Holy Cross, aber auch Siedlungen wie Fort Yukon und Galena. »Yu-Kunah«, großer Fluss, hatten ihn die Urbewohner genannt. Trotz seiner knapp 3200 Kilometer zählt er nicht zu den längsten Strömen der Erde, doch für alle, die hier leben, ist er seit jeher die Lebensader.

Da ist ein Land, in dem die Berge namenlos sind
und die Flüsse Gott weiß wohin fließen ... da sind Täler,
ohne Menschen und still.
Da ist ein Land – oh, wie es lockt ...
ich möchte zurück ... und ich werde einst geh'n!

Diese Zeilen schrieb vor mehr als hundert Jahren der »Barde des Yukon«, der in England geborene Robert William Service. Er wanderte mit 21 Jahren nach Kanada aus und schlug sich im Yukon Territory mit Gelegenheitsarbeiten durch, bis er während der Goldrauschzeit in Dawson City einen Job bei einer

Bank fand. In den wenigen Jahren, die Robert Service im Yukon Territory lebte, brachte er wie kein Zweiter das harte, wilde Leben am Klondike River in seinen Balladen und Gedichten auf den Punkt: so in *Songs of a Sourdough* oder *The Shooting of Dan McGrew*. Und er schrieb über die Faszination und den Zauber des Nordlandes.

Um den erneut zu spüren, kehrte ich zurück ...

Ich würde den Quellflüssen des Yukon sowie dem legendären Pfad der Klondike-Goldsucher über den Chilkoot Pass folgen. Und einen ganzen Sommer hatte ich zudem für einen Yukon-Alleingang quer durch Alaska zum Beringmeer reserviert.

Auf dem Teslin River zum Yukon

Ich stand unter der Brücke über den breiten Fluss und hörte über mir das Sirren von Reifen. Meist aber war es still, bis auf das Schmatzen des vorbeiziehenden Wassers. Da oben aber überquerte die *Number One* des Nordens, der Alaska Highway, den Teslin River.

Johnson's Crossing heißt dieser Fleck, benannt nach einem Armee-Offizier, unter dem die Ingenieure und Soldaten im Jahr 1942 die Brücke über den Teslin River bauten. Heute lebt ein Dutzend Menschen hier – ein kleiner Ort wie so viele andere im Yukon Territory.

Genau hier unter dieser Brücke lassen Paddler gern ihre Kanus oder Kajaks zu Wasser, um ein paar Hundert Kilometer bis zum Zusammenfluss mit dem Yukon und auch darüber hinaus zu paddeln.

Deswegen war auch ich gekommen.

Meine Flussreise begann etwa dort, wo der Teslin Lake »überläuft« und von da an den Teslin River bildet. Der wiederum ist einer der südlichsten und längsten Zuflüsse des Yukon. »Délin Chú«, »Wasser, das aus dem See fließt«, heißt er in der Sprache der Northern Tutchone, dem hier lebenden Athabasken-Stamm. Man darf diesen Teslin getrost – zusammen mit seinem Quellfluss, dem Nisutlin River – den längsten Arm des Yukon nennen.

Doch es gibt mehrere Meinungen zum Thema »Quellwasser des Yukon«: Wer den Yukon mit den Augen eines Klondike-Goldsuchers von 1898 betrachtet, lässt ihn dort beginnen, wo der Chilkoot Trail endet und Lake Bennett beginnt. Dort nämlich schoben im Frühjahr 1898 die »Klondiker« ihre Boote zu Wasser, um dann über den Tagish Lake zum Marsh Lake zu fahren. An dessen Ende beginnt der Yukon River, und ab hier verzeichnen die Karten erstmals seinen Namen. Noch jung und ungestüm rauscht er durch den Miles Canyon auf Whitehorse zu, bildet danach Lake Laberge, um dann mehr als 2500 Kilometer über Dawson City hinaus durch Alaska bis zum Beringmeer zu fließen.

Diesen Yukon-Abschnitt kannte ich, den Teslin River noch nicht. Ich war gespannt auf ihn ...

Es war ein Julinachmittag, an dem ich mein Kajak ins Wasser schob. Unsere Tochter Bettina würde mich in ihrem Kanu auf den nächsten 350 Kilometern begleiten. Ein heftiger Gewitterregen hatte den Aufbruch verzögert. Jetzt spannte sich ein perfekter, hell leuchtender Regenbogen über den Fluss. Die Oberfläche des Teslin war dunkel und floss schwer wie Öl. Der Fluss war still, sodass sich das fichtenbestandene Ufer makellos im Wasser widerspiegelte. Ich mochte ihn auf Anhieb. Während der Yukon-Abschnitt zwischen Whitehorse und Dawson City heute stark von Paddlern aus aller Welt frequentiert wird, gilt der Teslin River eher als Insider-Tipp. Genau diese Einsamkeit gefiel mir.

Auf dieser Flussreise ließ ich mich gern von Bettina beim Verfassen der täglichen Flussnotizen ablösen. Über den ersten Abend schrieb sie:

Um 21 Uhr fanden wir die campsite *für die Nacht ... was eine gefühlte Ewigkeit gedauert hatte. Am linken Ufer war es sumpfig, am rechten zu steil. Dazu leichter Dauerregen.*

Wir bauten unser Camp. Doch da die Zelte in Schräglage standen, rutschte ich ständig samt Schlafsack auf meiner Matratze ans untere Zeltende, von wo aus ich zurückrobbte ... Keine wirklich erholsame Nacht.

Ich hockte noch lange am Lagerfeuer und schaute über den stillen Fluss, auf dessen Oberfläche die Regentropfen kleine Kreise bildeten. An diesem Tag hatten wir keinen anderen *river traveller* gesehen.

Still war es hier auch 1898, als sich auf dem Oberlauf des Yukon ein Boot voller tatendurstiger Goldsucher ans andere reihte.

Der Teslin River spielte keine bedeutende Rolle in jenem »größten Goldrausch aller Zeiten«, wie er gern genannt wird. Und doch war er Teilabschnitt einer Alternativroute zum Klondike. Denn es gibt mehrere Möglichkeiten der Anreise ...

Um das zu verstehen, muss man einen Blick auf die Karte von 1898 werfen, auf der Straßen schlichtweg nicht existieren. Manche fuhren damals mit dem Schiff von Seattle nach St. Michael am Beringmeer und dann mit einem Schaufelraddampfer den Yukon stromaufwärts. Die sogenannte *All-American Route*, bei der erst kurz vor dem Klondike die kanadische Grenze überquert wurde, war bequem, aber sehr teuer. Der Großteil der Glücksritter folgte einer anderen Route: zunächst mit Schiffen von Seattle entlang der Pazifikküste nach Skagway im Norden der Inside Passage. Von dort quälten sie sich über den Chilkoot Trail, wo sie erst relativ spät nach Kanada einreisten. Die weitere Reise führte zum Lake Bennett, wo die Paddeltour zum Yukon begann. Vor allem dieser letzte Abschnitt begründete den »Klondike-Mythos«!

Um Kosten zu sparen, aber auch um den amerikanischen Zoll und viele Formalitäten zu umgehen, entwickelte sich alternativ zu dieser Route von Edmonton aus die *All-Canadian Route*, die mit mehreren Verästelungen ausschließlich über kanadisches Gebiet führte. Sie war ungleich entbehrungsreicher und länger. Viele Männer gaben auf, einige verloren sogar ihr Leben. Ein kurzer Abschnitt dieser *All-Canadian Route* war der Teslin River.

Ohne Stromschnellen, Wasserfälle oder andere Tücken kann der Teslin durchaus als Fluss für Einsteiger gelten. Wir erwarteten also eine entspannte Reise, während wir gemächlich Richtung Nordwesten paddelten. Eine gute Strömung unterstützte uns. Oft säumten hohe Ufer den Fluss. Flussschwalben nisteten in den fotogen abgebrochenen Ufern.

Wir sehen von den Steilhängen Steine und Geröll herunterrollen und mit lautem »Platsch!« im Wasser verschwinden. Als wir aus vollem Hals »Hallo! Hallo!« rufen, schallt das Echo vom Ufer zurück, notierte Bettina.

Der Himmel war wolkenlos. Abends zuckte der Schein des Lagerfeuers über unsere Gesichter, während wir heißen Kakao schlürften.

Der Zufluss des von links kommenden Yukon River blieb von uns fast unbemerkt, da eine kleine Inselgruppe die Sicht versperrte.

»Da sind Menschen!«, stellten wir fest. »Das muss Hootalinqua sein!« Der Name stammt aus der Sprache der hier lebenden Stämme und bedeutet so viel wie »wo sich zwei große Wasser treffen«. Das waren Yukon und Teslin River, und an deren Rand wurde damals eine Polizeistation gebaut.

In der Nähe von Lake Minchumina: Hier begann das Abenteuer Kuskokwim. Im Hintergrund die Berge der Alaska Range mit dem Mount McKinley.

Carol lebt von dem, was ihr die Wildnis bietet. Nur mit Moskitos steht sie auf Kriegsfuß.

Unser Camp in der triefend nassen Tundra am Wintertrail. Die Lebensmittel deponierten wir wegen der Bären weit weg von unserem Zelt.

Abenteuer pur: Elchgeweihe am Trail, Wolfslosung, Bärenspuren und glitschige Tundra ...

Eins der letzten fast unberührten Paradiese der Erde. Seit Tagen hatten wir keine Menschen gesehen, jedoch zahlreiche Biber und Elche.

Nach dem Dauerregen mäanderte der Kuskokwim lehmig braun durch Zentralalaska.

Eine verlassene Trapperhütte: Wer waren die Menschen, die hier lebten, aber eines Tages in die Zivilisation zurückzogen?

Im Haus von Peter und Tracy in McGrath fand ich Zeit für meine Tagebuchnotizen.

Juliana flog um die halbe Welt, um die letzten 1000 Kilometer zum Beringmeer mit mir zurückzulegen. Im Hintergrund Steve Green mit meinem Faltboot.

Die vom Frühjahrshochwasser unterspülte *cabin* wird bald in den Fluss stürzen.

Südwestlich von McGrath; der Kuskokwim River ist längst ein breiter Strom geworden. Übernachtungsplätze sind wegen des Hochwassers rar.

Mit der Natur auf Tuchfühlung: Weißkopfseeadler und Baumstachler in Campnähe.

Kuskokwim bedeutet in der Sprache der Yup'ik »langsam fließender Fluss«. Doch wenn er wild wird, begräbt er ganze Uferpartien samt Hütten und Autos.

In der Yup'ik-Siedlung Akiak gab uns Brian wertvolle Tipps für die Weiterreise.

Noch eine Woche bis zum Delta: Tagsüber war es stürmisch. Doch gegen Abend ergoss sich goldene Mitternachtssonne über unser Camp.

Wegen solch magischer Momente werde ich immer in den Norden zurückkehren.

Der Teslin River unterhalb von Johnson's Crossing im Nordwesten Kanadas. Er ist einer der Quellflüsse des legendären Yukon River.

Bettina begleitete mich 350 Kilometer bis zum Dorf Carmacks.

Noch immer lockt das Gold im Yukon Territory »Glücksritter« aus aller Welt an. Doch das große Geld wird heute in den Minen verdient.

Einen Hauch vom Klondike-Goldrausch des Jahres 1898 spürt man noch heute in Skagway.

Der 740 Kilometer lange Yukon-Abschnitt zwischen Whitehorse und Carmacks zählt zu den beliebtesten und ursprünglichsten Paddelstrecken der Welt.

Breite Sand- und Kiesbänke ermöglichen Lagerfeuerromantik ohne Waldbrandgefahr.

Wegen ihrer eigenwilligen Felsformationen nannten die Goldsucher diese Stromschnellen Five Finger Rapids. Bei Kanuten gelten sie als befahrbar.

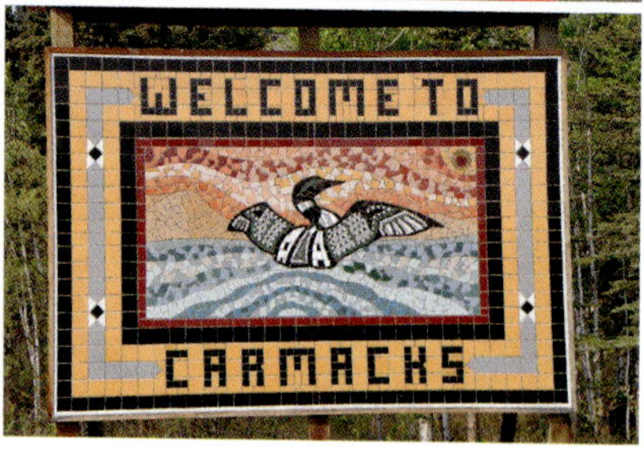

Der Schaufelraddampfer »Klondike« in Whitehorse, ein Hausboot in Dawson City und das Ortsschild von Carmacks.

In Ufernähe überkam mich das Gefühl, als habe jemand die Kühlschranktür offen gelassen. Ein Gutes hatte es: Für Moskitos war es noch zu kalt.

Westlich von Fort Yukon bildet der Fluss ein Labyrinth aus Wasserarmen.

Bill (hinten) ist ein *Jack of all Trades*, einer dieser Alleskönner der Wildnis. Im Winter baut er Schlitten, im Sommer zieht er Lachse aus dem Yukon.

Nahe dem Yukon-River-Delta: Angetriebene Baumstämme dienen als Bauholz für Blockhütten.

In Spitzenzeiten arbeiteten 22 000 Menschen an der Trans-Alaska-Pipeline.
Der parallel verlaufende Highway darf heute auch privat befahren werden.

Menschen am Yukon: Im Sommer hört man das Lachen der Kinder auch noch um Mitternacht.

Solche Bilder fesselten auch Robert Service. Seine Verse vom »Zauber des Yukon« gingen um die Welt.

Aus der Luft sieht die Landschaft Alaskas aus wie ein Kunstwerk.

Unter uns das glasklare Quellwasser des Noatak River im Gates of the Arctic National Park. Nur mit dem Flugzeug ist diese Bilderbuchwildnis zu erreichen.

Wegen der Transportkosten kam für unser Abenteuer nur ein Faltboot infrage.

Es heißt, Buschpiloten könnten mit ihrem Flugzeug auch auf einer großen Pfütze landen. Nur an wenigen Orten gibt es mehr einmotorige Maschinen.

Noch leben Hunderttausende Karibus im hohen Norden Alaskas. Doch ihre Lebensräume sind zunehmend gefährdet.

Unverhoffte Begegnung in der Wildnis: Die vier Freunde John, Jim, Reed und Blake waren mit zwei Faltkanadiern auf dem Weg zum Kotzebue Sound.

Für Theresa und Richard ist Alaska ein »Ort zum Aufladen der inneren Batterien«.

Der Noatak River ist offiziell als *wild and scenic river* eingestuft. Juliana rastete ein wenig, bevor es durch die nächsten Stromschnellen ging...

Morgenstund hat Gold im Mund. Wir hingegen frühstückten gerne Pfannenbannocks.

Das Risiko, dass ein Grizzly sich für unsere Kochstelle interessieren könnte, war groß. Also errichteten wir nach dem Essen einen neuen Lagerplatz.

Eine unangenehme Überraschung: Nachts war der Noatak um drei Meter gestiegen. Sein Wasser reichte bis an den Zelteingang.

Wir verließen die Berge der Brooks Range und näherten uns der Tschuktschensee. Das Land wurde flacher, das Wetter unberechenbarer.

Glück gehabt: Der Grizzly interessierte sich mehr für den Fisch als für uns.

Ankunft in Noatak Village: Die Dorfbewohner empfingen uns freundlich. Fast alle Flussreisenden lassen sich von hier ausfliegen. Wir paddelten weiter ...

Nach einem 13-stündigen Paddelmarathon erreichten wir morgens Kotzebue, unser Ziel.

Die Mitternachtssonne wirbelt zwar den Biorhythmus durcheinander. Doch das Reisen während der Nacht ist wie das Eintauchen in flüssiges Gold.

Ein Becher heißer Kaffee, dazu ein Fünfsterneblick.
Was gibt es Schöneres?!

Wir legten an ... und waren mit einem Mal nicht mehr allein. Denn ab hier reisten wir auf dem Yukon, und der ist vor allem bei Deutschsprachigen beliebt. Das Angebot an Mietkanus oder begleiteten Touren ist reichlich – viele Hinweise sind sogar auf Deutsch. Mit »Grüß Gott« liegt man meist nicht falsch.

Hier trafen wir Wolfgang und Inge aus München, Urs und Vreni aus der Schweiz, dann zwei Japaner. Die Hingucker aber waren zwei Australier: Kevin, etwa fünfzig, seine Frau Laura, einige Jahre jünger. Nette Leute, aber ich fragte mich, warum beiden echte Goldnuggets von je einer halben Unze um die Hälse baumelten.

»Wir sind Goldsucher«, sagte Kevin und hielt mir seine Goldwaschpfanne unter die Nase.

»Jetzt paddeln wir auf dem Yukon River bis Dawson City, stoppen an jedem Creek und waschen nach Gold. Sieh mal, was wir schon rausgeholt haben!«, Kevin warf sich in die Brust und zog einen Beutel mit mattglänzenden Nuggets aus der Tasche.

Ich wusste, dass sich ein Stück unterhalb dieser Stelle *Old Shipyard Island* befindet, ein Ort, an dem die Fantasie mal wieder Sprünge machen kann. Seit knapp einem Jahrhundert liegt hier der 1908 in St. Michael/Alaska gebaute Schaufelraddampfer *Evelyn/Norcom* auf dem Trockendock, so als warte er darauf, dass sich die Zeiten noch einmal ändern. Natürlich konnten wir uns das nicht entgehen lassen.

»Komm, lass uns anlegen.«

Wir steuerten unsere Boote zum Ufer, wo wir sie vertäuten und an Drahtseilen, Winden und Holzaufbauten vorbeistromerten, bis wir vor dem Riesen standen, der, obwohl der Zahn der Zeit mächtig an ihm genagt hat, doch noch recht stattlich wirkt. Wenn Planken sprechen könnten ... Aber nur dann und wann, wenn der Wind in die Aufbauten fuhr, ächzten sie ein wenig.

Ohne diese flachen, auch im seichten Wasser manövrierbaren *sternwheeler* hätte sich manches am Yukon anders entwickelt.

1896, im Jahr des Goldfundes am Klondike, hatte man nur selten ein großes Schiff auf diesem Abschnitt des Yukon gesehen. Doch bereits 1900 verkehrten sechzig Schaufelraddampfer zwischen Whitehorse und Dawson City. Es waren große Boote mit gewaltiger Zuladekapazität und so geringem Tiefgang, dass man 1898 prahlte: »Und wenn der ganze Yukon River auslaufen sollte – unsere Schaufelraddampfer schwimmen selbst auf Morgentau.« Allerdings gierten die Boote nach Holz und zogen dadurch Holzfäller in Scharen an. Ihre Dampfmaschinen waren von jenem Typ, wie man ihn damals in Eisenbahnen verwandte. Pro Stunde verschlangen sie zwei Kubikmeter Feuerholz, und dafür brachten sie 525 Pferdestärken zum Fauchen. Für die 740 Kilometer lange Strecke von Whitehorse nach Dawson City benötigte ein *sternwheeler* 36 Stunden, mit zwei Stopps zum Nachfassen des Brennmaterials. Die Rückfahrt gegen die Strömung war weitaus aufwendiger.

Das Ende der Schaufelraddampfer-Ära kam mit dem Bau des zunächst als ALCAN bezeichneten Alaska Highway und der Konkurrenz der winterunabhängigen Lkw.

Wir sahen uns den Giganten näher an. 85 Passagiere der ersten Klasse fasste das Schiff, das unter dem Namen *Evelyn* seinen Stapellauf hatte, später aber in *Norcom* umbenannt wurde. Doch Vorsicht, die Aufbauten waren während der letzten Jahrzehnte zusammengebrochen. Es wäre schön, wenn die Regierung des Yukon Territory Geld in die Restaurierung dieser alten Pötte stecken würde. Doch das sind allenfalls Wunschträume, denn mir ist klar, dass es die Nationalparkverwaltung ein Vermögen kostet, allein die beiden verbliebenen historischen Schiffe, die *SS Klondike II* in Whitehorse und die *SS Keno* in Dawson City, zu unterhalten.

Es war übrigens der *sternwheeler Keno*, der die Maschinen der *Evelyn/Norcom* erbte, nachdem diese nahe dem 30 Mile River auf Grund gelaufen war. Das Schiff wurde nie wieder eingesetzt, bringt aber auch noch hundert Jahre später die Fantasie zum Blühen ...

Die Reise auf dem Yukon unterschied sich von der auf dem Teslin. An diesem Abend fanden wir eine vorgefertigte *campsite* mit Blick auf den Fluss. Diesen Komfort nahm auch ich gern an, und meine Machete hatte Pause. Ein kleines Feuer flackerte. Dünn zog eine Rauchfahne wie weißer Nebel über den Fluss. Hier und dort hatten wir andere *river traveller* getroffen. Jetzt war niemand mehr auf dem Wasser.

Man ist selten ganz allein auf dem oberen Yukon – das muss man wissen. Andererseits ist es auch immer wieder spannend, andere Flussreisende zu treffen.

Am Tag darauf stromerten wir durch die verlassene Siedlung Big Salmon. Dort trafen wir Greg; Anfang dreißig, schlaksig, drahtig, auf jeden Fall ein sportlicher Typ. Sein Kajak hatte er am Flussufer vertäut.

»Kommenden Sommer nehme ich am Yukon River Quest teil«, verriet er uns.

Ich wusste, dass seit anderthalb Jahrzehnten das Bootsrennen zwischen Whitehorse und Dawson City eine Herausforderung für Paddler aus der ganzen Welt ist.

»Und wie steht's um deine Chancen?«

»Dabei sein ist alles«, meinte Greg bescheiden und grinste. »Die Mehrheit der schnellen Paddler schafft die 740 Kilometer lange Strecke in weniger als 48 Stunden.«

Respekt, dachte ich, das sind mehr als 15 Kilometer pro Stunde!

»Definitiv kein Rennen für Anfänger!«, sagte Greg. Zwei Pflichtstopps gibt es, und um dazwischen nicht für kleine oder große allzu menschliche Bedürfnisse an Land gehen und Zeit verlieren zu müssen, sei mancher Paddler außerordentlich einfallsreich bei der Ausstattung seines Bootes.

»Die Teilnehmer kommen aus den Amerikas, Europa, Australien. Um etwas vom Preisgeld abzubekommen, muss man allerdings in weniger als 55 Stunden das Ziel erreicht haben.«

Was jedoch auch für Topleute nicht immer möglich ist, denn Wind, Wetter, wechselnde Pegel und Fließgeschwindigkeiten ziehen bei diesem Wettkampf ihre eigenen Trümpfe aus dem Ärmel. Trotzdem gewann 2008 ein Spitzenteam das Rennen in 39,5 Stunden!

»Viel Glück«, riefen wir Greg zu und bummelten zu dem weißen Schild an einer *cabin*. Darauf stand in schwarzen Lettern: *Big Salmon Trading Post and Village*.

Das solide Blockhaus hatte schon bessere Tage gesehen; das Dach war undicht, die Vorderfront hielt nur noch, weil sie durch Stämme abgestützt wurde. Erdhörnchen hatten das zur Wärmedämmung zwischen die Baumstämme gepresste Moos herausgezerrt. In einem wackeligen Regal stand ein von Rost zerfressener Topf. Daneben sah ich jede Menge geleerter Flaschen, in deren Hälsen Kerzenstümpfe steckten. Bei der Aufschrift *Yukon Jack* glaubte ich noch an historische Hinterlassenschaften. Beim Aufdruck *Ballantine's Finest* und *Bacardi Limón* kamen mir Zweifel. Auch heutige Flussreisende verbringen hier die Nacht und machen schon mal einen drauf.

Um 1890 war in der Gegend am Big Salmon River Gold gefunden worden. Eine bescheidene Infrastruktur mit einer Polizei- und Telegrafenstation entstand. Daneben siedelten »Indianer«…

Wie schon an anderer Stelle erwähnt, ist diese Bezeichnung im offiziellen kanadischen Sprachgebrauch praktisch nicht mehr zu finden. Allerdings herrscht in Kanada ein großer sprachlicher Wirrwarr bei der Bezeichnung indigener Völker. Da liest man *First Nations*, Erste Nationen … Gewöhnungsbedürftig vor allem, wenn man bei *Nations* an einen einzelnen

Menschen denkt. Denn der lebt im Clan, seinem Stamm, und weder Mensch noch Stamm sind eine Nation im völkerrechtlichen Sinn. Zudem umfasst der Begriff *First Nations* nicht die Inuit, wie die »Eskimo« heute in Kanada genannt werden. Auch nicht Métis, die Nachkommen von Cree und Europäern. Für eine andere Sprachvariante entschloss sich jüngst die kanadische Regierung, indem sie 2011 das *Department of Indian Affairs* in *Department of Aboriginal Affairs* umbenannte. Wobei man beim Begriff *Aboriginals* unwillkürlich an Australien denkt ...

Offenbar ein schwieriges Kapitel im Handbuch der *political correctness,* bei dem sprachlich kräftig experimentiert wird. Da ist der Tritt ins Fettnäpfchen kaum zu vermeiden. In Kanada gibt es mehr als 600 vom kanadischen Staat anerkannte, oftmals sehr kleine »Indianer«-Stämme. Auch Kennern ist es unmöglich, all diese auseinanderzuhalten und von Fall zu Fall namentlich zu benennen. *First Nations People* klingt mir da schon plausibler ... Oder *natives*, wie in Alaska. Und spätestens da merkt man, dass selbst bei den Nachbarn Kanada und USA Sprachverwirrung herrscht. Solange die Begriffe *indians* oder *natives* noch von den Betroffenen selbst verwandt werden, übe man Nachsicht mit mir, wenn sie in diesem Buch hier oder dort einmal fallen ...

Das empört lamentierende Erdhörnchen holte mich in die Gegenwart des Geisterorts Big Salmon zurück. Wir stiegen in die Boote und paddelten weiter.

Biber kreuzten unseren Weg. Es begann zu regnen, trotzdem stoppten wir bei Cyr's Dredge. Was dort rumliegt, würde anderenorts schlichtweg als zurückgelassener Schrott angeprangert und mit Knöllchen belegt werden. Am Yukon aber ist so was ein historisches Relikt, neben dem sogar ein offizielles Hinweisschild des Yukon Territory steht.

1940 bauten ein gewisser Laurent Cyr und sein Kumpel Boyd Gordon in Whitehorse einen Schwimmbagger. Die beiden waren offenbar Improvisationskünstler, und so fanden Teile eines Caterpillar-Traktors und ein Automotor bei ihrer *dredge* Verwendung. Zwanzig Tage lang durchwühlte das Ding den Flusssand und förderte 72 Unzen Gold zutage: Keine schlechte Ausbeute für knapp drei Wochen! Warum Laurent und Boyd im folgenden Sommer nicht zurückkehrten, verrät uns auch die große Informationstafel nicht.

Wir stoppten am Little Salmon River, gingen an Land und warfen die Angel aus. Binnen Kurzem hing eine Äsche am Haken. Wir brieten sie abends über dem Lagerfeuer, sie schmeckte köstlich.

Da fiel mir etwas ein:

»Willst du eine Geschichte hören?«, fragte ich. Bettina nickte. Ich begann zu erzählen ...

Die Begebenheit liegt einige Jahre zurück und spielte hier am Fluss. Wir hatten nach fünfstündigem Paddeln die Mündung des Little Salmon River erreicht, als Juliana fragte:

»Wie wäre es mit Bohnen und Speck zum Abendessen? So wie bei den Klondikern damals üblich!«

»Wenn's unbedingt sein muss – aber vielleicht hatten die ja keine guten Angeln ... Bei uns gibt's heute Fisch!«, sagte ich etwas großspurig.

Nun bin ich weiß Gott weder ein enthusiastischer noch begnadeter Jünger Petri. Und zu Hause brächte ich nie die Ruhe auf, zwei Stunden an einem Kiesteich darauf zu warten, dass die erste Forelle beißt. Aber dies war ja Kanada. Und unsere vorausgegangenen Angelerlebnisse auf dem Churchill River hatten mich doch auf den Geschmack gebracht: Kaum hatte dort mein Haken das Wasser berührt, hing bereits der erste Hecht dran. Ich hatte nochmals ausgeworfen – und zack, dreißig Sekunden später zog ich den zweiten Brocken an Land. Aber hier am Yukon war ich nicht auf Hecht aus, sondern auf Lachs! Und das war Neuland für mich.

Es muss an diesem Abend daher wie ein Siegesschrei geklungen haben: »Ein Lachs, ein Lachs!« Aber der war ein Kämpfer – und ich ein Greenhorn, das Mühe hatte, ihn zu halten. Als er klatschend aus dem Wasser sprang, sah ich ihn – mehr als zwanzig Pfund! Und die kämpften wie ein Weltmeister. Wenn das so weiterging, würde mir die Angel abbrechen.

»Hilf mir!«, brülle ich. »Fass die Schnur – schnell, zieh!«

Juliana stolperte ins Wasser, glitschte dabei auf moosigen Steinen aus, bekam jedoch die Schnur zu fassen. Doch anstatt sie heranzuziehen, hielt sie die Leine fest – zwei Sekunden nur oder drei, doch das reichte dem Lachs. Ein freudiger Luftsprung – und es gab doch Bohnen mit Speck ...!

Am Tag darauf erreichten Bettina und ich die 500-Seelen-Gemeinde Carmacks, benannt nach einem der drei Entdecker des Klondike-Goldes.

Für den einen ist das Nest Carmacks Halbzeit auf der Flussreise nach Dawson City, für andere – wie dieses Mal auch für uns – Endstation. Jetzt musste ich nur noch unseren in Whitehorse untergestellten Pickup-Camper holen; ein Einweg-Trip von 180 Kilometern auf dem Klondike Loop. Markus und Annette, zwei sympathische Landsleute, nahmen mich mit nach Whitehorse, und so war ich bereits kurz vor Mitternacht desselben Tages mit dem eigenen Camper zurück in Carmacks. Bettina und ich genossen noch ein paar Stunden am flackernden Lagerfeuer, grillten Steaks und schwelgten in der Erinnerung an den Teslin River und andere Kanutouren, die wir auf dem Missouri und dem Churchill River in Kanada unternommen hatten.

So weit war alles wie geplant gelaufen. Wäre da nicht dies freche Erdhörnchen gewesen, das sich klammheimlich in aller

Herrgottsfrühe mit scharfen Zähnen bewaffnet durch den Verpflegungssack treffsicher zu unserem letzten Müsliriegel vorgearbeitet hatte.

Aber das hielt mich nicht davon ab, schon jetzt weitere Pläne zu schmieden... Wie wäre es, den Spuren Jack Londons und denen der anderen 30000 Glücksritter von 1898 auf dem Weg zum Klondike-Gold zu folgen?! Natürlich auf dem Yukon...

»Der teuflischste Pfad diesseits der Hölle«

Für jene, die vor über einem Jahrhundert dem Lockruf des Klondike-Goldes gefolgt waren, begann die Yukon-Reise eigentlich schon nach Verlassen des Schiffes im Hafen von Skagway. Zumindest war das die Vorstellung vieler...

»Jetzt nur noch über den Chilkoot Pass. Die anschließende Paddeltour auf dem Yukon bis Dawson City am Klondike ist eine Kleinigkeit!«

Doch die so dachten, hatten die Rechnung ohne den Wirt gemacht. Und sie alle unterschätzten den Chilkoot Trail!

»Die übelsten 33 Meilen in der Geschichte«, so wurde er genannt. »Der teuflischste Pfad diesseits der Hölle« bezeichnete ihn eine Zeitzeugin namens Martha Louisa Black.

Man schrieb das Jahr 1898: Erst vor wenigen Monaten war die Nachricht vom Klondike-Gold um die Welt gejagt. Seitdem wurde die Zelt- und Holzbarackensiedlung am Ende des Taiya Inlet, der nördlichsten Verästelung der alaskischen Inside Passage, von Tag zu Tag größer. Der Hafen Skagway avancierte über Nacht zur Topadresse für Glücksritter aus aller Welt. Im Nachbarcamp Dyea begann die letzte 1000-Kilometer-Etappe zum Klondike; der Großteil davon war auf dem Yukon River zurückzulegen.

Und während bereits die ersten Männer über die verschneiten Küstenberge zogen, spien in Skagway die Schiffe unentwegt weitere Menschen aus ihren übel riechenden Bäuchen. Denn das waren keine Luxusliner, und viele, die von der langen Reise benommen an Land torkelten, hatten nur ein Einwegticket in der Tasche. »Die Rückreise«, lachte manch einer dieser Kerle siegessicher, »treten wir mit einer Kiste voll Goldnuggets an!«

Es war die Zeit, als Träume und Hoffnungen Hochkonjunktur hatten. Wenn jemals einer nach den Sternen griff, dann hier in Skagway in diesem Winter 1897/98!

Einer dieser Träumer, Abenteurer und Möchtegern-Goldsucher war ein Bursche namens Jack London. Er war unehelich, unterprivilegiert und ein Austernpirat aus der Bucht von San Francisco. Und wieder hatte er Pech, denn er fand keine Nuggets. Später aber vergoldete er seine Erinnerungen, indem er sie in spannenden Romanen wie »*Ruf der Wildnis*«, »*Wolfsblut*« oder »*Alaska Kid*« verarbeitete.

Ruf der Wildnis – allein schon der Titel ist ein Synonym für die tief greifende Sehnsucht nach der Freiheit des Nordens. Klar, dass auch ich all die Schmöker verschlang. Ohne Jack London, ohne das Klondike-Gold, ohne die Histörchen, die wahren oder die mit ehrbarer Miene abends in den Saloons erstunkenen und erlogenen, wäre der Name des Yukon River, der quirlig und klar das kanadische Yukon Territory durcheilt, sich aber später braun und träge durch das Herz Alaskas wälzt, vielleicht nicht in aller Munde.

Juliana und ich waren bis Skagway gefahren, wo meine Wanderung auf den Spuren der Goldsucher über den Chilkoot Trail zum Yukon beginnen sollte. Dort würde mich Juliana mit dem Kanu erwarten, um gemeinsam mit mir die Reise auf den Quellwassern des Yukon anzutreten.

Zwischen dem Skagway zur Zeit Jack Londons und dem Skagway von heute liegen Welten. Während meine Dias der späten 1970er-Jahre die Stadt noch als eine fast menschenleere, etwas heruntergekommene »Beinahe-Ghosttown« zeigen, bilden meine heutigen Digitalfotos einen fein herausgeputzten Touristenort mit dem Charme einer erfolgreich reanimierten (Geister-)Stadt ab: ein authentisch rekonstruierter, gepflegter Ort, in dem es viel zu sehen gibt. Nationalparkverwaltung, aber auch Private investieren viel, um die Erinnerung an die wilden Tage am Leben zu erhalten. Auch das verruchte Flair der Goldrauschzeit lebt fort.

Da blinzelt aus dem Fenster des *Golden North Hotel* in eindeutiger Absicht eine Dame mit tief ausgeschnittener Unterwäsche vorbeiziehenden Männern zu. Doch dann erkennt man, dass jene Madame aus Pappmaché ist. Auch *The Mascot*, Skagways historische Kneipe, besitzt noch den Charme vom Frühjahr 1898, und auf dem Originaltresen stehen *Black Bird Gin* und *Rainier Beer*. Doch wer sich jetzt auf den Barhocker setzt, den Colt lockert und einen doppelten Whiskey bestellen will, sollte noch einmal genauer hinsehen: *The Mascot Saloon* ist Teil von Skagways National Historical Park. Die Aufschrift an der Tür des Juweliers von nebenan hingegen ist von heute: »*Lost wives found here*«.

Und noch eine Fast-Parallele zu damals: Auch heute wird Skagway wieder von Menschen geflutet, wenn riesige Schiffe anlegen. Doch diesmal sind es Kreuzfahrtschiffe, die mit einem Schlag Tausende in den kleinen Ort hineinströmen lassen. Damals kamen sie wegen des Goldes. Heute lockt eine spektakuläre Landschaft mit Grizzlys, Walen, vor allem aber das Bewusstsein, hautnah mit dem aufsehenerregendsten und bestdokumentierten Goldrausch der Menschheitsgeschichte konfrontiert zu werden.

Skagway bedeutet in der Sprache der hier ansässigen Chilkat »Heimat des Nordwindes«. 1898 war es wie fast alle Orte Alaskas, die mit Gold in Verbindung standen, ein übler Platz. Recht hatte, wer die kräftigere Faust oder das schnellere Schießeisen besaß. Gewalttätigkeiten, Überfälle, Schießereien und Betrug beim Glücksspiel waren an der Tagesordnung. Skagway war in der Hand des Halunken *Soapy Smith*, der die Obrigkeit gekauft und mit Gewalt seine Spielregeln durchgesetzt hatte. *Soapy* galt als Witwenmacher Nummer eins. Bis er am 8. Juli 1898 an den Falschen geriet, schwer bewaffnet zwar, doch einen Sekundenbruchteil zu langsam mit dem Finger am Abzug seiner Winchester. Das war das Ende von *Soapy Smith*, gleichzeitig aber der Anfang einer der vielen Legenden der Goldrauschzeit.

Zwei Wege gab es damals von Skagway zum Yukon River und weiter zum Klondike. Zum einen die *White Pass Route* und dann den »Trail der armen Schlucker«, ebenjenen Chilkoot. Wer genug Geld für Pferde besaß, reiste über den White Pass. Aber nur ein kleiner Teil jener Abertausend, die den letzten Sparstrumpf nach außen gekehrt hatten, um überhaupt hierherkommen zu können, konnte sich diesen Luxus leisten.

Und doch wurden während des Frühjahrs 1898 auf dem White Pass mehr als 3000 Pferde zu Tode geschunden ... Dem Gold wurde fast alles untergeordnet. Historische Bilder zeigen, wie die Kadaver dieser erbarmungslos in den Winter hineingetriebenen Kreaturen den verschneiten Weg säumten.

Aber auch der Chilkoot Trail forderte Tribut, wenngleich vergleichsweise wenig. Auf dem Friedhof von Dyea, einer Ansiedlung unmittelbar am Trail-Beginn, erinnern noch heute Gräber an jene fünfzig Menschen, die durch Schneelawinen im April 1898 ums Leben gekommen waren.

Das Park Permit steckte in meiner Tasche, das obligatorische Video über das Verhalten bei Begegnungen mit Bären hatte ich mir angesehen. »Es gibt beide hier!«, hatte der Ranger gewarnt: »Schwarzbären und Grizzlys.« Und dann hallte mir noch seine Warnung im Ohr nach: »Das Wetter auf dem Chilkoot ist unberechenbar: Es wird regnen. Du wirst Nebel kriegen. Und Schneelawinen sind auch im Sommer nicht ausgeschlossen.«

Der Chilkoot Trail war keine Erfindung der Goldgräber und auch nicht die des Forschers Josiah Spurr, der hier auf seiner Expedition von 1896 entlangreiste. Schon lange zuvor hatten ihn die hier lebenden Tlingit- und Tagish-Stämme als Handelsroute zwischen der Küste und dem Inland benutzt. Getauscht wurden Fischöl und Trockenfleisch gegen Felle, Pelzbekleidung, Kupfer. Bevor der Wettlauf nach dem Gold begann, führten einheimische *scouts* sogar die ersten Prospektoren über die Küstenberge ins Inland. Doch als der Goldrausch von 1897/98 alle Vernunft außer Kraft setzte, war die Zeit des individuellen Reisens vorbei: Allein im Frühjahr 1898 zogen mindestens 25 000 Menschen über den Chilkoot Pass.

»Ganz schön anstrengend«, sagt man heute und massiert ein paar schmerzende Stellen. Jedes Jahr begehen rund 2000 *hiker* den Chilkoot Pass. Doch dabei kriegt man allenfalls eine Ahnung davon, was es heißt, jene 700 Kilo übers Gebirge zu schleppen, die die meisten auf Verlangen der kanadischen *mounties* mit sich führten. Kanadas Grenzhüter hatten die Messlatte für Lebensmittel und Ausrüstung dabei ziemlich hoch angesetzt. Legte man beispielsweise pro Gang dreißig geschulterte Kilo zugrunde, waren 23 Überquerungen nötig. Gepäcklose Rückwege eingeschlossen, wuchsen die 53 Kilometer des Chilkoot Trail mal locker auf sagenhafte 2400 Kilometer an. Aber die Hoffnung verlieh Kraft, und natürlich gab es auch Träger – fast alle »Klondiker« schafften das Pensum. Binnen zwei Jahren war aus dem stillen Trail der Tlingit-Händler ein vor Aktivität brodelnder Gebirgskorridor geworden, in dem es schon bald eine Seilbahn für die Gepäckbeförderung gab.

In puncto Gewicht auf dem Rücken konnte ich fast mit den Goldsuchern mithalten. Mein Backpack war mit 27 Kilo schwerer, als eigentlich beabsichtigt. »Dieser Trip ist kein Picknick!«, hatte mir Ranger John in Dyea ans Herz gelegt. Und dementsprechend viel schleppte ich für alle Eventualitäten mit. Allein zu wandern empfand ich nicht als Risiko. Im Notfall würden andere *hiker* auf mich stoßen, außerdem patrouillieren Ranger auf dem Trail.

Ich startete am Dyea-Campground und folgte dem Taiya River Valley. Das Wasser brodelte hier, wo sich Hunderte Lachse zu ihren Laichplätzen mühten. Mehr als zehn Kilometer folgte ich diesem schmalen Fluss. Erreichte Finnegan's Point, wo Pat Finnegan einst die Hand aufhielt, um für die Überquerung einer von ihm gebauten Brücke blanke Dollars zu kassieren. Bis er damit einfach nicht mehr nachkam ... Der Andrang war zu groß geworden!

In Canyon City schlug ich mein Nachtlager auf. Bereits im Herbst 1897 waren zahlreiche Zwischencamps wie Pilze aus dem Boden geschossen. Heute ist es wieder still in dieser »City«, die nur eine kurze Blüte erlebte. Ähnlich wie Sheep Camp, das quasi über Nacht zur 8000-Einwohner-»Stadt« anwuchs, mit Läden, Saloon, Hotels. Ich campierte auch hier und verbrachte den Abend mit Jesse und Lara, zwei Wanderern aus Kalifornien.

Bis Sheep Camp hatte der Trail mich durch dichten Regenwald mit sattgrünen Moospolstern und riesigen Pilzen geführt – ein Märchenwald. Dann begann der härteste Abschnitt des gesamten Trail, der Aufstieg zum Chilkoot Pass Summit, dem Gipfel. Ich folgte den Steinmarkierungen, und mein Respekt galt den Glücksrittern von gestern. Fünf Kilometer später erreichte ich *The Scales*, eine Art Plateau vor einem mit Gesteinsbrocken übersäten Steilhang.

Hier entstanden jene Fotos, die die Welt bis heute in ungläubiges Staunen versetzen. Auf Waagen ließen die gemieteten

Träger hier ihre Lasten noch einmal wiegen und kassierten Zuschläge von ihren Auftraggebern, bevor sie sich in die Kette der abertausend Leiber einreihten, um dem unbarmherzigsten Abschnitt des gesamten Pfades, dem 45 Grad steilen Chilkoot Pass, die Stirn zu bieten. Schnell hatte der Steilhang mit den Stufen im Schnee seinen Namen weg: *Golden Stairs*.

Jubel brandete auf, wenn endlich das letzte Gepäckbündel den Pass und damit auch die Grenze zwischen Alaska und Kanada erreicht hatte. Doch in die Freude mischte sich so mancher Fluch. Denn auf alle nicht im Land gekauften Güter wurden gleich an Ort und Stelle Importzölle erhoben. Und wer von Alaska kommt, tut sich schwer, nachzuweisen, dass er seine Artikel in Kanada erworben hat. Aber es hatte auch Vorteile, von jetzt an in Kanada zu sein: Mord und Totschlag gab es östlich der US-Grenze fast nicht dank der eisernen und gerechten Hand der *North-West Mounted Police*, der *Mounties*. Später wurde die Polizei in *Royal Canadian Mounted Police* umbenannt.

Auf dem Chilkoot Trail sind diese Momente dank Hunderter zurückgelassener Gegenstände heute noch ein Stück (an-) fassbare Realität. Wie bei den Resten der einstigen Gepäckseilbahn am Crater Lake unterhalb des Passes, die bereits ab Mai 1898 zwischen Canyon City und hier verkehrte. Das war eine sensationelle Erleichterung für die *stampeder*, die nun für sieben Cent pro Pfund ihr Gepäck über die schwierigsten Passagen des Chilkoot-Passes schweben lassen konnten.

Der Aufstieg über die *Golden Stairs* zum Chilkoot Pass ist auch heute noch eine Knochenarbeit: Mein Rucksack wog hier doppelt so schwer. Oben am Pass ging ein eisiger Wind. Selbst jetzt im Spätsommer lagen noch Schneereste auf dem Trail, zum Glück aber nicht genug, um die alten Spuren zu verbergen. Zwischen Gras und Steinen entdeckte ich zerschlissene Lederschuhe, verwitterte Räder und plötzlich, abseits des Pfades mitten im Gebirge, ein paar Dutzend größtenteils fein säuberlich zusammengerollte Faltboote. Warum sie dort zurückgelassen wurden, wird wohl immer ein Rätsel bleiben.

Aber meine Fantasie arbeitete und hauchte den Gegenständen bewegte Bilder ein. Ich malte mir aus, wie sie von bärtigen Männern geschleppt wurden. Aber auch einige Frauen, wie Anne Maxson und Vernie Woodward, haben den Chilkoot Trail überquert. Alle Stücke, auf die sich achtlos die Füße Nachdrängender setzten, erzählen eine bewegende Geschichte: mit größten Hoffnungen gekauft, in vielen Häfen der Welt verpackt, um dann im Starthafen Seattle die letzte Etappe zum »teuflischsten Pfad diesseits der Hölle« anzutreten. Das eine oder andere war vermutlich verloren gegangen, andere Stücke waren weggeworfen worden, um schneller voranzukommen. Schließlich wollte jeder den ersten Nugget aus dem Klondike-Ufer buddeln ...

Als ich die Fahne, die die Grenze zu Kanada markiert, passierte, war mir, als hätte ich das nasskalte Wetter der Küste hinter mir gelassen. Die Sicht auf kanadischer Seite war mit einem Mal klar und spektakulär wie die Landschaften: Plötzlich sah ich Seen, Bäche und Gletscher, die zuvor vom Nebel verborgen gewesen waren. Die Baumgrenze erreichte ich nahe Lindeman City, eine Zeltstadt, in der die »Klondiker« das Winterende abwarteten. Heute ist hier der größte Campground auf kanadischer Seite.

Am Tag drei wanderte ich entlang Lake Bennett, wo zwischen März und Mai 1898 die Glücksritter Bäume fällten und daraus Boote bauten. Sie sägten, hobelten und hämmerten, um beim Eisaufbruch startklar am Yukon River zu sein. Auch hier herrscht jetzt wieder Stille. Frische Grizzlylosung erinnerte mich allerdings daran, dass ich nicht ganz allein war.

Von Lake Bennett erfolgte die letzte Etappe der Reise per Boot. Seit dem 6. Juli 1899 verkehrte eine Eisenbahn zwischen

Skagway und Lake Bennett, später sogar zwischen Skagway und Whitehorse. Statt ein halsbrecherisches Abenteuer zu bestehen, musste man jetzt nur noch zwei Mal umsteigen: in Skagway vom Schiff auf die Bahn zum Lake Bennett, dort auf die neu in Dienst genommenen Schaufelraddampfer. Verglichen mit den Anfängen war die Etappe Skagway – Dawson City jetzt fast ein Ausflugstripp.

Das Heulen der Wölfe, der spitze Schrei des Weißkopfseeadlers und das Knacken der Zweige, wenn der mächtige Braunbär durchs Unterholz bricht, waren bald wieder die einzigen Laute am Chilkoot Trail. Doch so unberührt wie es zuvor gewesen war, wurde es hier nie wieder. Die Stampede hatte ihre Spuren hinterlassen: ausgefahrene Ochsenkarrenpfade, Pferdegerippe, zurückgelassene Holz- und Metallteile, Dosen, Zahnräder, verlorene Kochtöpfe, Stahlseile, aufgegebene Boote. Alles Zeitzeugen eines hektischen Atemzuges der Geschichte.

Der bedeutende amerikanische Naturforscher John Muir bezeichnete Skagway und den Chilkoot Trail als ein »in ein fremdes Land gebrachtes und mit dem Stock aufgewühltes Ameisennest«. Da blieb keine Zeit für Beschaulichkeit und Romantik. Erst mit der Distanz, Jahre später, wurde manchem klar, Teil eines außerordentlichen historischen Ereignisses gewesen zu sein. So wie Jack London ...

Ich freute mich, Juliana und das per Eisenbahn angelieferte Kanu an der Bahnstation Lake Bennett wiederzusehen. Meine Knie schmerzten; »vermutlich Meniskus« diagnostizierte der medizinische Amateur in mir. Es dauerte viele Tage, bis der Schmerz endlich etwas nachließ. Aber da saßen wir längst im Kanu.

Es war diese Vertrautheit miteinander, dieses sprichwörtliche »zu zweit im selben Boot sitzen«. Jeder weiß, wie der andere denkt und in Notsituationen reagiert. Auf einem wie ein breiter

Strom geradlinig nach Norden ziehenden See wie Lake Bennett ist das bei Sturm hilfreich. Doch während dieser Tage war das Wetter stabil, der Wind allenfalls eine erfrischende Brise. Meist schien die Sonne und verbrannte unsere Lippen. Ohne uns dessen bewusst zu werden, paddelten wir über die Grenze von British Columbia ins Yukon Territory. Carcross war der erste Ort, den ich seit Langem berührte. Ich kannte ihn nur als Kreuzungspunkt für die vom Alaska Highway kommende und nach Skagway führende Straße. Im *Metthew Watson General Store*, der mit seinen nostalgisch anmutenden Dekorationen eher wie ein Museum wirkt, spendierten wir uns zwei leckere *ice creams*.

Bevor Carcross ins Bewusstsein der Welt geriet, hieß diese Siedlung Caribou Crossing. Nur eine Handvoll Angehörige der *Tagish First Nation* lebten hier. Der Goldrausch veränderte auch Caribou Crossing, nicht nur weil es in Carcross umbenannt wurde. Der im Mai 1898 begonnene Eisenbahnbau brachte dem Ort bereits am 29. Juli 1900 *the golden spike* ein, den goldenen Nagel. Er erinnert daran, dass sich hier die beiden von Skagway und von Whitehorse kommenden Bautrupps trafen und einander die Hand schüttelten.

Von Carcross folgten wir Nares Lake. Auf den umliegenden Bergen lag noch ein wenig Schnee vom letzten Winter. Bislang kannte ich die malerische Bove Island nur aus der Perspektive des Autofahrers auf dem South Klondike Highway Richtung Skagway. Besonders schön ist der Blick auf die Insel im Herbst, wenn zwischen den Felsbuckeln das leuchtende Rotbraun der Tundra mit dem flammenden Gelb von Weiden und Pappeln wetteifert.

Und so wie die Goldsucher anno 1898 paddelten wir an der Insel entlang und dann über den Tagish River in den Marsh Lake hinein. Es war der letzte See, den wir vor dem Erreichen des Yukon River durchqueren mussten ...

1898 waren die letzten Kilometer vor Whitehorse noch der gefährlichste Abschnitt der gesamten Flussreise gewesen: Hier presste der ungestüme Yukon seine turbulenten Wasser durch die steil aufragenden Felswände des Miles Canyon. Ein Anlegen war und ist unmöglich. Für viele zerplatzte in diesem Felsschlauch der Traum vom Gold. So etwa bei Joseph Meeker und William Haskell: Niemand hörte ihre Hilfeschreie im Dröhnen der Stromschnellen des Canyon. Ein Mehlsack riss sich los und versank in den Fluten, dann gingen die Schaufeln und Hacken über Bord. Als Meeker und Haskell eine Stunde später erschöpft am Ufer des Flusses lagen, waren sie froh, mit dem nackten Leben davongekommen zu sein. Ihre 800 Dollar teure Ausrüstung und damit der Traum vom Klondike-Gold lagen auf dem Grund des Yukon River.

Ihr Schicksal wiederholte sich während der nächsten zwei Jahre mehr als 150 Mal. Zwanzig Menschen kamen in der eineinhalb Kilometer langen Schlucht und den sich anschließenden Stromschnellen ums Leben. Die Turbulenzen im Miles Canyon sind heute Geschichte, die gefährlichen White Horse Rapids wurden unter einem Stausee begraben. Unweit der Stelle, wo Haskell und Meeker kenterten, befindet sich heute eine Stadt, die den Namen der sich einst wie weiße Pferde aufbäumenden Stromschnellen trägt: Whitehorse, die Hauptstadt des Yukon Territory.

Sie gewinnt keinen Schönheitswettbewerb, doch sie ist Dreh- und Angelpunkt des kanadischen Nordwestens. Über den Alaska Highway geht es hier nach Alaska, über den Klondike Highway nach Dawson City. Nicht weit entfernt führt der Dempster Highway ins Mackenzie River-Delta an der Beaufortsee.

Und dann ist da der Yukon River! Vom aufgestauten Schwatka Lake kommend, begrenzt er die 28 000-Einwohner-Stadt im Osten. Drei Viertel aller Einwohner des Yukon Territory leben hier – wobei das Territorium wiederum weit größer als Deutschland ist!

»In Whitehorse kriegst du alles!«, sagt man. Und sollte irgendetwas nicht aufzutreiben sein, wird es ruckzuck per Flugzeug oder durch eine der *Trucking Companies* aus Edmonton im Süden angeliefert. Wir stockten unseren Proviant auf. Das Highlight war »Schlesier Brot«, gebacken in der Dimpflmeier Bakery, Toronto. Dann paddelten wir entlang der Front Street nach Norden. Nachdem der Takhini River von Westen eingemündet war, überquerten wir bald schon Lake Laberge.

Ich habe Respekt vor diesem See: Von früheren Kanutouren wussten wir, wie übel gelaunt und gnadenlos er an windigen Tagen mit seinen hohen Wellen auf Kanuten einpeitschen kann. Nicht so dieses Mal! Eine Woche später erreichten wir wohlbehalten Carmacks.

Letzte Vorbereitungen für den Alleingang

Von Carmacks bis ins Yukon River-Delta ist es so weit wie von Hamburg nach Lissabon. Eine solche Distanz ist selbst für manche Autofahrer bereits eine kleine Weltreise. Und einen Paddel-Marathon dieser Länge durch Europa zu unternehmen, war auch mir noch nie in den Sinn gekommen: Das wäre etwa die Gesamtlänge der Donau ... Aber ich war ja in Amerika, und da gelten andere Maßstäbe.

Als ich Juliana vorschlug, mich auf dem Yukon zum Beringmeer zu begleiten, hatte sie abgewunken.

Ich legte mir ein Faltboot, ein Pouch RE 65, zu und flog nach Nordamerika. In meinem Reisegepäck steckte ein Schatzkästchen mit Zeit für einen ganzen Sommer. Genau genommen war das mehr, als ich für die Fahrt bis zum Delta benötigte. Für den Rest des Sommers würde ich mir noch etwas einfallen lassen ...

Wie viel Zeit »man« für eine Strecke von rund 2500 Kilometern braucht, ist schwer zu sagen. Das hängt von der Eigenwilligkeit eines Flusses ab, seiner momentanen Fließgeschwindigkeit zum Beispiel, aber auch von den persönlichen Vorlieben des Paddlers. Geht man den Fluss sportlich an? Oder lässt man sich gern treiben? Auch wer häufig sein Angelglück auf die Probe stellt, öfter Ruhetage einlegt oder Zeit in den Dörfern am Fluss verbringen möchte, braucht mehr Zeit.

Ich gehe Flüsse sportlich an, paddle gern und viel, freue mich aber über Begegnungen mit anderen wie auch über die stillen Stunden im Camp. Ich mag Einsamkeit, vor allem wenn ich sie mit Juliana teilen kann. So wie auf vielen Flussreisen zuvor, etwa der langen Kanureise über die drei Flüsse Athabasca, Slave und Mackenzie River zum Nordpolarmeer, auf der wir 88 Tage im selben Boot gesessen hatten.

Jetzt war das anders ... Ich würde lernen müssen, allein zurechtzukommen.

Es war eine lange Anreise bis Carmacks. Aber wie immer empfand ich allein schon den Weg als Ziel. Selten fliege ich von Deutschland direkt nach Whitehorse, Fairbanks oder Anchorage. Denn dann würde ich ja die immer wieder spektakuläre Anfahrt verpassen.

Mitte Mai war noch Frühling am Alaska Highway. Eine dicke Eisschicht bedeckte den Muncho Lake. Am Summit Lake, der höchsten Stelle des Highway, zeigte mir der Winter noch seine kalte Schulter.

»*Welcome to Carmacks – the hub of the Yukon*«, grüßte mich das hübsche Ortsschild mit dem Bild eines Eistauchers. Ein netter Empfang!

Wobei das mit dem Drehkreuz des Yukon nicht allzu wörtlich zu nehmen ist, denn nur der Campbell Highway zweigt hier vom Klondike Highway nach Westen in Richtung Ross River ab. Aber viele Flussreisende, die in Whitehorse oder in Johnson's Crossing auf dem Teslin gestartet sind, steigen hier aus.

Ansonsten ist über das 500-Seelen-Dorf nicht allzu viel zu sagen: Es gibt Campingmöglichkeiten, ein Hotel und Service rund ums Auto. Eine Versorgungsstation für Durchreisende also, aber auch Zentrum für die Menschen, die im Hinterland leben. Auf eines ist Carmacks darüber hinaus stolz: Es trägt den Namen des Mannes, der den Startschuss für den Klondike-Goldrausch gab. Dabei war der US-Amerikaner George Washington Carmack ursprünglich gar nicht auf große Schätze aus. Statt wie andere der rund 2000 im Nordwesten lebenden Glücksritter in der Erde nach *pay dirt,* Bodenschätzen, zu wühlen, lebte er bei den Tagish-Indianern und war mit Kate, einer Angehörigen dieses Volkes, verheiratet.

»Es war am 17. August 1896 nachmittags, als wir neben dem *Rabbit Creek,* einem Zufluss zum Klondike, rasteten. Skookum Jim war durstig, er bückte sich, um zu trinken. Da – plötzlich sah er es golden schimmern! Wir drei (Tagish Charlie war der Dritte) stießen vor Begeisterung ein Kriegsgeschrei aus und begannen, wild zu tanzen!«, berichtete Carmack. Dann stopften sich die drei so viele Nuggets in ihre Patronentaschen, wie hineinpassten.

In aller Eile steckte Carmack für sich und seine Begleiter Claims ab. Die Zeit saß ihnen im Nacken. Nicht auszudenken, wenn jemand ihnen zuvorkommen und Ansprüche vor ihnen anmelden würde! Das Trio paddelte den Yukon abwärts nach Fortymile, der einzigen größeren Siedlung am Yukon, wo Carmack die Claims amtlich registrieren ließ. Obwohl der Entdecker des Goldes Carmacks Schwager, der Tagish-Indianer Skookum Jim war, ging Carmack als der Glückspilz vom Klondike in die Geschichte ein. Denn Angehörigen der *First Nations* war es damals nicht möglich, selbst Besitzansprüche an Schürfstellen anzumelden.

Schon bald darauf wurde Rabbit Creek in Bonanza Creek umbenannt. Der Klondike-Goldrausch hatte seinen Lauf genommen.

Der Ort Carmacks ist der Startpunkt meines Yukon-Alleingangs. Warum die Entscheidung für eine Reise im Einerfaltboot?

Ich hatte früher Erfahrungen mit Alleingängen im Kanu sammeln können. Dabei war es vorgekommen, dass mich der Wind wie einen Spielball getrieben hatte. Die Entscheidung fürs Faltboot war mir also leichtgefallen – auch wenn dies zulasten der Zuladung ging.

Es war trocken. Und so breitete ich auf Planen die Dinge aus, die während der nächsten Wochen Teil meines Lebens sein würden. Ich weiß, dass ich zu denen gehöre, die gern optimal ausgerüstet aufbrechen und sich möglichst auf alle Eventualitäten vorbereiten.

Konkret hieß das hier: Ich hatte zu viele Dinge eingekauft... Nachdem ich das Boot probeweise bepackt hatte, trennte ich mich von Überflüssigem. Schade, denn ich wusste auch, dass ich unterwegs nicht alle Tage würde Proviant nachfassen können. Ich hatte mein Faltboot gerade zusammengebaut, als Sam, ein wettergegerbter Yukoner, neben mir stehen blieb und grüßte:

»*Hot, isn't it?*«

Es waren zwölf Grad... Eigentlich war es die Arbeit, die mir Schweißperlen auf die Stirn trieb.

»Die letzten beiden Tage waren die heißesten des ganzen Jahres«, meinte Sam und schlenderte weiter. Aber das Jahr war ja noch jung, und erst vor wenigen Tagen, am 12. Mai, war *breakup* gewesen. Da hatten sich Eisschollen krachend übereinandergeschoben und in bizarrer Form verkeilt.

Wind war aufgekommen. Trotzdem lief mir der Schweiß herunter. Packen ist nicht mein Ding. Wenn wir zu zweit reisen, erledigt Juliana weitgehend diesen Teil des Jobs. Ich bin mehr der Planer, kümmere mich um Karten, Kameras und Tagebücher. Aber ich bin auch der Mann fürs Grobe: hacke Holz, entzünde das Feuer und baue das Zelt auf. Jetzt musste ich den kompletten Job allein stemmen.

Ich lehnte mich neben meinem Zelt gegen einen Baumstamm und studierte meine topografischen Karten: Von Carmacks würde die Reise nordwärts bis Dawson City gehen. Bis zum Sommer war es noch einige Zeit hin, und vermutlich würde ich kaum andere *river traveller* auf dem Fluss treffen. Westlich von Dawson City schon gar nicht. Auf dem Yukon-Abschnitt in Alaska ist der Paddelbetrieb auch im Sommer gering.

In diesem Moment knirschte es im Kies hinter mir.

Mein Blick glitt über ein schwer bepacktes Stahlross empor in das bärtige Gesicht eines Mannes von etwa 25 Jahren.

»*Hi, I'm Dave*«, sagte er und stieg von seinem Bike. »*I am from Jackson/Wyoming.*« Die Schilderung seiner Reiseroute wirkte eher beiläufig, so als würde jemand einen längeren Ausflug beschreiben. Dabei hatte Dave mehr als 5000 Kilometer im Fahrradsattel gesessen …

»Von hier aus radele ich nach Dawson City und dann weiter über den Top of the World Highway nach Alaska«, erklärte er. »Mount McKinley im Denali National Park ist mein Ziel.«

Ich lud Dave ein, sein Camp neben dem meinen aufzuschlagen. Bald summte der Teekessel. Wir plauderten über Gott und die Welt und vergaßen die Zeit. Nach Mitternacht sahen wir in Flussnähe die Flammen eines anderen Lagerfeuers. Wir schlenderten zu den beiden dort sitzenden Männern Al und Jeff, die ihre T-Bone Steaks mit geübtem Schwung auf dem Grill wendeten und es dabei sogar noch schafften, uns eiskalte *Canadian*-Biere in die Hand zu drücken. Die beiden waren Trucker. Und da das Leben eines Lkw-Fahrers im Yukon anders ist als das eines Brummi-Kapitäns auf der deutschen Autobahn, lauschte ich gern ihren Storys.

Al hatte den größten Teil des letzten Winters auf der Route von Whitehorse nach Tuktoyaktuk im Mackenzie-Delta verbracht: 1260 Kilometer pro Weg, mit nur zwei größeren Orten zwischen Start und Ziel.

»Wie überquert ihr im Winter den Peel und den Mackenzie River?«, interessierte mich. Al lächelte.

»Über die *ice bridges*!«

Im Sommer gibt es Fähren. Im Winter dient der Eispanzer der Flüsse den bulligen Trucks als Brücke. »Bei 55 Grad minus gefriert der Diesel schon mal während der Fahrt.« Und wenn sich einer dieser Einzelkämpfer des Nordens abends in seine Koje oberhalb des Cockpits in den superwarmen Schlafsack verkriecht, dann dröhnt der Motor ununterbrochen während der ganzen Nacht. Bei Temperaturen, bei denen die Spucke gefriert, ehe sie den Boden berührt, gäbe ein kalter Dieselmotor am nächsten Morgen beim Start keinen Mucks von sich.

Langsam verglomm das Feuer. Es war bereits dunkel, als der Himmel ein letztes Mal die Supershow der dunklen Jahreszeit abzog: Einen Moment lang tanzte das Nordlicht, verharrte kurz, um gleich darauf wie ein millionenfacher Sterntalerhauch auseinanderzuspritzen. Von nun an würden die Tage länger und die Nächte zu hell für die Lichtershow der *Aurora borealis* sein.

Aufbruch

Über den Moment des Aufbruchs findet sich in meinen Tagebuchaufzeichnungen folgende Notiz:

Um acht Uhr bin ich auf den Beinen. Spät für einen Starttag ... Sei's drum: Nordlandtage sind lang. Ich werde auch nachts paddeln. Und in puncto Zeiteinteilung muss ich auf niemanden Rücksicht nehmen.

Eine starke Strömung reißt mein Boot vom Ufer fort. Endlich auf dem Wasser! Doch die Vertrautheit mit meinem neuen Kajak fehlt noch. Es wird ein paar Tage dauern, bis ich in ihm »zu Hause« bin. Einige sperrige Ausrüstungsgegenstände habe ich hinter mir auf der Bootshaut befestigt. Hoffentlich wird das Kajak dadurch nicht zu »kopflastig«! Starker Wind peitscht mir das vom rhythmischen Auf und Ab der Paddelschläge hochwirbelnde Wasser ins Gesicht.

Wenige Kilometer später erreiche ich die ersten Stromschnellen: Die Goldsucher nannten sie Five Finger Rapids. Die eigentümliche Form des mit Felsen und Inseln durchsetzten Flussbettes erinnerte sie an eine ausgestreckte Hand, die den Weg zum Klondike-Gold wies. Die Stromschnellen gelten als unproblematisch, auch für Anfänger. Aber es heißt, man solle sie trotzdem nicht unterschätzen. Was heute ein harmloses Wässerchen ist, kann nach dem nächsten Gewitter ein Hexenkessel sein. »Halte dich im rechten Kanal«, hatte man mir in Carmacks geraten, Der Yukon ist zwar kein Wildwasserfluss, aber doch ein Fluss der Wildnis. Augen auf!

Zwischen Carmacks und dem Beringmeer liegen drei Stromschnellen: die Five Finger Rapids, danach die Rink Rapids, die dritten liegen im Herzen Alaskas, nahe Rampart. Auf einer früheren Kanureise mit Juliana hatten wir oberhalb der Five Finger

Rapids angelegt, um von dort den Fluss zu überblicken. Nicht allein der schönen Aussicht wegen, sondern um den besten Weg für die Weiterfahrt auszukundschaften.

Diese kleine Klettertour wurde auch zu einer Begegnung mit der Vergangenheit. Noch waren Überreste des Old Winch House erkennbar, in dem Motorwinden die Schaufelraddampfer flussaufwärts durch die Stromschnellen zogen.

Flussnotizen:
Gern hätte ich auch dieses Mal angelegt, aber meterhohe Eisschollen am Ufer verhindern das. Die Strömung ist rasant, doch die Five Finger Rapids selbst nehme ich auch diesmal kaum wahr, nur ein paar kleine Wellen klatschen über den Bug des Kajaks. Auch die folgenden Rink Rapids gehe ich rechts an. Um die Schifffahrt hier zu erleichtern, hat man besonders tückische, aus dem Wasser ragende Felsen gesprengt.

Niemand sonst ist auf dem Fluss. Ich höre weder Entengeschnatter noch Vogelgesang – für einen Fluss, der in Abschnitten als Wasservogelparadies gerühmt wird, ungewöhnlich. Vermutlich sind die meisten Zugvögel noch gar nicht angekommen!

Zwei Stunden vor Mitternacht lege ich nahe der alten Poststation Yukon Crossing an, um zu essen. Die späte Abendsonne überzieht das Land mit warmem Licht, das das Eis am Ufer golden glänzen lässt. Wenn Eisstücke abbrechen und ins Wasser stürzen, klingt es wie Kanonendonner.

Nach der Rast paddele ich in die Nacht hinein; der Yukon ist jetzt breiter, seine Strömung deutlich geringer als im Bereich der Stromschnellen. Ich passiere Williams Creek, doch ein Anlegen am alten Blockhaus der Williams Creek Copper Mining Company *ist wegen des Eises unmöglich.*

Weit nach Mitternacht baue ich unterhalb einer verlassenen Trapperhütte mein Zelt auf. Ich bin nicht müde, denn der Adrenalin-Kick des Aufbruchs hält mich wach. Gegen zwei Uhr mor-

gens setze ich mich an den groben Tisch vor der Hütte und verfasse im Schein der Stirnlampe meine Reisenotizen.

Der Yukon River war jetzt so breit, dass ich auf der Weiterfahrt kurz die Orientierung verlor und vorübergehend nicht wusste, wo genau auf meiner Karte ich mich befand. Was eigentlich unbedeutend war, denn die Strömung würde mir den Weg weisen. Nur Dawson City wollte ich nicht verpassen. Ich hatte vor, dort ein paar Tage zu bleiben, um das Flair der Goldrauschzeit zu spüren.

Der Yukon River stimmte mich darauf ein. Ich stoppe gern an alten Goldcamps. Ein düsteres Geheimnis aber liegt nach wie vor auf der verlassenen Siedlung Minto: 1953 hatten ungeklärte Mordfälle die Bewohner in Angst und Schrecken versetzt. Als die Mordserie auch ein Jahr später nicht endete, gaben sie Minto auf.

Ich legte das Paddel aus der Hand und griff nach meinem Notizbuch.

Elf Stunden bin ich heute bereits gepaddelt; meine Handflächen sind rot, vor allem die linke. Das Gesicht geschwollen, die Lippen von der trockenen Luft spröde. Die Sonne schien den ganzen Tag, ab frühem Nachmittag war es völlig windstill. Ein idealer Paddeltag. Gut, dass meine Arme sich wieder an den Rhythmus des Paddelns gewöhnt haben.

Nahe der eisbepackten Ufer habe ich das Gefühl, als habe jemand die Kühlschranktür offen gelassen. Viele Eisschollen sind sicher fünfmal fünf Meter groß.

Es war eine gute Eingebung, so lange wie möglich bei Windstille zu paddeln: Vor zehn Minuten kam starker Wind auf, jetzt fällt leichter Regen. Aus den Gummistiefeln bin ich seit dem Start nicht mehr rausgekommen. Sowohl am Ufer als auch auf den Inseln ist es schlammig, nass und kalt ... 300 Meter über mir liegt auf den Bergen noch Schnee. Ich hoffe, gegen drei Uhr morgens mein Nachtlager zu bauen, ein schönes Feuer zu machen, mich aufzuwärmen und vor allem meine eisigen Füße zu »toasten«!

Kurz bevor der Pelly River in den Yukon mündet, erreicht dieser seine bisher größte Breite; was nicht unbedingt vom Wasser aus zu bemerken ist, denn zwei große Inseln teilen den Strom.

Im Sommer 1843 war der Händler Robert Campbell im Auftrag der Hudson's Bay Company als erster Weißer in dieses Gebiet vorgedrungen, in dem bereits seit Jahrtausenden Athabasken lebten.

Campbell, ein stattlicher Mann von Mitte dreißig, hatte von seiner Gesellschaft den Auftrag erhalten, hier Neuland zu erschließen und vor allem Handelsbeziehungen zu knüpfen. Zunächst überquerte er vom Mackenzie River im Osten die Wasserscheide der Selwyn Mountains und folgte einem Fluss, den er zu Ehren des Gouverneurs der Hudson's Bay Company »Pelly River« nannte. Vermutlich war Campbell hocherfreut, als er den Zusammenfluss von Pelly River und einem noch mächtigeren Strom erreichte. Jetzt war er an der herbeigesehnten Wasserverbindung zum Pazifik! Er gab dem unbekannten Strom den Namen Lewes River.

1848 gründete Campbell am Zusammenfluss von Pelly River und Lewes River einen Handelsposten und nannte ihn Fort Selkirk. Doch vier Jahre später erfolgte ein Angriff der Chilkat... Wieso war dieses Küstenvolk bis hierher vorgedrungen?

Die Chilkat lebten vom Handel. Sie verkauften den Stämmen an Pelly und Lewes River ihre Waren, vor allem Trockenfisch, und brachten im Gegenzug Pelze zum Weiterverkauf an die Küste. Kein Wunder, dass sie die Händler der Hudson's Bay Company als Eindringlinge und Konkurrenten betrachteten.

Campbell und seine Leute überlebten den Angriff, aber das ursprüngliche Fort Selkirk war zerstört. Später gab es Versuche des Wiederaufbaus: Ein gewisser Arthur Harper errichtete auf den niedergebrannten Grundmauern einen Handelsposten. 1892 wurde eine Missionsstation gebaut, sechs Jahre später verbrachte eine Handvoll Goldsucher auf dem Weg zum Klondike hier den eisigen Winter. Man zog wohl auch in Erwägung, Fort Selkirk zur Hauptstadt des Yukon Territory zu machen. Daraus wurde nichts, aber immerhin errichtete die Hudson's Bay Company 1938 hier einen neuen Handelsposten. Doch 1950 kam das endgültige »Aus« für Fort Selkirk – 102 Jahre nach der Gründung durch Campbell war es unrentabel geworden. Auch was die Namensgebung für den großen Fluss anbelangt, war Campbell letztlich glücklos gewesen: Die Bezeichnung Lewes River wurde schon bald durch Yukon River abgelöst.

Es war später Abend, als ich Fort Selkirk erreichte. Kein Laut drang aus dem verlassenen Ort zu mir. Nur ein Wachmann namens Danny lebte mit seiner Frau hier. Er begrüßte mich.

»Außer Paddlern übernachtet kaum jemand hier«, erzählte Danny. Und das ist gut so, denn Abgelegenheit und Stille machen den Reiz von Fort Selkirk aus. Jetzt im Frühjahr war ich der einzige Gast.

»Fort Selkirk wird heute gemeinsam vom Yukon Government und der *Selkirk First Nation* verwaltet«, wusste Danny. »Man hat viel Geld in den Erhalt des Forts investiert. Es stehen noch rund vierzig alte Gebäude«, verriet er. »Seit ein paar Jahren ist Fort Selkirk auch offiziell eine *Yukon Historic Site*.«

Fort Selkirk ist die besterhaltene authentische Geisterstadt am Yukon River. Lebten Menschen hier, wäre kaum ein Unterschied zu anderen Buschdörfern in Alaska und Kanada zu spüren. Das alte Schulhaus von 1892 grub sich besonders tief in meine Erinnerung ein. Unwillkürlich stellte ich mir die Frage, ob hier heute Morgen noch die Drittklässler gesessen hatten. Ich war versucht, mich zu bücken, unter die alten Schreibpulte zu sehen, ob irgendwo ein frischer Kaugummi klebte, ein gefalteter Spickzettel steckte.

Fast wie ein Stilbruch im Bild dieser Wildnis wirkte das alte Ford-T-Modell. Knatterte damit 1936 der *factor* der Hudson's Bay Company zum Anleger, um neue Ware vom Dampfer zu holen?

Tags drauf setzte ich meine Reise fort.

Dawson City am Klondike

In Dawson City hatte ich die erste Etappe meines Alleingangs geschafft. Unweit des Schaufelraddampfers *SS Keno* legte ich an. Ein kräftiger Hund mit buschigem Schwanz strich über die Straße. Es war spät und ansonsten wenig los ... Heute leben noch 1300 Menschen in Dawson City. Viel für den Norden, aber nur ein Bruchteil der Einwohnerzahl von 1898, als man Dawson City vollmundig als »größte Stadt nördlich von San Francisco und westlich von Chicago« apostrophierte. Was natürlich nicht ganz stimmte, denn zumindest bezogen auf die Nord-Süd-Achse lag das schon damals größere Seattle dazwischen. Aber solche Kleinigkeiten spielten 1898 keine Rolle.

Düstere Regenwolken hingen am Himmel. Ich deckte mein Boot ab und bummelte durch den Ort, der heute gleichermaßen vom Tourismus wie von dem noch immer im Boden steckenden Gold lebt.

Am *post office* war es jetzt ganz still, auf einem vergilbten Foto des Jahres 1898 hingegen drängen sich hier Hunderte von Menschen, die auf die vom Schaufelraddampfer mitgebrachten Briefe warteten. Aber das Schicksal Dawson Citys ist mit dem Leben eines Schmetterlings vergleichbar, der einen kurzen Sommer lang mit seiner Schönheit begeistert – und dann stirbt.

Dabei war zwei Jahre vor dem großen Goldfund hier rein gar nichts los gewesen; es hatte keine Siedlung, nicht mal ein Camp gegeben. Bis ein gewitzter Kerl namens Joseph Ladue 1896 vom

Goldfund am Bonanza Creek Wind bekam. Der geschäftstüchtige Bursche rechnete sich aus, dass über kurz oder lang Bedarf an Restaurants, Kneipen, Hotels, vielleicht sogar einer ganzen Stadt bestehen würde. Ladue kam zu dem Schluss: »Es gibt dafür keinen besseren Platz als das flache Landstück am Zusammenfluss von Klondike und Yukon River!« Der Mann war weder ein Städteplaner, noch handelte er im Auftrag der Regierung. Er hatte schlichtweg das richtige Gespür dafür, zur richtigen Zeit am richtigen Fleck zu sein …

Im Ort Fortymile ließ er seine Landansprüche registrieren. Dann lud er in seinem Camp am Sixtymile River, wo er ein kleines Sägewerk betrieb, Maschinen, Bauhölzer, Werkzeuge und all die tausend Dinge, die er für die Realisierung seiner Vision benötigte, auf ein Floß und trieb den Yukon hinab bis zu jener Stelle, die er kurz darauf nach dem kanadischen Geologen Dawson benannte.

Glückspilz Ladue hätte sich seine Spürnase zwei Jahre später vergolden lassen können. 1898 zahlte man 15 000 Dollar für einen Meter Straßenfront auf dem »heißesten Grundstücksmarkt des amerikanischen Kontinents«. Für manche in Dawson City schien Geld keine Rolle zu spielen. In einem Taumel, wie ihn wohl nur der Habenichts spürt, der über Nacht zum Millionär wurde, gaben manche den Goldstaub, dem sie oft unter Einsatz ihres Lebens nachgejagt waren, mit vollen Händen aus. Einer von denen, die noch nicht Fortunas Kuss gespürt hatten, war Dick Lowe. Der hatte sich bisher als Gehilfe des Landvermessers Ogilvie beim Vermessen der Claims durchgeschlagen. Als aber eines Tages ein winziger Rest-Claim übrig blieb, den niemand haben wollte, meldete Lowe ihn auf seinen Namen an.

»… so klein, dass du Mühe hattest, mit angezogenen Beinen auf deinem eigenen Grund und Boden zu schlafen …«, prahlte er später in den Bars. Zunächst aber versuchte er, den Claim für ein paar Hundert Dollar zu verkaufen. Ohne Erfolg. Missmutig und offensichtlich selbst nicht sonderlich von seinem Glück überzeugt, machte sich Lowe nun doch an die Arbeit. Binnen eines Tages fand er Gold im Werte von 40 000 Dollar. Legt man heutige Preise zugrunde, wäre das über eine halbe Million.

Kein Wunder, dass die Preise in astronomische Höhen kletterten. Auch die für Lebensmittel: Salz wurde anfangs mit Gold aufgewogen, die Gallone Milch kostete 30 Dollar. Und wer im Frühjahr 1898 seinem Appetit auf eine Melone nachgab, musste 25 Dollar auf den Tresen legen. Rund 30 000 Menschen lebten zu diesem Zeitpunkt in der Stadt. Neben denen, die das Klondike-Gold hierhergeführt hatte, gab es zweifelhafte Gestalten, die auf das Geld der anderen aus waren: Falschspieler, Diebe, Banditen und Prostituierte.

Allerdings durfte niemand in Dawson City eine Waffe tragen, *Mounties* ausgenommen. Und keinem bekam der Versuch, einen Polizisten zu bestechen. Entweder landete er hinter Gittern oder er wurde zum Teufel gejagt. Gewalttaten, wie sie auf den Goldfeldern Alaskas an der Tagesordnung waren, gab es hier nicht.

Eher zurückhaltende Schätzungen gehen davon aus, dass allein der Bonanza Creek Gold im damaligen Wert von 500 Millionen Dollar ausspuckte. Doch schon wenige Jahre nach den ersten Funden waren es nicht mehr wagemutige Goldsucher mit ihren *gold pans*, die die Nuggets aus der Erde klaubten. Inzwischen hatten große Minengesellschaften die meisten der rund 150 Quadratmeter großen Claims aufgekauft und setzten die Goldsuche systematisch und mit großem technischem Aufwand fort. Als 1966 die *Yukon Consolidated Gold Corporation* ihre Tore schloss und die letzten *dredges* arbeitslos wurden, legte man auch dieses Kapitel Dawsons zu den Akten. Doch nicht ganz …

Während des darauffolgenden Tages kam ich mit Robby aus Ontario ins Gespräch. Zusammen mit zwei Freunden besitzt er hier einen Claim.

»Immer wenn der Goldpreis steigt, wird auch der Klondike wieder interessant!«, schmunzelte er. Mir ist bekannt, dass mehr als hundert *exploration companies* kleine Vermögen durch Investitionen im Boden versenken und hoffen, dass der Einsatz zumindest für sie einen Goldrausch auslöst. Andere Goldsucher sieben mit neuerer Technik den vor über hundert Jahren schon einmal durchkämmten Kies durch.

Ob er denn schon was rausgeholt habe, fragte ich Robby.

»O ja! 'ne Menge Sand und Kies.« Er grinste. »Aber dann und wann ist auch ein Nugget dabei.«

Ich verabredete mich mit Robby für den kommenden Tag. Er hielt Wort und holte mich ab. Dort, wo sich zwischen Bonanza und Bear Creek sein Claim befindet, könnte man glauben, jemand habe das Innerste der Erde nach außen gekehrt. Gebracht hatte es ihm nicht viel. »Noch sind meine Freunde und ich Greenhorns«, gab Robby zu. »Aber warte nur noch ein paar Sommer, dann ...«

Als *Cheechako* bezeichnete man anno 1898 die Greenhorns hier. Der wohl bekannteste war ein deutschstämmiger Kanadier namens Oliver Millet. Besessen vom Wunsch nach der eigenen Bonanza, stellte er eigenwillige Theorien auf, wo »seine« Goldader langlaufe. Man belächelte ihn. Aber Millets Theorie erwies sich als richtig. Beflügelt vom ersten Erfolg, grub er weiter und fand noch mehr Gold. Schon bald verkaufte er seinen Claim für 60 000 Dollar. Der Käufer aber holte wenig später Gold im Wert von einer halben Million heraus. Millet, was warst du für ein Greenhorn ... ein *Cheechako*! Den Fundort benannte man nach ihm: Cheechako Hill.

Es gibt zahlreiche Erfahrungsberichte über die beliebte Paddeltour von Whitehorse bis Dawson City. Doch über die Flussreise durch Alaska findet man wenig. Auch gut, denn das lässt mehr Spielraum für individuelles Entdecken. Ich kaufte Proviant, verstaute alles im Kajak und war wieder auf dem Fluss. Ich passierte den *Old Man Rock*, einen charakteristischen Felsen, der wie ein stummer Wächter des Yukon Valley über dem Land thront. Unterhalb des Fifteenmile River bekommt das Yukon Valley noch einmal einen fjordartigen Charakter. Dahinter sah ich in der Ferne schneebedeckte Berge schimmern. Am Spätnachmittag erreichte ich den Fortymile River. Als noch kein Mensch vom Klondike-Gold redete, lebten im Ort Fortymile bereits Hunderte Goldsucher. Das hatte mich neugierig gemacht, zumal dem rasanten Boom auch hier das schnelle »Aus« folgte. Ich paddelte in die Mündung des kleinen Flusses und stieg aus dem Boot. Genau genommen war es hier, wo die Geschichte von Dawson City und die des Bonanza Creek begann ...

Was muss das für ein Anblick gewesen sein, als George Washington Carmack, Skookum Jim und Tagish Charlie vom Rabbit Creek kommend nach Fortymile stürmten und ihre Schürfrechte sicherten? Welches war nur das Gebäude, in dem sich die Millionäre in spe die ersten Whiskeys hinter die Binde gossen?

Ich setzte mich auf den Boden und schaute in die Runde. Aber das Fortymile von damals existierte nicht mehr: Vor mir sah ich ein zusammengefallenes Haus, das im Moos versank. Ein Stück weiter das noch immer recht stattliche Polizeigebäude. Hier und da stieß ich auf vom Gras überwucherte Arbeitsmaschinen. Ansonsten kein Leben ...

Dabei wurde in Fortymile Geschichte geschrieben. Das erste Kapitel wurde aufgeschlagen, als der Goldsucher Howard Franklin am 7. September 1886 am Fortymile River auf Gold stieß. Wohlgemerkt, zehn Jahre vor dem sensationellen Fund, der den Klondike-Goldrausch auslöste! Buchstäblich über Nacht entstand am Zusammenfluss von Yukon und Fortymile River das Städtchen Fortymile: mit mehreren Saloons, einem Theater, sogar einer Zigarrenfabrik. In der Folge wurden weitere Ortschaften im Hinterland aus dem Boden gestampft: Chicken, Steele Creek, Jack Wade und Franklin. Zwischen 1887 und 1890 war Fortymile die reichste und produktivste Goldgräberstadt in diesem Teil der Welt. In nur drei Jahren wurden hier 1,3 Millionen Unzen Gold zutage gefördert. Schon zehn Jahre später kam mit dem Klondike-Goldrausch der Anfang vom Ende: Fortymile wurde verlassen und vergessen. Man war dem nächsten Hoffnungsschimmer nachgejagt …

Wenig später saß ich wieder im Boot. Nach einigen Stunden holte ich mein Notizheft heraus, ließ mich treiben und notierte:
Nordwestlich von Dawson ist der Yukon quicklebendig; er brodelt und gluckst. Treibholz begleitet mich … Ich muss höllisch aufpassen. Nachdem es nachmittags sonnig war, hat sich der Himmel spät abends bleigrau verfärbt. Die Berglandschaft ist reizvoll, stellenweise liegt Schnee nur 200 Meter über dem Fluss.
Am nächsten Tag führte ich meine Notizen fort:
Bin erst nachts um drei ins Zelt gekommen. Die Stimmung war so großartig, dass ich mich überreden musste, schlafen zu gehen … Als ich erwachte, regnete es. Ich wartete ab, gegen Mittag brach ich auf. Alles war grau in grau. Nachmittags begann ein brutaler Sturm mit dem heftigsten Regen seit Langem. Ich flüchtete vor den hohen Wellen ans schützende Ufer, blieb aber kurz davor im Boot sitzen. Wasser ging in Sturzbächen auf mich nieder; eine halbe Stunde hielt ich es so aus. Als das Unwetter nicht nachließ, baute ich mein Zelt im Wald auf.
Vor zehn Minuten hat der Regen nachgelassen. Jetzt singen Vögel, und in der Ferne höre ich Geräusche von Maschinen. Falls dort der Ort Eagle ist, wäre ich bereits in Alaska!

Alaska – im Labyrinth der Yukon Flats

Eine fast senkrecht verlaufende Linie trennt Kanada von Alaska. Wer sie überquert, wechselt auch von *Pacific Time* zu *Alaska Standard Time*. Dieser Strich markiert ebenfalls die östliche Grenze des Yukon-Charley Rivers National Preserve, dessen Hauptquartier ich in Eagle aufsuchen wollte. Der Yukon und der von Süden einfließende Charley River sind die Namensgeber. Zwei sehr unterschiedliche Flüsse: breit und lehmbraun der Yukon, schmal und kristallklar der Charley River. Nur zwei Orte, Eagle und Circle, liegen an der Peripherie des Schutzgebiets.

»Der gesamte Staat New Jersey mit seinen 7,5 Millionen Einwohnern würde zwischen diese beiden Orte passen«, hatte ich in einer Parkbroschüre gelesen. Aber nur zwanzig Menschen leben ganzjährig in diesem Riesengebiet. Stattdessen ist die vielköpfige Fortymile-Karibuherde hier heimisch. Im Sommer ist dies auch ein von Wanderfalken bevorzugtes Nistgebiet. Und es erscheint fast müßig zu erwähnen, dass die Geschichte des »Weißen Mannes« auch hier mit Gold zu tun hat.

Meine erste Nacht auf alaskischer Erde war kalt gewesen. Mich fröstelte. Die Zeltwände waren feucht. Ich öffnete den Reißverschluss und warf einen Blick nach draußen: Tropfen auch auf dem Moos, an den Spitzen der Gräser und den Zweigen der Fichten. Trist grau der Himmel, dessen Wolken nur ein Stück oberhalb der Uferbäume entlangzudriften schienen. Kein Morgen, an dem man begeistert aus dem warmen Schlafsack springt …

Mit etwas Ausdauer bekam ich ein kleines Feuer zustande und setzte Teewasser auf. Bald danach war ich auf dem Fluss. Ich hatte mich noch nicht einmal warm gepaddelt, als ich auf dem erhöhten westlichen Ufer Holzhäuser ausmachte.

Das musste Eagle Village sein, ein Dorf der Han Kutchin, einem Athabasken-Stamm, mit kaum mehr als sechzig Einwohnern. Zwei Flusskilometer später erreichte ich den Hauptort Eagle. Ich paddelte ans Ufer, zog mein Boot an Land und befestigte es an den Wurzeln eines vom Fluss unterspülten Baumes. Man liest gelegentlich »Eagle City« und denkt dabei vielleicht an große Städte wie zum Beispiel New York »City« ... Weit gefehlt ... In diesem Ort, gegründet 1899 von 28 desillusionierten Klondike-Prospektoren, die ein paar Kilometer westlich der kanadischen Grenze auf weniger staatliche Reglementierung und mehr Gold hofften, leben heute nur rund hundert Menschen. Die zahlreichen Adler an den markanten Felsen oberhalb des Yukon-Ufers inspirierten die Stadtväter zum Namen »Eagle City«. Ich bummelte die First Avenue entlang und sah an einigen der hübschen Blockhäuser Elchgeweihe über den Eingängen hängen.

Durchaus: Eagle atmet Geschichte. Denn an der Schwelle zum 20. Jahrhundert war es der bedeutendste Ort Alaskas und zählte 1700 Einwohner. Und all das lange bevor Anchorage oder Fairbanks zu existieren begannen ...

Die wohl prägendste Person hier war der legendäre Richter James Wickersham, der gekommen war, um für Recht und Ordnung zu sorgen. Das war überfällig, doch sein Gerichtsbezirk war doppelt so groß wie Deutschland ... Wickersham war bei seiner Arbeit fast völlig auf sich selbst gestellt, aber er verschaffte sich Respekt wie auch Anerkennung – vor allem durch seine gerechte und gelegentlich unkonventionelle Amtsführung. Das Alaska Territory mit einem Haufen zusammengewürfelter wilder Burschen erforderte eben andere Methoden als New York oder San Francisco.

Wickersham machte Eagle zu einem bedeutenden Ort. Bereits 1901 war das Wickersham Courthouse, das Gerichtsgebäude, fertiggestellt. Ab 1903 gingen von hier aus Nachrichten über das

1500 Meilen lange Washington-Alaska-Telefonkabel in den Rest der Welt.

Ich stoppte beim Büro des Yukon-Charley Rivers National Preserve. Mary, eine Mitarbeiterin, wärmte mich zunächst mit Kaffee auf. Dann verriet sie mir mit Verschwörermiene die Wetteraussichten: »Mies ... Regen!« Aber ich wollte mehr über ihre Arbeit erfahren.

»Eine unserer Aktivitäten hier ist das *Wolf Monitoring*, die Erforschung der Lebensweise von Wölfen«, berichtete Mary. »Es ist nicht ungewöhnlich, dass der Winter ein Wolfsrudel um ein Viertel dezimiert.« Natürliche Auslese. »Fallenstellen und *subsistence hunting*, also das Jagen für den Eigenbedarf, ist im Preserve gestattet«, fuhr sie fort. »Was allerdings nur geringen Einfluss auf die Wolfspopulation hat. Ranger patrouillieren die Wintertrails und werfen ein Auge auf alle Aktivitäten.«

Da ich jetzt in Alaska und damit in den USA war, musste ich der Einreiseformalität Genüge tun. Aber wo? Als ich nach *immigration* und *custom* fragte, hatte sich der erste Einheimische verlegen am Bart gekratzt.

»Geh mal zu John«, sagte ein anderer, »der hat im Ort die meisten Stempel – vielleicht auch einen für dich.«

John öffnete eine Schachtel und holte einen Stempel hervor: »*Admitted, Eagle/Alaska*« drückte er in meinen Pass. Dann zog er seine Stirn in amtliche Falten. Ob ich Geschenke, Drogen oder Ähnliches dabeihabe?

Unwillkürlich musste ich schmunzeln: »Bin froh, dass ich Reis, Tee und all das übrige Zeug für die nächsten Wochen in mein Kajak reingekriegt habe.«

Nach dem amtlichen Teil ging *immigration officer* John zur Kaffeemaschine, nahm zwei Pappbecher und goss ein. Nach kurzem Small Talk war ich wieder draußen und las auf dem dort befindlichen Gedenkstein: »Zum Andenken an den Besuch des

Polarforschers Roald Amundsen in Eagle/Alaska am 5. Dezember 1905. Noch am selben Tag sandte er ein Telegramm an Fridtjof Nansen/Norwegen, mit dem er die Bezwingung der Nordwestpassage bekannt gab.«

Wie fast alle Buschsiedlungen hat auch Eagle einen Flugplatz, dessen Landebahn mich eher an einen mäßig gepflegten Fußballplatz erinnerte. Mein letzter Gang führte in den Lebensmittelladen. »Sorry«, sagte man mir, »heute gibt's kein Brot. Das Versorgungsflugzeug ist wegen des schlechten Wetters nicht geflogen.«

Als ich den Fluss erreichte, hatte sich der Himmel vom üblichen Grau in sattes Schwarz verfärbt. Momente später schüttete es wie aus Kübeln. Ich flüchtete unter das Dach eines alten Gebäudes. Früher, als dem Yukon noch größere Bedeutung als internationaler Verkehrsweg zwischen Kanada und den USA zukam, hatte es als Zollhaus gedient. Nach dem Regen pfiff ein eisiger Wind. Bis zwei Uhr morgens paddelte ich in die Nacht hinein. Dabei wurde mir warm.

Fragte man mich nach meinen liebsten Stunden auf dem Fluss – ob morgens, tagsüber oder nachts –, fiele mir eine spontane Antwort schwer. Über dem Morgen liegt die Frische und die Erwartung an den beginnenden Tag, tagsüber mag ich die Helligkeit, die Sonne und die intensiven Farben, aber allein die Nacht gibt mir das Gefühl, der einzige Mensch im Universum zu sein. Sie hat ihren besonderen Zauber. Alle Geräusche sind gedämpft, so wie auch das Licht und die Farben. Die Nordlandnacht ist mein Favorit.

Als ich vormittags aus dem Zelt schaute, traute ich meinen Augen nicht: blauer Himmel, Sonnenschein und kein Wind! Ein toller Tag zum Paddeln. Vorher allerdings waren noch Flickarbeiten zu erledigen: Knopf annähen und den Reißverschluss eines Vorratsbeutels reparieren …

Als ich endlich loskam, war es früher Nachmittag. Bedingt durch die Wärme der Sonnenstrahlen brachen Eisstücke am Ufer ab und plumpsten laut ins Wasser. Öfter denn je zuvor hörte ich den Ruf der Wildgänse. Ich paddelte bis kurz vor Mitternacht, stoppte an einer Insel fürs Abendessen und setzte danach meine Reise fort. Der Yukon war jetzt ein Labyrinth, das im Licht der Mitternachtssonne noch unheimlicher wurde. In dieses Glühen paddelte ich hinein. Der Fluss glich jetzt einem »Endlossee«. Nach mehr als zwölf Stunden Paddelei legte ich an, doch ich war nicht müde. Die Nacht war zu inspirierend, um schlafen zu gehen.

Flussnotizen:

Vier Uhr morgens, doch die Sonne scheint bereits. Fast so, als habe sie einen Nachholbedarf nach dem Dunkel des Winters.

Zehn Meter von mir zieht ein Biber durchs Wasser, gelegentlich klatscht er mit dem Schwanz auf die spiegelglatte Oberfläche. Vögel jubilieren. Dahinein mischt sich das Kriegsgeheul der Moskitos. Vor mir knistert das Lagerfeuer, daneben steht mein Becher mit Tee.

Ich hatte inzwischen das Yukon-Charley Rivers National Preserve verlassen und folgte nun dem immer breiter werdenden Fluss nach Nordwesten. Bei Fort Yukon würde er diese Richtung aufgeben und nahezu rechtwinklig nach Südwesten abknicken, um durch die Yukon Flats zu fließen. Ein weites flaches Land mit unzähligen Seen, durch die sich der Fluss ausufernd hindurchbewegt. Der Ort Circle liegt am östlichen Zipfel des Yukon Flats National Wildlife Refuge.

Dass Circle so heißt, liegt daran, dass die Ortsgründer es nicht besser wussten: Sie wähnten den Fleck unzutreffenderweise am Polarkreis, am *Arctic Circle*.

Circle war neben Fortymile einst die größte Siedlung Alaskas. Natürlich spielte auch bei der Gründung Circles Gold die

Hauptrolle. So konnte sich dieses 700-Einwohner-Kaff später sogar ein Opernhaus leisten. In Circle ging es recht friedlich zu, wofür die Goldsucher selbst sorgten. Denn sie traten bei Bedarf zusammen, um Recht zu sprechen. Was gelegentlich zu Urteilen führte, bei denen König Salomon die Ohren geschlackert hätten ...

Da Circle kein Gerichtsgebäude besaß, traf man sich zu den Gerichtssitzungen in der Kneipe. Eines Tages sollte ein Fall verhandelt werden, bei dem es um Alkoholschmuggel ging. Da einem salomonischen Urteil eine Beweisaufnahme vorangeht, wollte sich der Rat der Goldsucher natürlich davon überzeugen, ob die sichergestellte Flüssigkeit auch tatsächlich Whiskey sei. Man schaffte das Beweismaterial heran, die Männer öffneten die Flaschen, schnupperten, nippten, nippten noch einmal und setzten daraufhin richtig an. Letztlich wurde das Verfahren wegen Mangels an Beweisen eingestellt.

Circle hat heute 110 Einwohner. Ein Boot oder ein Flugzeug braucht man längst nicht mehr, um den kleinen Ort zu besuchen. Über den Steese Highway sind es von Fairbanks bis hierher nur vier Stunden Autofahrt. *River traveller*, die ihre Kanutour beenden wollen, finden also bestmögliche Anbindung.

Als ich nach kurzem Schlaf in den Yukon Flats erwachte, brannte die Sonne bereits aus blauem Himmel herab. Zwei Stunden später saß ich im Faltboot. Ich hielt mich an der östlichen Flussseite, um mein nächstes Ziel, Fort Yukon, nicht zu verpassen. Trotzdem kam ich gelegentlich zu weit in die Flussmitte. Der Yukon ist hier ein rund fünf Kilometer breites, unübersichtliches Labyrinth. Zwei Mal berührte mein Paddel den Grund: Sandbänke! Als ich nachmittags auf dem Fluss treibend mein Tagebuch aufarbeitete, notierte ich: *Ohne jedes Wissen, wo ich bin, und mit dem Wissen, dass niemand weiß, dass ich hier bin, fühle ich mich doch ein wenig verloren ...*

Mein Blick streifte über das rechte Ufer. Mir war, als habe etwas silbern geglänzt. Hundert Paddelschläge später sah ich reflektierende Dächer: Fort Yukon! Plötzlich vernahm ich das Dröhnen eines schweren Motors. Gleich darauf erschien hinter einer Insel ein Boot mit zwei *natives*. Ich winkte. Die Männer stoppten.

»Ist das Fort Yukon?«

Sie nickten und gaben Gas, dass sich das schwere Boot vorn aufbäumte und seine Bugwelle über mein Kajak schwappte. Kurz danach las ich auf dem großen Schild am Ufer den Hinweis: *Arctic Circle*. Ich hatte den Polarkreis erreicht.

Ich legte an und schlenderte auf einer unbefestigten Straße durch die kleine Siedlung. Mein erster Eindruck: viel Gerümpel und Müll; Plastikbeutel, Tüten, Dosen und leere *beer cans*. Ich fragte ein paar Frauen, wo der Lebensmittelladen sei und ob ich mit meinem Boot bis dorthin komme. Die beiden *natives* sahen sich fragend an.

»Der *store* ist einige Meilen von hier entfernt.« Eine andere deutete irgendwohin in Richtung des Waldes.

»Kann ich mit dem Boot dorthin paddeln?«

»Da musst du die Männer fragen.«

Zwei Burschen auf Geländemotorrädern und mit Miller-Bierdosen in den Händen beschrieben mir den Weg: »Das hier ist das *Indian Village* – das Ortszentrum von Fort Yukon liegt ein Stück oberhalb, wo Post und Supermarkt sind. Bei uns gibt es nur den Schnapsladen.«

Vor einem Haus am Ufer saßen vier Athabasken beim Grillen. Einer grüßte. »*Hello* – wo soll's denn langgehen?«

»Zum Beringmeer!« sage ich.

»Mit dieser Nussschale? Na dann – *good luck!*«

In Fort Yukon sieht es also samstagabends auch nicht viel anders aus als in anderen Orten um diese Zeit. Aber ich hatte Glück, dass der kleine Supermarkt noch offen war.

»Hi!« Zwei Athabasken-Frauen blieben neben mir stehen. Eine setzte sich mir gegenüber, offenbar waren sie auf Gesellschaft aus.

»Heute Abend ist Disco. Hast du Lust mitzukommen? Bier gibt's zum halben Preis.« Die andere wörtlich: »*Then all people are getting drunk.*« Während sie locker plauderte, zerquetschte sie am Arm vollgesoffene Moskitos.

Ich ging nicht mit. Nach der äußeren und inneren Ruhe auf dem Fluss war eine alkoholgeschwängerte Discoatmosphäre das Letzte, was ich mir wünschte. Gegen Mitternacht kehrte ich zu meinem Boot zurück und paddelte zu einer Insel im Fluss.

Die Moskitos waren schier unerträglich. In Rekordzeit baute ich mein Zelt auf, hechtete rein und zog blitzschnell den Reißverschluss zu. Das Summen der Moskitos wurde nur vom Heulen der Schlittenhunde übertönt. Dann und wann hörte ich Rufe, Schüsse krachten.

So laut die Nacht auch war, so ruhig war der nächste Vormittag. Fort Yukon lag in tiefstem Schlummer. Ich hatte zwar sechs Stunden geschlafen, fühlte mich aber wie gerädert. Meine Hände waren geschwollen und gefühllos. Kurzerhand beschloss ich, meinem Körper einen Ruhetag zu gönnen.

Es war sonnig und windstill. Ich wusch Wäsche und besserte sie aus, trocknete auch meine nassen Gummistiefel und arbeitete meine während der letzten Tage vernachlässigten Flussnotizen auf. Nur zögerlich regte sich derweil im 500 Meter von mir entfernten Ort das Leben.

Am frühen Vormittag paddelte ich von meiner Insel hinüber nach Fort Yukon.

Auf meinem Bummel traf ich zunächst Arthur. Ich schätzte ihn auf etwa fünfzig. Seit zwanzig Jahren wohnte er hier. Von ihm erfuhr ich, dass hier etwa 600 Menschen leben; rund 85 Prozent davon *natives*, zehn Prozent Weiße, die Übrigen Schwarze oder Latinos aus Mittelamerika. »Zur Zeit des Kalten

Krieges, als Fort Yukon ein großer militärischer Horchposten war, lebten hier weit mehr Menschen«, erinnerte sich Arthur. »Natürlich überwiegend Soldaten der Air Force. 1998 gab das Militär den Horchposten auf, mehrere Jahre lang bauten zivile Ingenieure und Arbeiter der Elmendorf Air Force Base aus Anchorage alle Militäranlagen ab und renaturierten das Land.«

Ich folgte Arthur zu seinem kleinen Haus. »*Come in and have coffee.*« Das Haus war so eingerichtet wie viele andere Häuser in den größeren Buschgemeinden Alaskas: Ich sah Fernseher, Kühlschrank, Kaffeemaschine und die eine oder andere Annehmlichkeit. Auch ein aufgeschlagenes Notebook auf dem Tisch. »Der Winter am Polarkreis ist lang und kalt ... du musst dich selbst beschäftigen!«, schmunzelte Arthur. »Mit Tiefsttemperaturen von minus 61 Grad ist Fort Yukon einer der *cold spots* Alaskas.«

Ich setzte meinen Bummel fort.

Komme an ziemlich ramponiert wirkenden Häusern vorbei, notierte ich später. *An der Rückseite des einen trocknet das Fell eines Schwarzbären. Löcher in der Holzaußenwand sind mit Blechplatten zugenagelt. Daneben sitzt auf einem Benzinfass ein Mann.*«

»Hallo.«

Er grüßte zurück. Ob er den Bären selbst geschossen habe, fragte ich. Er bejahte und bedeutete mir mit einer Handbewegung, mich zu setzen. An diesem Vormittag erfuhr ich von Larry, dem Nachfahren eines weißen Trappers und einer Gwich'in, unter welchen Bedingungen man in den exklusiven Klub handverlesener Alaskaner aufgenommen wird. Larry war schon morgens gut drauf und riss die zweite Bierdose auf. »Mein Frühstück«, meinte er und nahm einen kräftigen Schluck:

»Also, das ist so – zunächst musst du eine Flasche Whiskey austrinken, natürlich in einem Zug, ohne abzusetzen. Dann wird's schwierig ... nach altem Brauch müsstest du jetzt das

Herz eines Girls gewinnen. Hast du das geschafft, brauchst du nur noch einen Grizzly zu fangen und vor den Rat der Sourdoughs zu schleppen.« Er blinzelte wie ein Schelm zu mir rüber. »Nun ... eines Tages hatten wir da ein Greenhorn aus dem Süden. Der Bursche soff den Whiskey, als wär's Wasser. Dann verschwand er im Busch. Nach mehreren Stunden kam er zurück, sein Hemd zerrissen, die Hose nur noch in Fetzen. Fragend sah er in die Runde: ›Wo ist das Mädchen, das ich mit dem Lasso fangen soll?‹«

Tags darauf setzte ich meine Reise durch die Mäander des Yukon fort. Dessen Wasservolumen nahm erneut zu, denn von Norden ergoss sich der Porcupine River in den Yukon. Der Porcupine reizte mich als Paddelfluss schon lange. Über Zuflüsse wie Bell, Rat und Peel River stellt er die Verbindung zu Westkanadas größtem Flusssystem, dem Mackenzie River, her. Auch Pelzhändler und Abenteurer vergangener Zeiten nutzten die durchaus schwierige Route.

Der Porcupine ist bei normalen Wasserverhältnissen ein Fluss ohne allzu große Probleme. Doch man hatte mich jetzt vor ihm gewarnt; zurzeit führe er extremes Hochwasser. Die Turbulenz der sich unterhalb von Fort Yukon vermischenden Wasser sei nach der Schneeschmelze so stark, dass selbst große Motorboote in den Strudeln kentern könnten.

»Du da! Pass mit deinem Kajak am Porcupine auf!«, rief mir auch ein am Ufer arbeitender Athabaske hinterher. Ich winkte und schob mein Faltboot ins Wasser.

Als ich Fort Yukon verließ, lag meine Flusskarte auf dem Bootsrand vor mir. Doch der Versuch, meine genaue Position darauf zu lokalisieren, klappte nicht. Fast alle dort verzeichneten Inseln, Sandbänke und Niederungen hatte das Hochwasser in einen durchgehenden See verwandelt.

Flussnotizen: ... noch mal gut gegangen!

Der Yukon brodelt, als habe man unter ihm ein Feuer entfacht. Ständig zerplatzen Wasserblasen, riesige blubbernde Kreise bleiben an der Oberfläche zurück. Dann wieder rauscht er, als würden sich Stromschnellen über Felsen brechen. Es ist, als sei der Fluss in innerem Aufruhr, als habe er Mühe, sich seinem vorgegebenen Bett anzupassen.

Später Abend, feiner Nieselspray liegt in der Luft. Gespenstische Stimmung. Ich bin auf einem gut 300 Meter breiten Seitenkanal des Yukon. Meine Geschwindigkeit ist enorm hoch, die starke Strömung lässt mich Rekordzeiten paddeln.

1.22 Uhr morgens: Mein Yukon-Nebenarm nähert sich dem vier Kilometer breiten Hauptstrom, der durch den von Norden dazufließenden Chandalar River noch turbulenter, wilder und unberechenbarer geworden ist. Da! Vor mir – vielleicht noch zwanzig Meter entfernt – zwei Löcher im Wasser! Rasend schnell drehen sie sich. Glotzen mich wie tote Augen an. Mein Faltboot schießt genau auf sie zu – ein riesiger, kreiselnder Sog, in dem Äste und Baumstämme küseln. Einige verschwinden in der Tiefe des Yukon.

Das, wofür der Erzähler Minuten braucht, spielt sich in Sekunden ab. Die Löcher haben einen Durchmesser von zwei Metern. Ihre Tiefe: gut ein Meter, unten spitz zulaufend. Wenn ich in diese Wasserwirbel gerate und Glück habe, drehe ich mich die nächsten Stunden nur wie ein Pindopp auf der Stelle. Wenn ich Pech habe, wird mich der Sog samt Kajak nach unten reißen. Die Gedanken rasen durch mein Hirn ... Vor allem aber muss ich handeln.

Ich stoße mein Paddel ins braune Wasser, als wollte ich den Fluss zerteilen. Noch mal und noch mal! Bis auf acht Meter nähere ich mich dem ersten Loch. Ich muss aus dem Sog herauskommen!

Jahrelang habe ich Leistungssport betrieben. Habe viele Sommer im Kanu oder Kajak zugebracht. Meine Muskeln sind hart. Ob mir das jetzt etwas nützt? Ich ramme das Paddel erneut ins Wasser ...

Nur drei Meter vom ersten Sog entfernt gelingt es mir, den Bann zu brechen. Mit den kraftvollsten Paddelschlägen meines Lebens komme ich an ihm vorbei. Geschafft! Der zweite Strudel wird mir nicht mehr gefährlich.

Ich lehne mich zurück. Mir ist heiß; vor Erregung und vom Paddeln. Und mir ist übel. Feiner Regenhauch legt sich auf mein Gesicht und kühlt. Wie gut das tut ...

Lange nach vier Uhr morgens erreiche ich Beaver, einen Ort mit rund achtzig Einwohnern. Vor der kleinen hölzernen Presbyterianer Kirche schlage ich mein Zelt auf. Was für eine Nacht! Nie zuvor hat mein Leben so unmittelbar auf Messers Schneide gestanden. Etwa um die Zeit, als die ersten Stimmen im Ort laut werden, bin ich innerlich ruhig und auch müde genug, um einzuschlafen.

Zwischen Beaver und Alaska-Pipeline

Ein leises Winseln weckte mich. Vorsichtig schob ich den Kopf aus dem Zelt. Einen halben Meter von mir rekelte sich ein kleiner blauäugiger Husky, der sich von seiner Mama den Bauch lecken ließ.

Während ich mein Zelt abbaute, erschien ein Mann und bat mich, meinen Namen im *town office*, dem Bürgermeisteramt, zu hinterlassen.

Dort war gerade Dorfversammlung. 16 Personen saßen in einem großen Raum und diskutierten in einer Inuit-Sprache. Nachdem ich Namen und Anschrift in das offizielle Gästebuch eingetragen hatte, schlenderte ich zu dem einzigen Laden, der gleichzeitig *United States Post Office* ist. Über dem Postschild stand handgeschrieben auf einer Tafel: *Inuit Coop – Beaver/Alaska, seven Miles south of the Arctic Circle*.

Beaver gefiel mir; ein ruhiger und für den Norden erstaunlich sauberer Ort. Fast alle Häuser waren im Blockhausstil gebaut, dazwischen standen Vorratshütten auf Stelzen. Damit Meister Petz, bekannt als flinker Kletterer, nicht die Elchsteaks für den Winter stibitzt, hatte man die Pfosten mit Blech ummantelt.

Als ich von Beaver aufbrach, war der Himmel stark bewölkt. Das Paddeln gegen Wind und Wellen wurde zur Knochenarbeit, es kam mir vor, als habe der Yukon seine flotte Strömung eingebüßt. Der Himmel war jetzt noch finsterer als zuvor. Regen lag in der Luft.

Der Yukon zieht sich von Beaver kontinuierlich nach Südwesten. Den Breitengrad, den er bei Fort Yukon am Polarkreis erklommen hat, wird er bis zum Beringmeer nicht wieder erreichen. Aber warum nur musste er ständig in Serpentinen ausufern? Eben noch sieben Kilometer nach Südosten, dann ein Knick und parallel dazu fünf Kilometer zurück nach Nordwesten! Ich hatte das Gefühl, auf der Stelle zu treten. Unbeabsichtigt geriet ich nach sieben Stunden Paddelei in einen kilometerlangen *slough*. Die Strömung war hier zwar geringer als auf dem Hauptstrom, doch die lautstarke Präsenz der Vogelwelt entschädigte mich für die Mehrarbeit.

Dies war das Herz der Yukon Flats, einem vom *U.S. Fish & Wildlife Service* verwalteten Tierschutzgebiet von der Größe Nordrhein-Westfalens. Wie im Yukon-Kuskokwim-Delta wird auch hier vor allem der Lebensraum von Wasservögeln geschützt. *Subsistence hunting* ist dennoch erlaubt. Und da es unter dem Yukon Flats Basin große Öl- und Gasmengen gibt, sind entsprechende Begehrlichkeiten groß.

Dass Alaska reiche Ölvorkommen besitzt, ist spätestens seit der Förderung entlang der Prudhoe Bay und dem Bau der Trans-

Alaska-Pipeline bekannt. Zudem wurden in den 1970er-Jahren im Norden des Arctic National Wildlife Refuge, also entlang dem Porcupine River nördlich von Fort Yukon, riesige Erdöl- und Gasvorkommen entdeckt. Doch dieses Gebiet von der Größe Österreichs stand zu jenem Zeitpunkt bereits unter Naturschutz, was den Abbau verhinderte. Seit Jahren wird deshalb heftig für oder wider die Ausbeutung gestritten, auch weil die Wanderrouten der 160 000 Köpfe zählenden Porcupine-Karibu-Herde unterbrochen würden. Ein Kampf der Natur- und Tierschützer gegen die Ölgiganten: Das klingt nach David gegen Goliath. Doch auch die Organisationen der *Native Americans* wenden sich gegen die Pläne. Dennoch hob der frühere Präsident Bush die Restriktionen auf und wollte bohren lassen. Sein Nachfolger Barack Obama aber sah das anders und stellte den Naturschutz erneut in den Vordergrund. So weit die Zwischenbilanz einer jahrzehntelangen Kontroverse …

Seit Stunden hatte ich mein Boot nicht verlassen und hielt nach einem Anlandeplatz Ausschau. Aber wo? Die Ufer waren unterspült. Dort hochzuklettern, wäre gefährlich gewesen. Also paddelte ich weiter, ließ mich zwischendurch treiben und paddelte erneut. Die Stimmen der Wasservögel verliehen der Einsamkeit etwas Paradiesisches, wenn nicht gerade ganze Uferpartien samt Bäumen donnernd ins Wasser stürzten.

In meinen Flussnotizen schrieb ich:
Ich fühle mich wie ein winziger unbedeutender Punkt in der Endlosigkeit Alaskas. Langsam und unmerklich treibt dieser Punkt dahin. Rechts und links Hügel, unspektakulär, selten höher als 500 Meter, darauf dichte, undurchdringliche Wälder.

Manchmal verharre ich beim Paddeln. Meine Gesäßknochen schmerzen, und ich muss mich gelegentlich nach hinten lehnen, um den Po zu entlasten. Mein Unterleib ist durch die ungewohnt starre Haltung im Boot steif geworden. Doch meine Arme haben sich dem Paddelrhythmus prächtig angepasst wie auch meine innere Einstellung. Dies hier ist mein Leben!

Unzählige Vögel tirilieren, als nutzten sie diesen Moment der Stille, um sich Gehör zu verschaffen. Der Ruf einer Wildgans hallt wie ein Trompetenstoß über den Fluss. Leicht dreht sich mein Boot. Dunkle Wolken und Flecken hellen Himmels reflektieren im Fluss ...

Ich habe mich zusammengekauert, um dem kalten Wind wenig Angriffsfläche zu bieten. Ich friere. Gegen drei Uhr morgens wird es windstill. Um 3.30 Uhr geht die Sonne auf. Die Stunde zwischen der roten Dämmerung und der hereinbrechenden Helligkeit scheint unwirklich. Es ist, als würde das Leben im Sommer eine Gangart schneller ablaufen. Alles ist so vital. Vehement schießen die ersten Pflanzen aus dem Boden. Tote Gräser scheinen zu erblühen, und ich selbst fühle mich, als könnte ich Bäume ausreißen.

5.30 Uhr morgens im Camp:

Ein mächtiger Baumstamm zieht im Wasser an mir vorbei. Überhaupt ist hier eine ganze Menge Treibholz – für einen Paddler gefährlich viel! Zum Glück ist das Eis am Ufer jetzt verschwunden. Ich kuschele mich dicht ans Feuer. Eine Seite von mir ist wie geröstet, die andere lausig kalt. Laut lärmen Vögel im Fichtenwald.

Während ich diese Zeilen schreibe, ist es – wie zumeist nachts – völlig windstill. Zwei Möwen segeln über mich hinweg und schreien. Das Feuer ist niedergebrannt. Ich muss Holz auflegen. Ich sollte aufstehen, gehen und meinen Rücken entlasten, denn er schmerzt vom krummen Sitzen und vom kalten Wind.

5.50 Uhr morgens:

Das fahle Licht des neuen Tages liegt über dem Yukon Valley. Zeit, mein Zelt aufzubauen und etwas zu schlafen ... aber erst mal gibt's Frühstück!

6.45 Uhr morgens:
Ein echter Höhepunkte im Leben eines Flussreisenden: zwei dicke Scheiben Schinken in der Pfanne, dazu Knoblauch und Zwiebeln. Neben mir dampft ein Pott Kaffee. Die Belohnung dafür, dass ich die ganze Nacht hindurch gepaddelt bin.

Etwa bei der Siedlung Stevens Village verließ ich das Yukon Flats National Wildlife Refuge. Im Flussalltag änderte sich dadurch nichts. Am Ufer begrüßte mich eine Tonne mit der Aufschrift: *Keep Stevens Village clean*. Vor vielen der mit Wellblech gedeckten Hütten des Ortes türmte sich Holz. Der Winter ist hier lang. Die eichhörnchenhafte Bevorratung beginnt, sobald der Schnee taut. Auf einem Holzstapel lag ein Bärenfell zum Trocknen, daneben ein schwerer Außenbordmotor. Hinter der Hütte parkten Schneemobile.

Den »Supermarkt« des Ortes fand ich im hinteren Teil des Wohnzimmers eines Privathauses. Während ich meine paar Kleinigkeiten bezahlte, legte ich, um die Hände frei zu haben, meine Flusskarten auf den Stubentisch. Die junge Verkäuferin beugte sich darüber: »Hey, schau mal, hier an dieser Flussbiegung hat mein Bruder sein *fish camp*. Und hier am Little Dall River ist Cousin Bills Trapperhütte.« Ich schmunzelte. Fast war es so, als zeige jemand zu Hause auf den Stadtplan: »Dort in der Bahnhofstraße wohnt Tante Inge. Und hier, in der Adenauer Allee, hat Onkel Herbert seinen Frisiersalon.«

Hinter Stevens Village wurde der Fluss schmal, und in gleichem Maße nahm die Strömung wieder zu. Am späten Nachmittag erreichte ich eins der aufsehenerregendsten Ingenieurprojekte des 20. Jahrhunderts: die Trans-Alaska-Pipeline. Ich wollte hier ein oder zwei Tage bleiben und zog mein Boot ans Ufer.

Parallel zur Pipeline verläuft der Dalton Highway, eine Straße, die zum Transport der Versorgungsgüter zu den Ölquellen von

Prudhoe Bay am Arktischen Ozean gebaut wurde. Seit mehreren Jahren ist diese ehemalige *North Slope Haul Road* auch mit Privatfahrzeugen zu befahren.

Wegen des aufziehenden Sturms sicherte ich mein Zelt und schlenderte zu der im letzten Sonnenlicht golden schimmernden 760 Meter langen Yukon-Brücke. Der Himmel war wie eine dramatische Inszenierung, kräftige Winde peitschten die letzten Regenwolken fort. Der parallel zur Straße verlaufende schlanke Leib der 1300 Kilometer langen Trans-Alaska-Pipeline glänzte kalt. Wie ein Trennstrich zieht sie sich vom Arktischen Ozean bis zum eisfreien Hafen Valdez im Prince William Sound.

Unter der auf Stelzen stehenden Pipeline hindurch kehrte ich zu meinem Nachtlager am Yukon zurück, grillte meinen selbst gefangenen Hecht und lauschte dem Schmatzen und Glucksen des Flusses. Der Himmel war nach dem plötzlichen Unwetter wieder klar geworden, Sterne leuchteten, und der Mond stand als weiße Scheibe hoch über mir. Wildgänse trompeteten, ein Biber zog durchs Wasser.

Am darauffolgenden Vormittag hielt nicht weit von mir ein Campmobil. Sein Fahrer stellte sich als David vor – ein bärtiger, freundlich grinsender Geselle. Unten in den *lower 48* war er als Computerfachmann tätig gewesen, bis ihn das Alaskafieber überwältigt hatte. Er hängte die Büroklamotten an den berühmten Nagel und fuhr in die Eisbox Amerikas. Am Yukon baute er die erste Blockhütte seines Lebens.

»Mit eigenen Händen«, er lachte. »Und sie steht noch immer!«

David lud mich ein, ihn zu besuchen. »Ist ganz einfach zu finden – du fährst den Yukon aufwärts Richtung Beaver. Dann paddelst du den vierten Nebenfluss hoch, bis du zum zweiten Creek rechts kommst. Dem folgst du, bis du vor meiner Hütte stehst.«

Ganz einfach, dachte ich, so als würdest du jemandem den Weg durch München oder Hamburg beschreiben ...

Aber zunächst verabredeten wir uns für den nächsten Vormittag zu einer Spritztour auf dem Dalton Highway entlang der Pipeline.

Der Trip wurde für mich zur Berührung mit einer der kühnsten Ingenieurleistungen des 20. Jahrhunderts: In Spitzenzeiten arbeiteten hier 22 000 Menschen, Männer und Frauen, auch bei vierzig Grad minus. So entstand zwischen 1975 und 1977 in Rekordzeit eine Pipeline mit einem Durchmesser von 1,22 Metern, mit immensen Kosten über der Erde auf Stelzen verlegt, des Permafrostes wegen. In regelmäßigen Intervallen donnern Kontrollhubschrauber darüber hinweg. Trotz aller Vorsicht kommt es immer wieder zu Umweltverschmutzungen durch Lecks. Pipeline und Straße sind zudem Wunden im Körper der Natur, denn sie zerschneiden auch die Migrationsrouten der großen Karibuherden.

So wie der Alaska Highway rund 35 Jahre zuvor veränderte auch die Trans-Alaska-Pipeline das Land ... doch sie lenkte den Blick der Welt hierher! Für viele Menschen aus den südlichen Bundesstaaten ist das Öl ein Grund, nach Alaska zu kommen: Schließlich kassiert jeder *Alaskan resident* jährlich die bereits erwähnte Öl-Dividende von rund 1000 Dollar.

Bei Straßenkilometer 185 rollten David und ich über den *Arctic Circle*. Die Niederlassung Cold Foot passierten wir hundert Kilometer später. Um 1900 drangen Goldsucher bis hierher vor, bekamen aber kalte Füße: daher der Name. Auch wir kehrten hier um.

Bereits am nächsten Tag saß ich wieder in meinem Faltboot auf dem Yukon River.

Die Siedlung Rampart begrüßte mich mit einem tuckernden Frachtkahn, der die Nester am Yukon mit dem Lebensnotwendigen versorgt. Das Dorf selbst wirkte ziemlich heruntergekommen: Dutzende alte Öl- und Benzinfässer lagen da, verrottete

Kähne, demontierte Schneemobile, Holzabfälle. Ein kauziger Typ drückte sich an mich ran: »*Hi, I'm Jake. Where do you come from?*«

Er grinste breit, als er hörte, dass ich aus Deutschland sei. »*Germany* – da bin ich auch her.« Allerdings waren seine Vorfahren schon vor dem Amerikanischen Bürgerkrieg nach Minnesota ausgewandert. Während ich mit Jake plauderte, hatte das Heulen der Schlittenhunde zugenommen. »Einige Huskys gehören meinem Schwager«, meinte Jake beiläufig.

»Wofür braucht er sie?«, fragte ich.

»Er nimmt an Schlittenhunderennen teil!«

Manche dieser Huskys am Hang von Rampart waren hübsch gezeichnet, viele hatten wasserblaue Augen.

»Was kriegt die Meute denn zu fressen?«, fragte ich.

Jake sah mich von der Seite an. »Getrockneten Lachs, jeden Tag ein Pfund pro Hund.« Auf dem Weg zum Ufer bummelte ich an Hunderten solcher *dried salmons* vorbei. »Und zu Hause zahlst du drei Euro für hundert Gramm Lachs!«, dachte ich und schmunzelte. Dann ging ich zum Faltboot zurück; die Rampart-Stromschnellen drückten mir auf den Magen! Ich wollte sie endlich hinter mich bringen …

Abends ergänzte ich meine Flussnotizen:

Eine Stunde später brodelt das Wasser, überall Wirbel, blubbernd platzen Blasen. Ein paar Riesenfäuste packen mein Kajak, schütteln es – und so plötzlich wie er begann, ist der Spuk vorbei. Ich paddele bis weit nach Mitternacht, umschwärmt von Moskitos, die den Fremden aus Germany als willkommene Abwechslung betrachten.

Im Yukon fish camp

»Sperr die Augen auf«, schärfte ich mir ein. »Irgendwo am Südufer zwischen Rampart und Tanana liegt Bills *fish camp*.« Es gab hier mehrere *fish camps,* und ohne seine detaillierte Beschreibung wäre ich wohl daran vorbeigepaddelt.

Ich kenne Bill seit vielen Jahren. Wir hatten uns hier verabredet, ich wollte ihm beim Lachsfang helfen. Wie in einem breiten Panoramafilm sieht man von seinem Camp auf den Yukon. »Ein großartiger Fluss«, schwärmte Bill. »Aber die spektakulärsten Bilder gab's hier vorletztes Jahr, als sich beim Eisaufbruch haushohe Eisberge durchs Camp schoben. Eins meiner Räucherhäuser wurde plattgemacht, und die Campküche wurde meterweit in den Wald geschoben.«

Bills *fish camp* wirkte auf mich wie ein winziges Dorf. In einem geräumigen Zelt zerlegt er die Lachse. In zwei von vielen *fish camp*-Sommern geschwärzten Hütten werden die Fische geräuchert. Zwischen hohen Bäumen duckt sich das Blockhaus mit Kochstelle und Vorräten. An den Wänden hängen Töpfe und Pfannen. Auf selbst gezimmerten Regalen stehen Becher, Küchengeschirr und Wasserbehälter. Auf der Fensterbank liegt Bills »Bärentöter«, ein schwerer Revolver des Kalibers 44 magnum.

Jedes Jahr von Mitte Juni bis August zieht er vom Ort Tanana hier ins Camp. Einen wie Bill nennen sie hier »*Jack of all trades*« – Tausendsassa, Alleskönner und Überlebenskünstler. Das muss man hier auch sein, weil nicht pünktlich am Monatsersten der Gehaltsscheck ins Haus flattert.

Vorsichtig steuerte der hochgewachsene Mann abends sein Motorboot für die zweite Netzkontrolle an einer Sandbank vorbei, ein halbes Dutzend Huskys sah schwanzwedelnd hinter ihm her. Während der Bug des sieben Meter langen Bootes unruhig auf den Yukon hämmerte, spritzte Gischt hoch und legte sich als feiner Nebel auf unsere Gesichter.

»Irgendwann hast du raus, wo du die Netze setzen musst.« Bill zeigte zum Ufer.

»Auf ihren Wanderungen zurück zu den Laichplätzen müssen die Lachse sich gelegentlich ausruhen. Bestimmte Uferpartien mit einer zurückfließenden Strömung sind dafür geradezu prädestiniert. Und genau dort platzierst du die Netze.«

All dieses Wissen war dem Burschen aus Colorado nicht in den Schoß gelegt worden, als er vor mehr als einem Vierteljahrhundert nach Alaska kam. »Zunächst fünf wilde Jahre als Krabbenfischer in den Aleuten«, erinnerte er sich. »Es war verdammt kalt dort, stürmisch und lebensgefährlich.« Doch Bill hatte gutes Geld gemacht, das er in die Realisierung seines Traumes investierte: ein Blockhaus und die *trapline* zum Fallenstellen unweit des Yukon River.

Er drosselte seinen 80-PS-Motor und manövrierte das Boot parallel zu dem zweiten Netz, das wir an diesem Vormittag kontrollierten. »Momentan habe ich nur drei Netze im Wasser. Die kommerzielle Fangzeit hat noch nicht begonnen, deshalb fischen wir nur im kleinen Umfang *subsistence,* also für uns selbst.«

Doch die Tage des kommerziellen Fischfangs, in denen sich alles um den Lachs dreht, sind kurz: »Es hängt davon ab, wie lang das vom *Department of Fish and Game* geöffnete Zeitfenster ist.« Bill legte die Stirn in Falten. »In manchen Jahren sind das nur wenige Tage, gelegentlich auch zwei Wochen, je nachdem, wie groß das Lachsaufkommen ist, denn über allen wirtschaftlichen Interessen steht die Erhaltung der Art. Auch Kanada will, dass ausreichend Lachse bis dorthin durchkommen.

Vom *salmon run* hängt viel für uns ab. Aber es ist wie beim Roulette: Manchmal sind die Netze so schwer, dass ich sie allein nicht hochziehen kann, manchmal ist kaum was drin. Wenn wir Glück haben, verdienen wir in einer Woche ein kleines Vermögen, haben wir Pech, dann reicht es nicht mal, um die Raten für unsere Boote abzustottern.«

Mit einem guten Fang fuhren wir zurück ins Camp. Der Zeiger der Uhr ging auf Mitternacht zu, aber niemand war müde. Wir brutzelten gerade köstliche Lachsfilets, als das Dröhnen eines kleinen Flugzeugs die Stille durchbrach. Es kreiste über uns, dann wirbelte auf der Sandbank in der Mitte des Flusses Staub auf.

»Das ist Alex Tarnai. Der hat einen Riecher dafür, pünktlich zum Abendessen bei mir zu landen«, witzelte Bill. Wir stiegen ins Boot, fuhren hinüber zur Sandbank und begrüßten ihn.

Alex arbeitet als Buschpilot und Jagdführer, der Jäger zu Trophäenbären führt. Aber er ist auch Trapper. Den gebürtigen Ungarn zog es schon bald nach seiner Einwanderung in die USA nach Alaska an den Nowitna River: »Seitdem findest du mich hier«, meinte der hagere, stoppelbärtige Mann mit dem Aufdruck »*United States of Alaska*« auf der Schirmmütze.

Zehn Jahre hatte er mutterseelenallein in der Wildnis gelebt. Das erste Jahr, auch bei fünfzig Grad minus, nur in einem Zelt.

»Kannst du schöne Geschichten von damals erzählen?«, fragte ich. Alex schmunzelte:

»Hast du 'ne Woche Zeit?«

Dann plauderte er los: »Als ich damals am Nowitna River ankam, waren meine neuen Nachbarn offenbar begierig herauszufinden, mit wem sie es zu tun hatten. Jahrelang hatte sich ja kaum eine Seele dort blicken lassen. Eines Abends saß ich im Zelt. Das Feuer im Ofen bullerte, doch nicht so laut, dass ich das feine Knirschen draußen im Schnee überhören konnte. Plötzlich, fast unmerklich hob sich die Plane am Eingang, und die Schnauze eines Wolfes schob sich darunter hervor...«

Alex ist ein guter Geschichtenerzähler und ein guter Pilot. Er lud mich ein, ihn am kommenden Tag ins Nowitna National Wildlife Refuge zu begleiten.

»Auf 600 000 Hektar Fläche lebt dort im Sommer eine Viertelmillion Wasservögel. Aber auch Wölfe, Bären und Elche wissen die Gegend zu schätzen. Und für Kanuten ist der Nowitna River ein stiller Traum«, hatte Alex gesagt. Am nächsten Morgen kam er zurück, um mich in seinem Flugzeug dorthin mitzunehmen.

Ein paarmal sprang seine Einmotorige wie ein Ziegenbock über den Kies in der Mitte des Yukon, und schon waren wir in der Luft.

Alex drehte sich um: »Das ist ein Flug über völlig menschenleere Wildnis ... Merk dir ein paar Tipps für den Fall der Fälle: Da hinten liegen die Schlafsäcke, und hier steht das Gewehr!«

Zunächst folgte seine Maschine dem Yukon River, dann überflogen wir den Naturteppich der Taiga mit ihren wechselnden Grüntönen. Alex tippte an die Scheibe des Cockpits: »Hier beginnt mein Fallenstellgebiet. Wir könnten eine weitere halbe Stunde fliegen und wären immer noch über meiner *trapline*.«

Auf einer vom Frühjahrshochwasser etwas durchweichten Sandbank landeten wir. »Mein Zuhause am Nowitna«, sagte er. Ein paar flotte Handgriffe, und das am Ufer vertäute Kanu war startklar. Dann kletterten wir am Steilufer zu seiner Blockhütte hinauf. Dreißig Quadratmeter misst sie, etwa zwei Meter ist sie hoch. Die Wände sind aus soliden Baumstämmen, sechs Pfosten tragen das Dach. Das Blockhaus ist brechend vollgestellt mit Sägen, einem Flaschenzug, Schneeschuhen, Gewehren, Angeln, Werkzeugen, Paddeln, Küchenutensilien und einem Berg Lebensmittel.

Alex wies auf ein trichterförmiges Instrument. »Das ist ein *moose call*, mit dem man den Ruf eines Elchs imitiert. Vor ein paar Jahren hatte ich auf einer Jagdsafari ein verrücktes Erlebnis mit einem Lockruf, der wie ein verendendes Kaninchen klingt. Mein Jagdgast und ich lauschten in der Hoffnung, ein Fuchs würde leichte Beute vermuten und sich anschleichen. Wie konnte ich ahnen, dass stattdessen ein Kodiakbär den Ruf vernommen hatte! Er kam näher und näher. Unglücklicherweise saß ich mit dem Rücken zu ihm. Plötzlich sah ich, wie meinem Gast die Augen aus dem Kopf quollen. Dann stotterte er: ›Da ... ein Bär!‹«

»Ein toller Fluss für Angler«, schwärmte Alex, als wir am nächsten Morgen in seinem Kanu den Nowitna River entlangpaddelten. »Einen solchen Fischreichtum hast du noch nicht gesehen.« Er kramte eine Angel hervor, der Haken klatschte aufs Wasser. Beim zweiten Versuch schon straffte sich die Schnur. Alex lachte: »Wenn ich am Nowitna nicht spätestens beim dritten Wurf einen Zehnpfünder am Haken habe, werde ich ungeduldig.«

Zwei Tage später saß ich wieder in meinem Kajak.

Buschdörfer: Tanana und Ruby

Von Bills *fish camp* paddelte ich nach Südwesten. An Sixteenmile Island legte ich an und vertrat mir die Beine. Twelvemile und Sixmile Island ließ ich links liegen. In ein nur wenige Kilometer breites Bett gezwängt, streifte der Yukon hier die Ray Mountains im Norden. »Sei wachsam«, sagte ich mir. »Gleich wird der Tanana River den Yukon aufmischen. Halte dich rechts, damit du Tanana nicht verpasst!«

Tanana war bei meiner Ankunft in Festtagslaune:

»Du hast Glück, dass du Anfang Juni kommst«, sagte mir ein stämmiger Athabaske. »Denn da feiern wir drei Tage lang das Nuchalawoyya-Fest.«

Bei all den Aktivitäten hier fiel ich kaum auf. Gut so; ich setzte mich auf eine Bank und schaute zu. Da vergnügten sich Kinder beim Sackhüpfen und Eierfangen, die Erwachsenen mühten sich unter viel Gejohle beim traditionellen Tauziehen ab – mit dem Feuerwehrschlauch. Später würden noch ein Kanurennen und das traditionelle *arm wrestling*, Armdrücken, folgen. Das Highlight war der *Miss Nuchalawoyya Queen Contest*: Aus dem Kreis der bezaubernd hübschen jungen Athabasken-Frauen wurde die »Dorfkönigin« gewählt. Auch die in Fairbanks gekürte *Miss World Eskimo-Indian Olympics* war extra deswegen angereist.

Nuchalawoyya bedeutet »Ort, wo sich zwei Flüsse treffen«, und damit sind natürlich Tanana und Yukon River gemeint. »Aber im übertragenen Sinne ist das Fest auch eine Begegnung von Jung und Alt, »wo die Alten die Erfahrungen des Athabasken-Volkes an die nachfolgende Generation weitergeben«, sagte mir ein alter Mann, mit dem ich zwischen zwei Bechern dünnen Kaffees ins Gespräch kam.

»Tanana war für die Stämme schon immer ein Versammlungsplatz. Hier schlichtete man Streitigkeiten, hier feierte man«, sagte er.

Doch während ich diese Zeilen zu Papier bringe, denke ich auch daran, dass Tanana unlängst unter Schockstarre stand: Ein 19-Jähriger hatte zwei *Alaska State Trooper* erschossen, die seinen Vater wegen eines Vergehens verhaften wollten.

Ich kam mit Bill White ins Gespräch, einem hageren Mohawk aus dem amerikanischen Osten, der für eine der hier landenden Airlines arbeitet. Auf einer Yukon-Paddeltour hatte er sich in diesen Ort verliebt und war hier hängen geblieben. »Ich bin gerade auf dem Weg zu Mary Starr«, sagte er. »Wenn du Lust hast, komm mit auf eine Tasse Kaffee zu ihr.« Mary, eine der wenigen Weißen im Ort, hatte sich schon mit 18 Jahren in Alaska niedergelassen. »Ich habe acht Kinder, fünf eigene und drei angenommene«, sagte sie, während sie Kaffee in große Becher füllte. Ihr Mann Paul, ein *full-blood Athabascan,* hatte jahrelang im Sommer auf Flussfrachtern gearbeitet. Vor nicht allzu langer Zeit war er gestorben.

Ich sah mich im Raum um und entdeckte einen gut drei Meter langen Speer. Mary folgte meinem Blick. »Pauls Großvater hat ihn noch zur Bärenjagd benutzt.«

Nach dem Trubel in Tanana war die Stille auf dem Fluss später fast körperlich zu spüren. Wo auf meiner Flusskarte die Siedlung Kokrines eingezeichnet war, betrat ich eine Ghosttown. Die Häuser waren verfallen, einzig der alte Friedhof war noch erkennbar. Ich bummelte entlang überwachsener Gräber, zwischen denen kleine Häuschen für die Seelen der Verstorbenen standen. Vor manch einem Grab lagen Opfergaben für den langen Weg ins Jenseits: Zigaretten, Essen, Blumen. Auf einem Grab sah ich einen Stein mit der knappen Inschrift: »Häuptling Josef, gestorben 1920«.

Langsam ging ich zu meinem Faltboot zurück. Die Dornen der Stachelbeersträucher, die die Menschen hier einst erfreuten, kratzten an meiner Hose. In ein paar Jahrzehnten würde nichts mehr an Kokrines erinnern.

Während der Morgenstunden des folgenden Tages ergänzte ich meine Flussnotizen:

Abends stürmt es fünf Stunden lang; Wind fährt ins Wasser, bauscht die Strömung auf und macht mir das Paddeln zur Qual.

Nach zwölf Stunden Paddelei lege ich gegen zwei Uhr morgens an einer kleinen Insel an. Von Mitternacht bis zu meinem Anlanden hatte die Sonne rot hinter den Bergen gestanden. Ein wunderbares Bild. Wäre ich doch ein Maler, um diese Bilder, diese Farben, aber auch meine Empfindungen einzufangen und wiederzugeben ... Danach wechselte das Wetter – es wurde kalt. Jetzt sitze ich drei Meter über dem Fluss auf einem umgestürz-

ten Baumstamm und blicke aufs Wasser. Meine Finger sind steife Krallen. Der Himmel ist jetzt mit Grau überzogen.

Zu meiner Linken befand sich das riesige Nowitna National Wildlife Refuge, das ich schon kurz bei meinem Flug mit Alex Tarnai kennengelernt hatte. Auch dies eins der Naturparadiese, die 1980 auf Initiative der Carter-Regierung unter Schutz gestellt worden waren. »Während der großen Eiszeit vor Tausenden von Jahren war hier ein Rückzugsgebiet für Wollhaarmammuts und nomadisierende Jäger«, lese ich in der Broschüre des *U.S. Fish & Wildlife Service* über das Nowitna-Schutzgebiet. Natürlich gibt es heute hier auch Wölfe, Bären, Elche, Luchse, Karibus und Vielfraße. So wie im Sommer abertausend Trompeterschwäne, Gänse und Enten. Doch das bestens an die Kälte angepasste Wollhaarmammut schaffte es nach der Erderwärmung nicht bis in die Gegenwart ...

Als ich hinter einer Insel namens Clay Island das markante Steilufer der *Palisades* erreichte, nahm ich einen schweren, erdigen Geruch wahr. Regen und die gefährlich steile Abbruchkante hielten mich in diesem Labyrinth der Wasserarme und Inseln davon ab, anzulegen und eine Entdeckungsreise in die Vergangenheit zu machen. Dieser Flussabschnitt trägt den Spitznamen *boneyard*: Knochenfriedhof. Von Hochwasser und Regenfällen wurden an den Uferbänken Knochen und Stoßzähne von Mammuts freigelegt. Aber da mein Boot gerade mal so groß war, dass ich mich ausstrecken konnte, hätte ein noch so schöner Stoßzahn mein Platzproblem nur noch verschärft. Also paddelte ich ganz entspannt am *boneyard* vorbei ...

Nachts prasselten kurze schwere Unwetter auf mich nieder. Dann riss der Himmel auf, und plötzlich tauchte die Morgensonne das Land in weiches Licht. Lautlos trieb ich auf die Siedlung Ruby zu. Noch war kein menschlicher Laut zu hören – selbst die Schlittenhunde waren ruhig. An diesem stillen Morgen fiel es mir angesichts der relativ wenigen Häuser schwer, mir vorzustellen, dass Ruby zwischen 1911 und 1912 nach einem hitzigen Goldboom fast 3000 Menschen beherbergt hatte. Schaufelraddampfer legten an, und es wurde hier sogar eine Zeitung gedruckt. Doch schon 1918 zogen die Goldsucher weiter. Was an Gebäuden nicht abgebaut und weitertransportiert worden war, zerstörte das Hochwasser von 1931. Kaum einer lebte hier, bis die Einwohner von Kokrines zuzogen. Die meisten hier sind Athabasken, einer der wenigen *whites* ist Wolf, der »Mann vom Yukon«, wie er sich nennt.

»Das gehört alles mir. Ohne Straßen, Ampeln und Verkehrsstaus.« Mit einer weit ausholenden Handbewegung zeigte er über den großen Fluss. »Jetzt verstehst du sicher, weshalb ich damals auf der Suche nach der großen Freiheit hier hängen geblieben bin.«

Wolfgang Hebel, den alle hier Wolf nennen, der Künstler aus Ruby, lächelte. Freiheit hat er am Yukon gefunden, auch den weiten Blick... Etwas, worum ihn die ehemaligen Kumpel in seiner alten Heimatstadt Braunschweig auch heute noch beneiden, wie er sagt.

»Dann und wann verirrt sich mal einer von denen zu mir.«

Im Winter sieht er von seinem Haus aus, wie für ein paar Stunden die Nordlandsonne den Horizont in strahlendes Rot taucht, bevor die lange Nacht erneut anbricht. Im Sommer scheint auch um Mitternacht die Sonne in die Fenster seines Blockhauses, von dem er stolz sagte: »Alles mit eigenen Händen erbaut.«

In der Küche sucht man vergebens nach Einbauschrankwand und Küchen-Hightech. Stattdessen hängen an den Wänden schwere Pfannen. Auf einem Regal steht ein Zwanziglitereimer mit Trinkwasser. Neben Schnitzereien aus Elchgeweihen und Mammutstoßzähnen entdeckte ich Dosen mit Nürnberger Lebkuchen und Bierdeckel von Wolters Pilsener.

Seit vielen Jahren lebt Wolf am Yukon.

»Ende der 1950er-Jahre, ich war gerade Anfang zwanzig, packte mich die innere Unruhe. Zwar hatte ich in Deutschland einen guten Job als Glasbläser, zukunftssicher, wenn du so willst, doch ein paar Jahre später wanderte ich nach Kanada aus. Zunächst reiste ich durch die südlichen US-Staaten und jobbte. 1967 kam ich mit einem alten klapprigen Auto in Alaska an. Die erste Zeit war hart«, erinnerte sich Wolf. »Für Glasbläser gab es überhaupt keine Jobs. Aber da ich einen Hang zum Künstlerischen habe, zierten meine Karikaturen schon bald Nachtlokale und einen Offiziersklub. Eine Lady ließ sich von mir sogar einen bengalischen Tiger im Badezimmer malen.«

Doch deshalb war er nicht nach Alaska gezogen. »Bald lernte ich Alice kennen, ein Inupiad-Mädchen aus Nome. Später wurde sie meine Frau. Doch das ahnte ich damals noch nicht, als wir beschlossen, auf dem Yukon quer durch Alaska zu paddeln.« Wolf lächelte. »Und wie du siehst, hat mich der Fluss seitdem nicht mehr losgelassen.« Seine Nachbarn sind Trapper und Lachsfischer. Doch anders als sie lebt er vom Verkauf seiner Handarbeiten. »Lass uns was Anständiges essen«, sagte er, nahm eine Eisenpfanne vom Regal, goss Öl hinein und begann Pfannkuchen zu backen.

»Mein erster Yukon-Trip mit Alice war eine Kette von Abenteuern. Ich denke da besonders an eine Geschichte...« Er schmunzelte.

»Es war oberhalb der Siedlung Beaver in den Yukon Flats. Es herrschte große Hitze, und wir hatten am Ufer ein Nickerchen gemacht. Als ich aufwachte, war unser Kanu weg – wir hatten es zu dicht an der Strömung zurückgelassen. Ich griff nach meiner Winchester und rannte flussabwärts hinterher. Plötzlich erstarrte ich. Dort, wo ich hinwollte, war eine mächtige Bärin. Sie stieg aus dem Fluss, schüttelte sich, dass das Wasser in langen Fontänen aus ihrem dicken Pelz flog, und sah zu mir rüber. Ich war in diesem Moment nicht zu Späßen aufgelegt und brüllte, sie solle sich zum Teufel scheren, wobei ich wild mit dem Gewehr fuchtelte. Ob die Bärin wohl gedacht hat: ›Der ist tatsächlich verrückt genug, dir eins auf den Pelz zu brennen‹? Ich weiß es nicht. Jedenfalls verschwand sie. Um es kurz zu machen«, Wolf blickte mich unschuldig an, »irgendwann gab ich es auf, dem Boot zu folgen. Meine Fußsohlen waren wie rohe Frikadellen, und das Wasser war zu kalt, als dass ich hinter dem Boot hätte herschwimmen können. Ich ging zurück zu Alice. Die sah mich an, als wäre ich von den Toten auferstanden ... Kurz nachdem ich verschwunden war, hatte sich auch bei ihr ein Bär eingestellt. Jedenfalls saß Alice vor einem hoch auflodernden Feuer und hatte sich meinen Revolver umgeschnallt.«

Wolf stand auf und goss heißen Kaffee nach.

»Mit den wenigen Dingen, die wir hatten, bauten wir ein kleines Floß und trieben den Yukon abwärts. Immer wieder blieben wir auf Sandbänken stecken, und es dauerte oft lange, bis wir das Ding wieder Klarschiff hatten. Dann hörte ich dieses unvergleichlich herrliche Geräusch: das Brummen eines Motorboots! Ich ballerte mit der Winchester in die Luft. Das Boot kam, groß war das Hallo. Es waren zwei Männer aus Beaver. Man suchte bereits nach uns, nachdem unser Kanu samt Inhalt angetrieben worden war. Um etwas über uns herauszufinden, hatte man unser Gepäck durchgesehen und mein Tagebuch gefunden. Darin stand, dass wir George füttern würden. ›George muss ihr Baby sein‹, sagten sie sich und sorgten sogar dafür, dass die Polizei eine Suchaktion einleitete. Ich konnte mir ein Grinsen nicht verkneifen, als ich ihnen sagte: ›George ist meine zahme Eule.‹ Einer der beiden brüllte vor Lachen: ›Das muss ich unserem Häuptling erzählen ... der heißt auch George!‹«

Wolf und Alice erreichten die Mündung des Beringmeeres nicht. Stattdessen blieben sie zunächst in Kokrines und später in Ruby hängen.

»Heute ist Kokrines ein Geisterort, der nur noch auf ganz wenigen Karten erwähnt wird. Als wir damals dort ankamen, wohnten lediglich Frank und Josephine Titus dort, zwei alte Athabasken. Mir gefiel dieser verwunschene Ort, und so kehrte ich im nächsten Jahr zurück, um dort als Trapper zu arbeiten. Alle hielten mich für verrückt: ›Kokrines ist verhext‹, hieß es. In der Tat, vor Jahren, als der Ort noch bewohnt war, wurde hier viel gesoffen, gepokert, geschossen und geprügelt. Der Pfarrer des Dorfes wetterte dagegen, und als Rowdys in seine Kirche eindrangen und sich mit Messwein betranken, verließ er den Ort mit den Worten: ›In diesen Straßen wird bald schon Gras wachsen ...‹«

Wolf wurde nachdenklich.

»Die Auseinandersetzungen nahmen zu, letztlich kamen vier Männer bei Schießereien ums Leben. Ein anderer hatte seinen eigenen Bruder umgebracht und sich danach erhängt. Über dem Ort liegt ein Fluch, sagten die Einwohner und verließen Kokrines. Viele siedelten sich in Ruby an.«

Wolf blickte gedankenvoll aus dem Fenster auf den Yukon.

»Ich lernte sehr viel vom alten Frank Titus. Aus ihm sprach die Weisheit seines Volkes. Auch als er mir anvertraute: ›Um einen Elch zu erlegen, musst du beginnen, wie ein Elch zu denken ...‹«

Greenhorn Wolfgang machte sich das zu eigen und wurde über die Jahre ein waschechter Busch-Alaskaner. Als wir uns verabschiedeten, sagte er: »Solange Bären, Elche und Wölfe ihre Fährten im Uferschlamm des Yukon hinterlassen, wirst du mich hier finden.«

Ich legte von Ruby ab und fuhr an Melozi Island vorbei nach Westen. Ein eisiger Wind pfiff. Ich hielt mich im Windschutz des nördlichen Ufers, genoss es aber, mich warm zu paddeln. Dabei wanderten meine Gedanken zurück zu jener eisigen

Nacht, als ich mit meinen Schlittenhunden während des Iditarod-Rennens erstmals in Ruby eingelaufen war. Der kleine Ort hatte bei vierzig Grad minus wie erstarrt dagelegen. Über den Holzhäusern kräuselte sich der bläuliche Rauch von Birken- und Fichtenholzfeuern. Unwirkliche, verzaubert wirkende Bilder, die ich bis heute nicht vergessen habe ...

Ein um das andere Jahr ist Ruby einer der Checkpoints des Iditarod-Rennens. Hier werden Zeiten genommen, Etappensiege gefahren, hier zerbricht auch die eine oder andere *musher*-Hoffnung. Dick eingemummelte Männer und Frauen wuselten durch den kleinen Ort. In Bärten und an Augenwimpern hingen Eisklümpchen. Tag und Nacht liefen die Teams ein, während andere den Ort bereits verließen. Denn das Ziel des Iditarod, Nome am Beringmeer, ist von hier aus noch sehr weit weg!

»Die Anfänge des Iditarod-Schlittenhunderennens liegen im Jahr 1925«, hatte mir vor Jahren Joe Redington senior gesagt. Jeder in Alaska kennt den Namen des *Father of the Iditarod*.

»Kurz zuvor hatte ein gewisser Dr. Welsh in der Goldgräberstadt Nome Fälle von Diphterie diagnostiziert. Wie konnte das rettende Serum in die Stadt am Berigmeer gelangen? Das war in diesem klirrenden Winter 1925 die zentrale Frage. Die einzigen Flugzeuge, die für den Serumtransport infrage gekommen wären, standen in Fairbanks, wo man sie für den Winter eingelagert hatte. Kurzerhand entschied der Gouverneur, eine Stafette der schnellsten Hundeteams Alaskas zu bilden und das Serum über den Iditarod Trail, den Winterpfad von Goldgräbern, nach Nome zu transportieren. Acht Tage nach dem Start erreichte das Serum die knapp 1100 Kilometer entfernte Stadt. Nome war gerettet.«

So weit die Geschichte, die Joe mir in seinem Haus in Knik, unweit von Anchorage, damals erzählt hatte. Er selbst gehörte Anfang der 1970er-Jahre zu einer Gruppe unternehmungslustiger Leute, die es sich in den Kopf gesetzt hatten, dieses Serumrennen als sportliches Ereignis wieder aufleben zu lassen. Mit Erfolg! Das Iditarod-Schlittenhunderennen war geboren.

Der in Oklahoma aufgewachsene Redington, Sohn eines Cowboys und einer *Outlaw Lady* (»meine Mutter war eine Gesetzlose, ich habe sie nie kennengelernt«, hatte er mir anvertraut), starb hochbetagt 1999. Der Gouverneur von Alaska ordnete an, die Staatsflagge auf Halbmast zu setzen ... Joe hatte das Iditarod zu einem weltweit bekannten Markenzeichen für Alaska gemacht.

Gedanken am Lagerfeuer

Das Unwetter, das sich am Spätnachmittag mit an Atompilze erinnernden Wolken angekündigt hatte, blieb aus. Nach dem Abendessen saß ich einige Zeit am Feuer und schaute in die Flammen. Die Mitternachtssonne würde gleich für kurze Zeit abtauchen. Die Wolken über mir waren prall und rot, der Wind hatte gedreht, kam jetzt von vorn und blies den Rauch des Lagerfeuers auf mich. Meine aufgerissenen Hände schmerzten, die Augen brannten, ich hustete.

Ja, es gibt gelegentlich Momente, in denen ich mich frage: Warum sitzt du hier im Dreck?! Warum paddelst du an einem bleigrauen Regentag allein auf dem stürmischen Yukon? Mit kaputten Fingern, spröden Lippen und vom Wind geschwollenem Gesicht? Ein Abenteuer, bei dem die Kunst der Beschränkung und Improvisation Alltag ist? Beim Holzbrechen fürs Lagerfeuer war mir vorhin ein Splitter in die Hand gedrungen. Blutstropfen kleckerten jetzt beim Schreiben meiner Flussnotizen aufs Papier.

Einen Moment lang huschten mir solche Gedanken durch den Kopf wie: Zu Hause hast du Zentralheizung, Elektroherd, einen vollen Kühlschrank und saubere Klamotten. Hier plumpsen dir Holzbrösel, Ascheparticel und Moskitos in den Kaffeebecher. Der Toast qualmt über den Flammen. Wird so schwarz wie deine Hände, von den Trauerrändern um die Fingernägel gar nicht zu sprechen.

»Warum tust du dir das an?«, fragen manchmal auch jene Freunde, von denen ich eigentlich denke, dass sie mich verstehen – und dann doch wieder nicht ...

Für sie wie auch manche aus meiner Familie bin ich ein Exot, der offenbar Gefallen daran findet, sein Frühstücksgeschirr im selben schlammigen Fluss zu waschen, in dem er gestern Abend eins seiner seltenen Bäder genommen hat.

Nein – darum reiße auch ich mich nicht. Das sind unvermeidliche, aber akzeptierte Rahmenbedingungen für das, was Fluss, Berge, Wildnis, Tiere und Menschen mir als positives Feedback geben.

Vor Jahrzehnten schrieb ich einmal aus Zentralafrika meinem Vater, der damals nicht verstehen wollte (oder nicht konnte), dass ich aus der geordneten, wohlgefügten Welt (seiner Welt) ausstieg und auf alle vorprogrammierte Ordnung und Sicherheit pfiff:

»Die Facetten dieses Lebens sind zu schön, zu intensiv, zu bunt, als dass ich sie nur als bezugslose anonyme Bilder auf der Mattscheibe der häuslichen Flimmerkiste erleben möchte.«

Mein Vater ist längst verstorben, aber wir hatten uns zuvor ausgesöhnt! Der klassische Vater-Sohn-Dialog erbrachte den notwendigen Kompromiss: Er verstand (einigermaßen), dass ich meinen Weg gehen musste. Ich verstand ihn, der mit 19 in Schützengräben an der Ostfront gelegen hatte und nun vor allem (auch meine) Sicherheit wollte. Juliana und ich bastelten, was ich damals bereits unseren »Lebenskompromiss« nannte. Er beinhaltet eine ganze Menge von beidem. Zum einen die Suche nach dem Abenteuer, dem Neuen hinter der nächsten Ecke. Doch ich bin auch hinreichend Sohn meines Vaters, der sowohl die Wildnis wie den Großstadtdschungel mit der Vorsicht eines Bären auf dem Tundratrail durchstreift... Unter dem Strich haben Juliana und ich uns gut durchs Leben geschlagen. Seit wir vor 45 Jahren ins weltweite Abenteuer aufbrachen, funktioniert unser Modell – das für jemand anderen vermutlich kaum passen würde...

Als ich unlängst über kanadische Pelzhandelsrouten, insbesondere auf dem Mackenzie River, recherchierte, fiel mir das Zitat eines Voyageurs in die Hände. Er war einer dieser legendären Kanumänner, die als Nachfolger der »Waldläufer«, der *coureurs des bois,* um 1800 für die North West Company in großen Birkenrindenkanus die westkanadische Wildnis durchquert hatten:

»Vierundzwanzig Jahre hab ich als Kanumann gepaddelt«, schrieb er. »Keine Portage war mir zu lang, fünfzig Lieder hab ich singen können. Heute bin ich ein alter Mann... Aber ich bereue keine Stunde meines Lebens. Es gibt nichts, was dem Leben eines Voyageurs gleicht.«

Das hätte ich gern noch meinem Vater gesagt...

Elchbesuch

Anderntags erreichte ich Galena. Ich bummelte durch den Ort, wo sich während des Kalten Krieges eine U.S. Air Force Base befunden hatte. Mit dem Abzug des Militärs begannen wirtschaftlich schwere Zeiten. Aber nichts ist vergleichbar mit der Katastrophe, die Galena unlängst Ende Mai erlebte: Bei der Schneeschmelze zerbrach ein *ice jam*, ein Berg in sich verkeilter Schollen, der einen riesigen Eiswall gebildet hatte. Die nachfolgenden Fluten und die durch den Ort driftenden Eisschollen zerstörten mehr als hundert Häuser, etwa die Hälfte aller Gebäude in Galena. Von den fast 500 Einwohnern wurden 300 per Flugzeug evakuiert. Es wird Alaska Millionen kosten, die Straßen und öffentlichen Einrichtungen wiederherzustellen sowie neue Stromleitungen zu ziehen. Das wohlhabende Alaska wird das wegstecken können, die Menschen hier – fast alle nicht versichert – aber nicht!

Unterhalb Galenas war die Strömung stark, doch wohlbehalten kam ich um *Yistletaw* herum, einen scharfen Knick des Flussbettes, vor dem man mich wegen gefährlicher Strudel und kreisender Baumstämme gewarnt hatte.

Gegen Abend blies ein starker Wind aus wolkenlosem Himmel. Die Wellen gingen hoch und spritzten über meine Bootsspitze. Ich schlug mein Nachtlager auf; es wurde ein geselliger Abend der besonderen Art: Ein Biber zog dicht an mir vorbei, ungeniert untersuchte eine fette, rotnasige Ratte mein Gepäck. Es ging auf fünf Uhr morgens zu, als ich in den Schlafsack kroch.

Mittags erreichte ich Nulato. Fast schnurgerade zieht sich der Yukon von hier aus gut zwanzig Kilometer nach Südwesten. Ausgerechnet dort, wo ich am ungeschütztesten war, packte mich ein starker Gegenwind. Trotz des Spritzdecks wurde ich nass. Und so war ich heilfroh, als die Siedlung Kaltag endlich am Ufer auftauchte.

Einige Bewohner beobachteten mich beim Vertäuen meines Bootes. Der Ort wirkte grau und unscheinbar. Mit ein paar Männern, die gerade eine Sammelstelle für Fischeier bauten, plauderte ich über Belanglosigkeiten. Doch Kaltag ist kein Ort, der sich tief in die Erinnerung eingräbt, wenngleich auch hier ein Stück amerikanischer Geschichte geschrieben wurde. Zwischen 1865 und 1867 war dies das Basiscamp für einen Bautrupp, der aus Washington den Auftrag erhalten hatte, ein neues Telegrafenkabel durchs Beringmeer nach Sibirien zu verlegen. Später sollte es an das europäische Netz angeschlossen werden. Das Unterfangen war ein Flop, denn ein anderes Unternehmen war mit dem weitaus profitableren Transatlantikkabel von Amerika nach Europa schneller gewesen. Trotz allem hatten die Männer des Bautrupps in Nulato allen Grund zu feiern: In jenem Jahr 1867 kauften die USA Alaska von den Russen.

Nachts ging plötzlich ein Ruck durch mein Zelt. Kräftiges Schnaufen drang an mein Ohr, und sofort war ich hellwach! Ein Grizzly? Das Tier war höchstens zwei Meter von mir entfernt. Zweige brachen ... und immer wieder dieses Schnaufen! Ich tastete mich an den Reißverschluss, öffnete ihn Millimeter für Millimeter – und erblickte unmittelbar vor mir einen mächtigen Elch. Er schaute nur kurz irritiert auf, entfernte sich ein wenig – und äste friedlich weiter.

Sonne und ungewohnte Wärme jagten mich morgens aus dem Zelt. Schon fielen Moskitos über mich her. Froh darüber, auf dem Wasser den Plagegeistern entronnen zu sein, empfand ich das Paddeln als reine Wohltat. Das gleichmäßige, vertraute Auf und Ab des Holzes, das windmühlenflügelhafte Drehen der Arme und immer wieder dieses »Pitsch, Pitsch«. Mehr Abwechslung brauchte ich nicht.

Nachmittags hörte ich Motorenlärm. War das Anvik?

Die kleine Niederlassung liegt verborgen an der Mündung des Anvik River. 1887 hatten Missionare hier die *Christ Church Mission* errichtet. Noch vor hundert Jahren war Anvik ein geschäftiger Ort gewesen; Schaufelraddampfer legten an und nahmen Holz für ihre gefräßigen Maschinen auf. Die *sternwheeler* brachten auch Händler, die Pelze und Fisch aufkauften. Doch lange schon ist es still hier. Die wenigen heutigen Einwohner leben von *subsistence*.

Das Erste – zugleich auch das Eindrucksvollste –, das ich vom Ort wahrnahm, war ein Gebäude mit der Aufschrift »Hotel«.

Während ich mein Kajak zwischen Motorbooten vertäute, kam der Hotelbesitzer, ein hagerer Mann, auf mich zu und begrüßte mich mit Handschlag: »*Hi, I am Jim.*« Anvik hatte zwar nur noch hundert Einwohner, doch Jim behauptete, es sei der prächtigste Ort am ganzen Yukon. Ich ging ins Hotel und füllte meine Wasserflaschen auf. An der Bar saß ein Mann mit zerknittertem Gesicht, der hartnäckig behauptete, schon neunzig Jahre alt zu sein. Für das Alter aber stemmte er die Bierdose noch recht sportlich …

Der Tag war klar und sonnig gewesen. Umso überraschender kam der Wetterumschwung; es begann zu stürmen. Flussaufwärts meinte ich Gischt und Stromschnellen zu erkennen. Merkwürdig – niemand hatte *rapids* erwähnt. Ich hielt mich ans rechte Flussufer. Doch ein Anlegen war unmöglich, ähnlich wie in Mangrovensümpfen standen die Bäume hier tief im Wasser. An einer erhöhten Stelle fand ich endlich im Moos einen leidlich festen Platz. Kaum stand mein Zelt, brach auch schon ein Gewitter los.

Die Stromschnellen unterhalb meines Camps entpuppten sich anderntags als harmlose Wirbel, hervorgerufen von Sandbänken unmittelbar unter der Wasseroberfläche. Der Sturm hatte morgens nachgelassen, nur dann und wann regnete es noch. In Höhe der 300 Einwohner zählenden Siedlung Holy Cross riss der Himmel auf. Schlagartig wurde es heiß.

Eigentlich wollte ich in Holy Cross anlegen, schon des klingenden Namens wegen. Doch es kam anders.

Ich hatte gerade das südliche Ende von Salmon Island erreicht, als sich drei Motorboote aus dem flimmernden Dunst über dem Wasser schälten und auf mich zurasten. Fünfzig Meter vor mir drosselten die Fahrer ihre Motoren. Die letzten Meter fuhren sie im Schritttempo. Ich zählte fünf junge Männer. Sie grüßten.

»Wir sahen vom Ufer aus ständig ein Blitzen und konnten uns keinen Reim darauf machen, deswegen wollten wir mal nachschauen.« Offenbar hatten meine Paddel wie Spiegel reflektiert.

By the way, da wir schon hier sind, können wir dir ja was Anständiges zu trinken anbieten.«

Einer förderte eine Cola-Dose und eine Flasche Rum zutage.

»Halt, nicht so viel Rum, ich muss heute noch paddeln!«

»Ach ... heute ist Vatertag, das muss gefeiert werden!«

»Ist einer von euch schon Vater?«

Grölendes Lachen als Antwort.

Billy Newman, ein stämmiger, schwarzhaariger Bursche, lud mich zu einem Besuch im *fish camp* seines Vaters ein. »Da fahren wir jetzt hin.«

»Okay, und wie finde ich das Camp?«

Billys Bruder Evan, ein stiller Typ, der die ganze Zeit an einem Sprechfunkgerät geschraubt hatte, sah auf: »In etwa einer Stunde wirst du kurz hinter einer großen Insel am rechten Ufer einige Holzhütten sehen. Das ist unser Camp.« Diese Beschreibung war etwas vage, aber mithilfe meiner Karte lokalisierten wir den Punkt.

Wir trieben noch eine Weile gemeinsam auf dem Fluss. Billy erzählte, dass er eigentlich in Kotzebue, einer Kleinstadt an der Schnittstelle zur Tschuktschensee, lebe. »Aber da letzten Donnerstag hier für zwei Wochen der kommerzielle Lachsfang begonnen hat, bin ich gekommen, um Vater zu helfen.«

»Sag mal, Billy, du bist extra von Kotzebue hierhergeflogen, nur um ein paar Tage lang Fische aus dem Wasser zu ziehen – lohnt sich denn der Aufwand?«

Er lachte: »Im letzten Jahr haben wir innerhalb von zwei Tagen Lachs im Wert von 20 000 Dollar aus dem Yukon geholt.« Aber Billy machte auch klar, dass es keine Garantie für ein gutes Geschäft gibt.

»Wenn du magst, kannst du mich heute Abend beim Einholen der Netze begleiten!« Das klang wie Musik in meinen Ohren.

Maurice, der Lachsfischer vom Yukon

Das *fish camp* der Newmans befand sich unterhalb des Tabernacle Mountain. Ich hatte das Camp noch nicht ganz ausgemacht, als ein schweres Motorboot vom Ufer her in voller Fahrt auf mich zuschoss. Darin saß ein älterer kleiner Mann, der mir zuwinkte.

»Ich bin Maurice Newman. Meine Söhne Billy und Evan haben von dir erzählt. Ich habe dich von Land aus beobachtet... du hältst dich zu dicht am Ufer!«

»Weil ich euer Camp gesucht habe.«

»Siehst du die kreiselnden Baumstämme? Dort sind Strudel!« Maurice deutete in Richtung des Ufers.

»Ein verdammt tückisches Wasser. Wenn du mit deinem Kajak da hineingerätst, brauchst du Glück, Kraft und viel Zeit, um wieder rauszukommen.«

An Land folgte ich Maurice Newman in seine Blockhütte. Ein kleines Gebäude mit nur einem Raum: Küche, Wohnzimmer und Schlafstelle für die ganze Familie in einem. An der Wand lehnten Gewehre. Evan sah kurz auf, lächelte und wandte sich wieder einem zerlegten Bootsmotor zu. Es herrschte ein tolles Durcheinander, doch andererseits war das auch ganz gemütlich. In der Mitte der Hütte bullerte ein Ofen, auf dem die Hausfrau gerade in einer großen Pfanne Lachs briet. Man hat sie mir nicht namentlich vorgestellt, ich nenne sie »Mum« Newman. Eine kräftige, freundlich lächelnde und ziemlich schweigsame Yup'ik-Frau. Wann immer ich sie sah, trug sie ein rotes vom

Schneiden und Säubern der Lachse speckiges Kleid und ein Kopftuch.

Ihre Lachssteaks waren köstlich. Wir saßen an einem einfachen Holztisch und aßen. Billy, der sich ebenfalls zu uns gesellt hatte, sagte: »Der Lachs-Count-Down hat begonnen! Während des kommerziellen Lachsfangs wird auf dem Yukon rund um die Uhr gefischt. Dann wirst du auch überall die Flugzeuge der Lachsaufkäufer sehen und hören.«

Ich erfuhr, dass pro Pfund gefangenem Fisch zurzeit rund 1,50 Dollar gezahlt wurde. Allerdings: »Je dichter am Meer gefangen, umso teurer.« Doch Angebot und internationale Nachfrage diktieren auch hier den Preis. »Es gab Zeiten, in denen wir froh waren, vierzig Cent pro Pfund zu erhalten«, erinnerte sich Maurice Newman.

Schüsse unterbrachen unser Gespräch. 200 Meter von der Hütte entfernt jagte ein Motorboot über den Fluss. »*Fucking troopers*«, kreischte ein Mann. »Wenn meiner Frau etwas passiert, bringe ich euch alle um!« Der Rest des Gebrülls verlor sich im Gedröhn des sich entfernenden Motors. Kurz darauf raste ein Schnellboot mit zwei *state troopers* hinter ihm her. Abends hörten wir, dass der Mann selbst im Suff seine Frau misshandelt hatte.

»Normalerweise gibt's bei den Sommercamps keine Polizei, aber jetzt ist ja Lachssaison...« Es war, als habe Maurice Newman damit alles erklärt.

»Komm«, sagte Billy zu mir, »lass uns die Netze einholen.« Wir stiegen ins Motorboot und ließen uns von fünfzig Pferdestärken flussaufwärts tragen. Mit nur einem Netz zogen wir 14 große Lachse hoch. Einige wogen mehr als vierzig Pfund. Zufrieden war Billy trotzdem nicht. »Der Fang hätte besser sein können«, brummte er. Es komme nicht selten vor, dass sie mit einem einzigen Netz zwischen 500 bis 1000 Pfund Lachs aus dem Yukon herausholten.

Das Camp der Newmans war nicht das einzige hier. Abends kam ein Cousin aus der Nachbarschaft, der früher einmal als US-Soldat in Deutschland stationiert gewesen war.

»Wo?«, fragte ich.

»*In Bavaria.*«

Und schon berichtete Cousin Harold stolz von seiner »Bierbrauerei«, die er für den Hausgebrauch gebastelt hatte. »Eine Anregung aus Bayern.«

Ansonsten sei die Gegend um Holy Cross ein *dry place*, ein verdammt trockener Platz ohne Alkohol. »Und woher ist das Zeug, das alle Welt gerade in sich reinkippt?«, wollte ich wissen.

Ich hörte von Billy, die Ortsversammlung von Holy Cross habe zwar den Alkoholverkauf untersagt, doch ein Geschäftsmann habe seine Zweimotorige in Fairbanks bis unters Dach mit *booze* beladen und verkaufe das Zeug außerhalb der Ortsgrenzen. Mit dem Ergebnis, dass die Hälfte aller Einwohner am Vatertag einen in der Krone hatte.

Ich ging lieber raus zu »Mum« Newman und schaute ihr beim Lachsfilettieren zu. Neben einer Hütte, in der der Lachs über einem Pappelholzfeuer geräuchert wurde, schnitt sie Fische mit dem Ulu, dem traditionellen Schneidemesser, in schmale Streifen. Sie war beeindruckend – denn auch wenn die Männer palaverten, arbeitete sie stetig weiter, ohne eine Miene zu verziehen.

»Komm, lass uns Nachbarn besuchen.« Billy war zu mir getreten.

Wir schlenderten zum Nachbarcamp. Das Alter unserer Gastgeberin dort war für mich schwer einschätzbar; irgendwo zwischen vierzig und fünfzig ... Offenbar hatte sie schon diverse Biere intus. Aber nicht so viel wie ihr Mann, der in einer Ecke der Hütte teilnahmslos, aber selig vor sich hin grinste.

Die Frau, überdreht und angeheitert, drückte mir unvermittelt einen Kuss auf die Wange.

»Zum Vatertag«, sagte sie.

Dröhnendes Gelächter der Übrigen.

Ihre 16-jährige Tochter kam dazu, später auch eine Schwiegertochter, die als Lehrerin in Holy Cross arbeitete. Wir setzten uns auf wacklige Stühle. Unsere rundliche Gastgeberin servierte *Akutaq*. *Indian ice cream* würde man es in Alaska nennen. Aber eigentlich sei es ein Rezept der Yup'ik, sagte sie. Ich fragte, wie sie das »Eis« zubereite.

»Ganz einfach, nimm einen Lachs und zerstampf ihn, verrühr ihn mit Bärenfett oder Butter und gib Früchte dazu, Preiselbeeren oder Blaubeeren zum Beispiel.«

Als wir uns verabschiedeten, bestand sie darauf, eine Haarlocke von mir zu behalten. Zögernd willigte ich ein. »Aber nur, wenn ich sie selbst abschneide …«

Beschwipst und beglückt betrachtete sie mein Haarbüschel: »Eines Tages kehrst du hierher zurück.«

Ruhiger ging es zu, als wir abends mit einem weiteren Nachbarn namens John vor der Hütte der Newmans saßen. John war verwundert darüber, dass wir in Germany nicht Englisch sprechen. »Und wie heißt euer *German Dollar*?«, fragte er. Vom Euro hatte er nie gehört.

Die Newmans hatten mich eingeladen, in ihrer Hütte zu schlafen. Platz wäre dort sicherlich gewesen, doch ich zog es vor, draußen zu sein. Früh morgens wurde ich wach. Ein hysterischer Wind peitschte auf meine Zeltwände ein. Würde ich heute überhaupt loskommen?

Nein! Und auch während der nächsten beiden Tage nicht. Der Fluss spielte auf einmal verrückt. Allerdings war dieser Witterungsumschwung auch ein großer Glücksfall. Denn während dieser Tage lernte ich mehr über das Leben am Fluss als je zuvor. Und immer begleitete ich Billy beim Einholen der Netze.

Abends hörte ich von Maurice, jeder *Alaskan native* hier dürfe pro Jahr zwei Elche schießen. Die gebe es zum Glück in großer Zahl. Am liebsten aber erzählte er von den Lachsen: Rund

150 Millionen kommerziell gefangene Lachse seien die zweitgrößte Einnahmequelle Alaskas. »Die in *subsistence* gefangenen werden dabei nicht mitgezählt. Elf Tage brauchen die Lachse vom Beringmeer bis zu uns«, sagte er. »Dabei schwimmen sie rund vierzig Kilometer pro Tag gegen die Strömung. Wodurch sie allerdings an Qualität verlieren, was bedeutet, dass der nahe dem Meer gefangene Fisch am besten und damit auch am teuersten ist. Da er auf seiner langen Reise durchs Süßwasser zu fressen aufhört, ist er am *Upper Yukon*, etwa in der Gegend von Whitehorse, nicht mehr sonderlich appetitlich.«

Tags darauf holen wir mit einem einzigen Netz 700 Pfund Lachs aus dem Wasser. Billy war zufrieden. Als wir das Camp erreichten, schnitt »Mum« Newman wie immer Lachs in Streifen, hängte sie auf und legte Holzscheite aufs schwelende Feuer.

Eine meiner nachhaltigsten Begegnungen hier war die mit Holly. Er stammte aus dem Yukon-Delta. Ich schätze ihn auf Mitte fünfzig, doch er manövrierte sein schweres Motorboot wie ein junger Kerl, sprang elastisch an Land und setzte sich mit der Selbstverständlichkeit eines guten alten Bekannten zu uns an den Tisch.

»Holly Pingajak«, stellte er sich vor und reichte mir seine Pranke. Über seinen hervorstehenden Wangenknochen wölbte sich eine mächtige Brille mit schwarzem, klotzigem Gestell. Tiefe Falten durchzogen seine lederartige Gesichtshaut. »Habe mein Lebtag als Fischer und Jäger gearbeitet.«

Holly ging hinüber zum Küchenregal, auf dem die Thermoskanne mit Kaffee stand, und goss sich seinen Becher voll.

Maurice sagte, dass Holly in einem der rund zehn von Yup'ik bewohnten Dörfern zwischen hier und dem Beringmeer lebt. »*Subsistence*«, meinte Holly, »was sollen wir sonst schon machen?« Er legte den Kopf zur Seite und sah mich an.

»Wir haben zwar mit dem *Alaska Native Claim Settlement Act* von 1971 mehr Rechte, Geld und Land für das bekommen, was man uns zuvor genommen hatte. Aber feste Jobs, die Geld einbringen, sind dennoch rar; vielleicht ein paar in der Schulverwaltung oder bei der Feuerbekämpfung. Im Sommer kannst du Wege ausbessern und im Winter Schnee räumen. Das ist zu wenig. Deswegen jagen und fischen viele von uns«, sagte Holly.

Im letzten Herbst hatte einer aus seinem Dorf einen großen Seelöwen nahe der Küste ausgemacht. »Im Nu waren wir mit sechs Motorbooten draußen. Wir hatten ein Dutzend Harpunen dabei. Er war clever und tauchte ab. Doch das nutzte ihm nichts.« Holly grinste.

»Als der Seelöwe Luft schnappte, schleuderten wir die Harpunen. Zu spät – blitzschnell war er wieder weggetaucht. Dies Auf- und Abtauchen wiederholte sich ein paarmal. Doch die Intervalle wurden kürzer. Der Seelöwe benötigte Luft, wurde offenbar müde. Da traf ihn die erste Harpune.«

Holly blickte triumphierend in die Runde.

»Ein solcher Fang ist immer ein Grund zum Feiern. Unter den Augen der Dorfältesten werden die Fleischstücke und das Fett verteilt.« Holly wandte sich mir zu: »Wer mit seiner Harpune den ersten Treffer erzielt hat, bekommt die besten Rückenstücke und das Fell. Der zweite Schütze die Brust und die Innereien. Und so geht das weiter. Ein Seelöwe ist groß, und für viele im Dorf fällt dabei etwas ab.«

Jetzt war Ruhe in Newmans *fish camp* eingekehrt. »Mum« lag schon im mit Lachs bekleckerten Kleid unter dem Moskitonetz und schnarchte leise. Evan schraubte wieder am Sprechfunkgerät, Billy versuchte im Erdloch, das als Kühlschrank diente, den letzten Schatz der verbliebenen Budweiser Biere zu heben. In den Bäumen über unserer Hütte rief ein Kauz. Gelegentlich drang vom Yukon ein Rauschen zu uns, wenn unterirdische Wasserstrudel wie Blasen platzten.

Am nächsten Tag verabschiedete ich mich von den Newmans. Meine Tage bis zum Ziel waren gezählt. Nur noch gut 400 Kilometer waren es in direkter Linie bis zum Beringmeer ...

Flussnotizen:
Hitze und Wind der letzten Tage haben meine Haut gegerbt. Heute Morgen begrüßte mich in meinem kleinen Metallspiegel ein mir nicht vertrautes Gesicht: rotbraun verbrannt, mit Falten um die Augen, darüber vom Wind zerzaustes Haar.

Eben sah ich von meinem Notizheft auf und schaute über den drei Kilometer breiten Fluss. Mein Blick streifte dabei dunkle, baumlose Berge mit hellen Schneeflecken. Und jetzt ... bestimmt zum zehnten Mal während der letzten halben Stunde, nähert sich mir ein Biber bis auf zwei Meter. Eine wunderbar friedliche Stimmung. Dass ich auf einem Oberschenkel just in diesem Moment 23 Moskitos zähle, tut dem keinen Abbruch.

Vom Ort Russian Mission sah ich als Erstes zwei Kirchen im russisch-orthodoxen Stil. Eine, so sagte mir die Verkäuferin im kleinen Dorfladen, sei von 1851. Aber die wäre verfallen. Die neue wurde in den 1930er-Jahren gebaut.

Auf einem hölzernen Steg schlenderte ich durch den Ort. Vor dem *post office*, einem Holzhaus mit US-Flagge, hing Wäsche. Ich ging zu der oberhalb gelegenen neuen Kirche, umgeben von zahlreichen Gräbern mit russischen Kreuzen. Auf dem Rückweg zum Fluss traf ich zwei in einem alten Pickup-Truck spielende Mädchen. Ich fragte nach ihren Namen. Eine kicherte nur verlegen, die andere antwortete: »Natasha.«

Bei Marshall war der Yukon so breit geworden, dass ich mich entscheiden musste, welchen der beiden wohl acht Kilometer voneinander entfernten Flussarme ich nehmen sollte. Irgendwo trafen sich die Wasser wieder, um kurz danach erneut auseinanderzudriften. Später passierte ich den vom Nordosten kommenden Andreafsky River, an dem der Ort St. Mary's liegt. Von dort wollte ich in einigen Tagen nach Anchorage fliegen.

Eine halbe Tagesreise später traten die Berge und Hügel zurück, das Land wurde flacher. Ich hatte das Yukon-Delta erreicht – ein Wasservogelparadies mit zahllosen *sloughs*, Seen, Tümpeln, Creeks und Flüssen!

Und so, als könne er sich nicht entscheiden, wohin er will, teilt sich hier der Yukon. Der als Kwikpak Pass bezeichnete Flussarm zieht sich nach Norden, der Hauptstrom, der Kwikluak Pass, nach Westen. Ich entschied mich für den Kwikluak, wobei mir die Route eigentlich gleichgültig war. Ich wollte nur noch mein Ziel erreichen.

Fluss und Wind hatten sich jetzt gegen mich verschworen. Dazu kam der deutlich spürbare Gezeitenwechsel, auf den ich mich einstellen musste. Vor allem aber der Wind ließ keinen Zweifel daran, dass sich hier die Wetterküche des Nordens befindet.

Aber wie verblüfft war ich, als ich Alakanuk, einen Ort mit 700 Einwohnern, nur 25 Flusskilometer vom Beringmeer entfernt, erreichte. Fahrplanmäßige Flüge stellen die Verbindung von hier zum Rest der Welt her. Dass dies das »Ende der Welt« sein könnte, wäre allenfalls meine Sichtweise – aber mit Sicherheit nicht die der hier lebenden Menschen. Denn dies ist das Herzland der Yup'ik.

Am Ende des Kwikluak Pass warf mich der Wind fast um. Die Luft schmeckte nach dem Salz des Beringmeeres. Ich war am Ziel!

Als Flößer am »Ende der Welt«

Der Andreafsky River ist ein von Norden kommender glasklarer Fluss, der unweit der Ortschaft St. Mary's in den Yukon strömt. Plötzlich entdeckte ich zur Linken einen Bootsanleger und mehrere Häuser: St. Mary's. Endpunkt meines Yukon-Abenteuers! Von hier aus würde ich zurückfliegen.

Rund 500 Menschen leben in dem Ort, der aus einer im ersten Drittel des 20. Jahrhunderts gegründeten katholischen Missionsstation hervorging und heute ein wichtiges Drehkreuz im Delta ist. Kaum hatte ich am unteren Dorfende angelegt, fielen zur Begrüßung Moskitos über mich her. Ich flüchtete fluchend, doch sie folgten mir wie eine dunkle Wolke. Ein vor seiner Hütte stehender Yup'ik lachte schallend: »Die Moskitos scheinen dich zu lieben!« Wobei er selbst wild mit den Fäusten um sich boxte. »Wo kriege ich Informationen über Flüge nach Anchorage?«, fragte ich meinen »Kampfgefährten«.

»Vielleicht weiß der *city manager* Bescheid«, sagte er und beschrieb mir den Weg zu dem Ortsverwalter. Als ich das Rathaus von St. Marys betrat, kam mir ein bärtiger Mann im Overall mit ein paar Farbtöpfen im Arm entgegen. Er grüßte und verschwand in einem Schuppen. Drinnen im Büro hielt eine junge Sekretärin die Stellung. »Ich bin noch Neuling in Alaska«, sagte sie, noch vor sechs Monaten hatte sie in Kalifornien gelebt.

Dann wies sie zur Tür: »Das ist übrigens Tim, unser *city manager*.«

Ich drehte mich um und sah in das Gesicht des Farbtopfträgers. Ein hilfsbereiter, aufgeschlossener Mann und gastfreundlich zudem.

»Wenn du Lust hast, kannst du bei mir wohnen. Ich habe zwar nur eine Blockhütte, aber eine Ecke, in der du deinen Schlafsack ausrollen kannst, findest du dort allemal.«

Da Tim zu Hause über keine heiße Dusche verfügte, führte er mich zunächst in die Werkstatt der Stadtarbeiter, in deren Umkleideraum sich Waschgelegenheiten befanden. Es war lange her, dass ich das letzte Mal unter einer heißen Dusche gestanden hatte ...

Abends traf ich mich mit einem Burschen namens Alf zu einer Spritztour. Er löste sein Motorboot vom Anleger, wir stiegen ein. Die Maschine brummte, und langsam glitten wir den klaren Andreafsky River stromaufwärts.

Alf, der aus den südlichen US-Bundesstaaten stammt, will nie wieder aus Alaska fort. Zurzeit arbeitete er als Verkäufer im kleinen Supermarkt. Beneidenswert, dachte ich: Ob Texas, Kalifornien, Hawaii, New York, Florida oder Alaska – Amerikaner können frei zwischen den großartigsten Polen eines halben Kontinents wählen ...

Als ich zu Tim zurückkehrte, sagte der: »Kannst du mir und meinem Freund Kelly Babich übers Wochenende helfen, Baumstämme im Yukon Delta zusammenzuklauben?«

Ich sah einen Moment lang etwas verdattert aus der Wäsche. Tim lachte.

»Kelly will sich ein neues Blockhaus bauen.«

Als ich Kelly Babich die Hand schüttelte, kriegte ich eine Ahnung davon, wie es sein muss, mit einem freundlichen Grizzly nähere Bekanntschaft zu machen. Kelly, ein Bulle von Kerl, hatte als Seemann alle Weltmeere befahren und war auch schon in Bremerhaven gewesen. Eines Tages aber ließ ihn ein ganz besonderes Ereignis hier vor Anker gehen.

Kelly nahm mich am Arm und führte mich beiseite.

»Vor ein paar Jahren lernte ich in St. Mary's eine Yup'ik-Lady kennen« Er blickte sichernd in die Runde. »... blieb hier hängen und habe nun ein Haus voller Kinder.«

Und da liegt das Problem: Das Haus wird zu eng. »Ständig nörgelt meine Frau, mit fünf Kindern sei es an der Zeit, mehr als zwei Räume zu haben.« Was blieb dem Hünen anderes übrig, als seine Freunde zur Beschaffung von Baumaterial für ein neues Haus zusammenzutrommeln. Tim und ein Mann namens Biff hatten sich bereit erklärt, beim *river logging*, also beim Einsammeln von Treibholz, anzupacken. Wir brachen mit zwei Motorbooten auf, beide hatten Reservemotoren – für alle Fälle.

Gut 48 Stunden lang suchten wir im Regen Baumstämme im Delta, wählten aus und banden die *logs* zusammen. Die Mengen an Treibholz, das der Yukon River auf seiner 3000 Kilometer langen Reise hierherschafft, sind gewaltig. Aber nur gerade gewachsene Stämme konnte Kelly gebrauchen, und alle sollten von der gleichen Sorte sein. Oft lagen die besten Stücke aber inmitten ineinanderverkeilter Holzberge! Doch letztlich hing ein riesiges Treibholzfloß hinter unseren Booten.

Zurück in St. Mary's notierte ich über den letzten Tag unseres *river logging*:

Seit sechs Stunden nieselte es. Großes Hallo, als Kelly aus seiner Vorratskiste eine Packung gezuckerter Donuts hervorzauberte. Wir futterten, schlürften heißen Kaffee, tauten innerlich auf. In diesem Augenblick hatte ich, wie auch die anderen drei, unsere im Schlepp befindlichen Baumstämme vergessen. Ein Riesenfehler! Prompt lief das Floß auf eine Sandbank auf. Laut dröhnten unsere vereinten hundert Pferdestärken, was beim tonnenschweren Floß nicht mal ein leichtes Rucken bewirkte. Wir versuchten, die Stämme mit Enterhaken zu bewegen, balancierten wie Artisten auf glitschigem Holz, setzten Hebel an. Ohne Erfolg!

Es war wohl die Furcht vor dem Zorn seiner Yup'ik-Lady, die Kelly diese Nacht ins Gesicht geschrieben stand. Kurz entschlossen riss er sich seine Kleider vom Leib, sprang ins knietiefe, eisige Wasser und wuchtete mit dem Gebrüll eines Bären Stamm für Stamm von der Sandbank!

Todmüde, verfroren, aber zufrieden vertäuten wir Stunden später die Treibholzladung im Hafen von St. Mary's.

Nach dem Abenteuer ist vor dem Abenteuer

Tim kaufte mein Faltboot. Ich war ein wenig wehmütig; ein so hautnahes Miteinander über lange Zeit verbindet. Andererseits war ich froh, den Rückweg ohne schweres Gepäck antreten zu können.

Tage später brachte mich ein Flugzeug nach Anchorage. Tim hatte mir vor dem Flug Getränkegutscheine der Airline in die Hand gedrückt: »Der Whiskey ist immer gut gekühlt da oben ...« Ich war nun dabei, das zu überprüfen.

Drei Tage benötigte ich, um von Anchorage zurück zu meinem Auto nach Carmacks zu *hitchhiken*.

John, der Letzte, der mich in seinen Wagen steigen ließ, hätte mich gern bis San Antonio/Texas mitgenommen, denn bis dahin ging seine Reise ... Danke, John, aber ich wollte unbedingt noch einige Zeit hier im Norden bleiben!

Es war wieder ein Sprung ins kalte Wasser, der Anfang eines neuen Abenteuers. Das Boot hatte mir auf dem Yukon Geborgenheit gegeben, so wie das Zelt an Land. Die täglichen Abläufe in der Einsamkeit brachten Routine. Nun vermisste ich das Glucksen des Wassers, die Biber, die vielstimmigen Vogelchöre und die Begegnungen mit den Menschen am Fluss. Aber der Sommer war ja noch jung ... Und ich war noch nicht bereit, so mir nichts dir nichts nach Süden zu fahren, das Auto unterzustellen und heimzufliegen.

Was konnte ich mit dem Restsommer anfangen?

Ich hatte noch einen geheimen Wunsch: die Befahrung des Noatak River, eines entlegenen Flusses nördlich des Polarkreises. Doch die Unternehmung erforderte große Vorbereitungen, und außerdem war sie nicht ganz billig. Mir kam eine andere Idee, und ich telefonierte mit Juliana. Sie gab mir grünes Licht für etwas, was mir schon lange im Kopf herumgegeisterte. Anderthalb Monate würde dies Abenteuer mit dem Namen »Canol Road« wohl dauern ...

Was ich an Ausrüstung für den geplanten Fußmarsch durch die kanadischen Northwest Territories benötigte, hatte ich weitgehend dabei. Was mir an Lebensmitteln fehlte, kaufte ich in Whitehorse. Nahe Johnsons Crossing, dort, wo meine Bootstour mit Bettina auf dem Teslin River begonnen hatte, bog ich vom Alaska Highway auf »Kanadas Straße ohne Ende« ab. Manche nennen die Canol Road so ... Es ist eine Militärstraße des Zweiten Weltkriegs, die sich in den Weiten der Northwest Territories verliert. Irgendwo in den Mackenzie-Bergen wurde sie von reißenden Flüssen weggespült. Kaum einer nutzt sie außer Karibus und Wölfen. Das allein hatte mich neugierig gemacht ...

Gut 200 Kilometer hinter dem Ort Ross River überquerte ich die Grenze zu den Northwest Territories. Bald schon löste sich die Straße auf. Zwischen 1942 und 1944 hatte sich hier eine Menge verändert: Der Druck des Zweiten Weltkrieges und der Bedarf an Öl hatten zum Bau der Canol Pipeline vom Mackenzie River nach Alaska geführt. (Canol ist die Abkürzung für Canadian Oil.) Doch bald nachdem das Öl sprudelte, ging der Krieg zu Ende. Niemand brauchte die Pipeline mehr. Brücken, Hütten, Pipelinereste und Hunderte alter Trucks stehen heute verlassen in der Wildnis. Geschichten wie diese faszinieren mich ebenso wie die vom Klondike-Goldrausch.

Ich schulterte meinen dreißig Kilo schweren Rucksack und wanderte los. Wilde Karibus waren meine einzigen Trail-Gefährten. Nach dem Yukon-Alleingang war dies das sprichwörtliche i-Tüpfelchen, die Krönung meines Nordlandsommers. Ohne Blessuren kehrte ich zu Juliana zurück.

3 NOATAK RIVER
Tor zur Arktis

Im hohen Norden Alaskas

Beim Schreiben dieser Zeilen liegen mehrere topografische Karten des U.S. Geological Survey im Maßstab 1:250 000 vor mir. Dabei fällt auf, dass einige meiner insgesamt sechs Landkarten durch Wind und Wasser schwer zerfleddert sind. Doch der Reihe nach …

Nachdem ich mit dem Kuskokwim River den südlichsten und mit dem Yukon den mittleren der großen zum Beringmeer führenden Flüsse Alaskas befahren hatte, war ich gespannt auf den Noatak, den nördlichsten der drei in diesem Buch beschriebenen Ströme. Er entspringt im Gates of the Arctic National Park und mündet nach knapp 700 Kilometern zwischen Tschuktschensee im Norden und Beringmeer im Süden unweit der Beringstraße in den Kotzebue Sound.

Als Einziger der drei fließt er auf ganzer Länge nördlich des Polarkreises. Und als einziger US-amerikanischer Fluss wird er von der Quelle bis zur Mündung als *wild and scenic river* eingestuft. Damit stehen er und sein Umland unter besonderem Schutz. Zudem gilt er als der Einzige, der von menschlichen Einflüssen nahezu unberührt blieb; deshalb wird er als *national preserve* eingestuft und quasi wie ein Nationalpark verwaltet. So weit einige imponierende Fakten.

Beeindruckend waren auch die Vorbereitungen, die für den Kajaktrip auf dem Noatak zu treffen waren. Die Anreise zu diesem Fluss ist besonders aufwendig. Zunächst mit dem Postflugzeug von Fairbanks nach Bettles, einem winzigen Ort südlich der Brooks Range, jener unzugänglichen und nahezu menschenleeren Gebirgskette im hohen alaskischen Norden. Dort würde ich ein *float plane*, ein Wasserflugzeug, für den Weiterflug zum Noatak chartern. Eines, das für mich bezahlbar ist, gleichzeitig aber groß genug, um ein Faltboot, jede Menge Ausrüstungsgegenstände und Lebensmittel für mindestens 14 Tage sowie zwei Personen zu fassen. Denn natürlich würde Juliana bei diesem Trip dabei sein.

Über die Brooks Range zum Noatak

Eric, einer unserer alaskischen Bekannten, wohnt eine halbe Autostunde von Fairbanks entfernt im Wald am Fuße der White Mountains. Auf seinem Grundstück hatten wir während der letzten Tage die Vorbereitungen für unsere Noatak-Tour abgeschlossen. Alles war gepackt, doch ich sah mit gemischten Gefühlen auf den Ausrüstungsberg, in dessen Mitte unser Reisezweier Pouch RZ 96 lag. Das Faltboot hatte bisher alle Flüge gut überstanden. »Hoffentlich klappt auch diesmal alles«, sagte Juliana. Zwei Flüge waren es bis zum Noatak River, der dritte ginge später von Kotzebue, dem Endpunkt des Abenteuers, nach Anchorage …

Wir beluden Erics Truck, mit dem er uns zum Fairbanks Airport fahren wollte. Dann verabschiedeten wir uns von Chris und Thanks, seinen beiden Enten, die in ausgedienten Hundehütten ein offensichtlich zufriedenes Dasein führten. Noch …

»Chris habe ich für Christmas reserviert und Thanks für Thanksgiving«, hatte uns Eric die Namensgebung erläutert. Da wir uns mit Chris und Thanks etwas angefreundet hatten, bedauerten wir nicht, während der beiden Feiertage nicht mehr hier zu sein …

Bei Wright Air Service checkten wir ein. Als wir unser Gepäck auf die Waage stapelten, zeigte der Zeiger: »*293 pound*«, also 133 Kilo. Faltboot inklusive.

Während die Maschine die Fahrbahn entlangdonnerte, warf ich einen Blick auf unsere zehn Mitreisenden, alle *natives*; vier von ihnen hatten die Augen geschlossen und schienen zu schlafen. Erwartungsvoll drückte ich meine Stirn an die Scheibe und sah, wie Fairbanks kleiner wurde, bis die Stadt abrupt aus meinem Blickfeld verschwand. Schon vernebelte der Rauch von Buschfeuern die Sicht. Wenig später glänzte der stählerne Leib der Trans-Alaska-Pipeline wie ein Silberfaden in der Tundra. Da das Dröhnen der Maschine ein Gespräch nicht zuließ, machte ich Juliana durch Zeichensprache klar: »Da unten ist der Yukon.« Aber schon hatte das Bild gewechselt, und ich sah das schnurgerade Band des Dalton Highway. So also fühlt es sich an, über eine Wildnis zu huschen, für deren Erschließung du im Kajak viele Wochen benötigst... Wie oft hatte ich als Flussreisender Flugzeugen am Himmel nachgeschaut und mich in sie hineingeträumt.

Aus der Adlerperspektive nahm ich die Tundra als grünbraunen Teppich wahr. Von wegen Teppich... das mörderische Tussock-Gras über dem Permafrostboden bleibt mir nach der Kuskokwim-Odyssee unvergesslich. Von hier oben wirkten die unzähligen kleinen Tundraseen wie funkelnde Diademe. Die verbindenden Silberstreifen waren in Wahrheit Creeks und Moore, bei deren Durchquerung man bis zum Hintern im eisigen Wasser versinken würde.

Vorübergehend hatten wir die Tundra hinter uns gelassen und überflogen jetzt die Taiga, *the land of the little sticks*. Wie Stoppeln eines strubbeligen Barts sprossen hier dürre Schwarzfichten aus dem grünbraunen Meer von Tussok-Gras. Für mich hätte die Reise mit dieser spektakulären Aussicht noch lange so weitergehen können, doch als wir den Koyukuk River erreichten, war mir klar, dass wir gleich in Bettles landen würden.

Der Sinkflug begann, Räder polterten über den Boden, wir rollten aus; behutsam wurde unser Gepäck entladen. Der Pilot hatte den Flugzeugmotor bereits für den Weiterflug gestartet, als ich blitzartig erkannte, dass etwas fehlte. »Der Allessack!«, rief ich Juliana zu. Unser Beutel für »alles Mögliche«, also die in letzter Minute nicht zuzuordnenden Kleinigkeiten. Ein geistesgegenwärtiger Mitarbeiter stoppte in letzter Sekunde die Maschine. Der Pilot stieg aus, suchte, fand unseren Beutel, grüßte und startete den Motor erneut. All das lief völlig unaufgeregt ab ...

Während ich der Maschine auf ihrem Weiterflug nach Allakaket nachsah, erinnerte ich mich an jene Nacht, in der ich mit 14 Schlittenhunden bei vierzig Grad minus hungrig und müde in dem kleinen Buschdorf eingetroffen war, um das *Allakaket Race* zu beenden. Von den Bewohnern hatte ich die herzlichste und selbstloseste Gastfreundschaft erfahren.

»Träum nicht!«, stupste Juliana mich an und drückte mir meine Kameratasche in die Hand. Der nächste Flug war zu arrangieren!

Ein betagter Pickup-Truck fuhr vor: »*Hi,* ihr müsst Juliana und Dieter sein!«, grüßte die Fahrerin. »Ich bin Judy von Brooks Range Aviation.«

Wir hatten uns wegen des Weiterflugs von hier zum Noatak River vorab mit Judy in Verbindung gesetzt. Sie und ihr Mann Jay betreiben während der Sommermonate einen Charterbetrieb mit sieben Flugzeugen, darunter Klassiker der Lüfte wie *Beaver* und *Otter*. Wir hievten unser Gepäck auf die Ladefläche von Judys Pickup und fuhren in Richtung Büro. »Mein Mann ist heute Abend leider unterwegs. Aber Bill, einer unserer Piloten, wird euch zum Noatak fliegen«, sagte sie.

»Wie lange werdet ihr auf dem Fluss unterwegs sein?«, wollte sie wissen. Ganz genau weiß man das im Voraus natürlich nie ...
»Etwa 15 Tage«, meinte ich.

»Wir müssen eure persönlichen Daten und das vermutliche Ankunftsdatum nämlich an die Nationalparkverwaltung weitergeben«, erklärte Judy. »Falls ihr euch zwei Tage nach diesem

Datum nicht gemeldet habt, wird nach euch gesucht.« Einen solchen Service hatten wir lange nicht mehr erlebt. Doch wer einmal in amerikanischen Nationalparks gewandert ist, weiß um die klaren Spielregeln, aber auch die präzisen Vorgaben der Ranger, die einzuhalten sind. Was allerdings die Freiräume unterwegs einschränkt. Konkret hieß das in unserem Fall: pünktlich ankommen.

»Die Klassifizierung als *wild and scenic river* hat den Noatak aus der Anonymität eines Wildwasserflusses der Arktis herausgeholt und in amerikanische Reisemagazine gebracht«, schmunzelte Judy. Wir stellten uns also darauf ein, nicht die einzigen *river traveller* zu sein.

»Eure Maschine startet heute um zwanzig Uhr«, informierte uns Judy. Es blieben uns also ein paar Stunden, den Ort zu erkunden. Unser erster Gang führte uns ins Nationalparkbüro.

Wir waren die einzigen Besucher, und Terry, die freundliche Nationalpark-Rangerin, nahm sich für uns viel Zeit: »Die meisten Flussreisenden beginnen ihren Trip entweder am Twelve Mile Slough oder am Lake Matcharak.«

»Twelve Mile Slough?«, fragten wir beide wie aus einem Munde und mussten darüber lachen. »Ein natürlich gestauter Wasserarm, etwa dort, wo der aus den Endikott Mountains kommende Twelve Mile Creek auf den Noatak trifft«, klärte Terry uns auf. »Der *slough* ist tief genug, dass die Flugzeuge sicher darauf landen können.« Der Noatak ist hier noch jung, denn er entspringt am 2500 Meter hohen Mount Igikpak, einem der schroffsten und höchsten Berge der Schwatka Mountains. »All diese Gebirge, von denen die Schwatka Mountains eins ist, formen die Brooks Range«, erläuterte Terry.

»Manche Paddler befahren den Noatak nur abschnittsweise«, fuhr sie fort. »Einige auch nur die ersten siebzig Kilometer bis zum Lake Matcharak, der wegen seiner vielen Hechte bei Anglern beliebt ist. Von dort lassen sie sich per *float plane* abholen.«

Eine verlässliche und regelmäßige Flugverbindung gibt es erst in Noatak Village, dem einzigen Ort gegen Ende der Flussreise. Eine Siedlung der Inupiat-Eskimo, rund hundert Kilometer bevor der Noatak aufs Meer trifft. »Weiter paddeln nur ganz wenige. Fast alle lassen sich von Noatak Village nach Kotzebue ausfliegen, von wo es Linienmaschinen zurück nach Anchorage gibt«, informierte Terry.

Dass die letzten 140 Kilometer bis Kotzebue, der einzigen Kleinstadt der nordwestlichen Arktis, wegen des sich verästelnden und sehr breiten Flusses schwierig sind, wussten wir. Die letzten 21 Kilometer führen sogar übers offene Meer. Stürme, hohe Wellen und unkalkulierbare Strömungen mischen diesen Meeresabschnitt zwischen Hotham Inlet, Kotzebue Sound, Beringstraße und Tschuktschensee schon mal wie einen Whirlpool auf. Dann wird's lebensgefährlich!

Wir hatten das Für und Wider der Überquerung des Kotzebue Sound diskutiert: Juliana mit Skepsis, ich mit verhaltener Euphorie. Letztlich hatte sie zugestimmt: »aber nur, wenn das Wetter mitmacht!« Ich bin durchaus risikobereit, riskiere aber nicht auf Teufel komm raus Kopf und Kragen. Den ihren sowieso nicht... Wir würden uns behutsam vorantasten, die Risiken am Ende einschätzen und vor Ort die Entscheidung treffen!

Wir folgten auch Terrys weiterer Empfehlung und nahmen von ihr zwei *bear-resistant foodcontainer* entgegen, zylindrisch geformte Behälter, die es Bären unmöglich machen, darin verstaute Lebensmittel zu vernaschen.

»Schickt die Behälter am Ende eurer Tour einfach per Post an mich zurück«, sagte sie.

In der Brooks Range ist die Chance, Bären zu begegnen, größer als in den Tundren Zentralalaskas. Und hier wären es vermutlich Grizzlys. Aber Terry versuchte, uns zu beruhigen: »Angriffe sind selten. Kürzlich hat ein Bär zwar das Zelt eines Wanderers untersucht, aber der *hiker* selbst war nicht da, also konnte ihm nichts passieren. Nur dem Zelt... Auch ein Kajakfahrer hatte Glück«, sie lächelte ein wenig gequält. »Ein junger Grizzly drang nachts in sein Zelt ein, biss dem Schlafenden in die Schulter, ließ aber rasch von seinem Opfer ab. Es war wohl keine ernst gemeinte Attacke, sondern eher die Spiellaune eines Halbstarken...«

Spieltrieb hin, Spieltrieb her: Ich war froh, zwei Flaschen *bear spray* dabei zu haben.

Viel gab es in Bettles nicht zu entdecken. Während der letzten Jahrzehnte hatte sich die Einwohnerzahl dramatisch verringert, bis nur noch ein Dutzend Dorfbewohner übrig geblieben war. Die aber versuchten, ein wenig Farbe ins Bild zu bringen.

In einem zum Blumenkübel umfunktionierten roten Kanu blühten Stiefmütterchen, Tagetes, Petunien und Primeln in herrlicher Eintracht nebeneinander. Wer weiß, dass Bettles im Juli auch mal dreißig Grad plus erlebt, tut sich schwer, sich hier im Januar Durchschnittstemperaturen von minus 28 Grad vorzustellen. Auch minus 57 Grad wurden schon gemessen!

Abends brachte Judy uns zu unserem Wasserflugzeug, einer dreisitzigen Cessna 185. Den dritten Passagierplatz stopften wir bis unters Dach mit unserem Gepäck voll. Danach war es drinnen verflixt eng.

Pilot Bill war ein freundlicher Mittdreißiger, der kein Wort zu viel redete. Außer: »*Too much smoke!*« Buschfeuer hatten auch diesen Teil Alaskas mit immer dichter werdendem Grau »eingenebelt«. Das beeinträchtigte zwar die Sicht, und doch war dieser Flug unvergesslich! Aus 2500 Metern Höhe erblickte ich unter mir die schroffsten, zerfurchtesten und bizarrsten Felsformationen, die ich je sah. Gleich darauf traf mein Blick auf blaue Gletscher und türkisfarbene Seen. Minutenlang flogen wir durch eine Regenwolke, Nebel wischten über die Cessna, Wassertropfen klatschten auf die Scheibe, dann waren wir durch, und die Sonne schien. Der Flug war ein Rausch... Und insgeheim setzte ich die Erkundung der Brooks Range auf die Liste meiner noch zu realisierenden Träume.

Nach einer Flugstunde passierten wir den bizarr geformten Mount Igikpak und überflogen dann einen allenfalls vierzig Meter breiten Fluss. Bill klopfte gegen die Scheibe, was nur heißen konnte: »Seht mal ... der Noatak!« Schon begann der Sinkflug auf den Twelve Mile Slough. Ich spürte ein erwartungsvolles Kribbeln, als die Schwimmkufen das Wasser des Slough berührten. Es spritzte, das *float plane* bockte, rüttelte, dann glitt es mit einer Schaumkrone vor den Kufen auf dem Wasser entlang, bis es zum Stillstand kam. Wir entluden die Maschine. Unser Pilot wies in die Ferne: »Da hinten ist der Noatak River. Wegen der Sandbänke könnte ich dort nicht landen. Die 500 Meter bis dorthin müsst ihr euch zu Fuß durchschlagen.«

Nachdem Bill und sein Flugzeug hinter Mount Igikpak verschwunden waren, nahmen wir uns einen Moment lang in die Arme: »Auf eine gute Reise!« Ich gebe zu, dass ich mich im ersten Moment hier etwas verloren fühlte. Diese Situation war anders als sonst: Gewöhnlich hatte ich mir den Weg zum Abenteuer selbst erarbeitet; per Auto oder zu Fuß, also langsam. Hier aber waren wir ruckzuck eingeflogen und ausgesetzt worden. Die Cessna war weg, und wir blieben mutterseelenallein zurück. Hätten wir irgendetwas vergessen, wär's das gewesen ... Ein Zurück gab's von hier aus nicht!

Es begann zu regnen, und obwohl es erst 22 Uhr war, lag ein düsterer Zauber über dem Land. Wie pralle schwarze Euter hingen Regenwolken über der Tundra. »Irgendwo dahinten muss der Fluss liegen«, sagte ich. Sehen konnten wir ihn von hier allerdings nicht.

Schluss mit der Grübelei: Wir machten uns an die Portage. Nachdem wir Boot und Gepäck ans Flussufer geschleppt hatten, hörte auch der Regen auf.

»Lass uns das Faltboot noch heute Nacht aufbauen!«, schlug ich vor.

Julianas Gesicht ließ keinen Zweifel daran, was sie von meinem Vorschlag hielt: Nichts! Aber gegen zwei Uhr morgens war das Boot zusammengebaut. Der einzige Wermutstropfen in dieser Nacht war die beschädigte Wasserflasche, die unsere Flusskarten pitschnass gemacht hatte ...

»Versucht nach Möglichkeit auf Sand- und Kiesbänken im Fluss zu übernachten«, hatte uns Terry in Bettles mit auf den Weg gegeben, »der Bären wegen.«

Natürlich sind Bären gute Schwimmer, und sie stromern auch mal über Sandbänke. Doch sie sind smart und wissen, dass im Gegensatz zum bewachsenen Ufer dort kaum Fressbares zu holen ist. Daher folgen sie dem Ufer. Soweit jedenfalls die Theorie ...

Also schleppten wir unsere Ausrüstung auf eine Sandbank. Hundemüde krochen wir um drei Uhr morgens ins Zelt.

Als Notiz hielt ich fest:

Die Berge, die wir vor wenigen Stunden überflogen hatten, sind jetzt nicht mehr zu sehen. Auch Mount Igikpak existiert in diesem düsteren Bild nicht mehr. Nur wir beide hier im Zelt, allein in der Mitte einer Sandbank am Rand der Arktis, 160 Flugkilometer von der nächsten menschlichen Behausung entfernt ...«

Im Bann der Naturgewalten

Es ging uns nicht schlecht: Wir hockten auf unserer Sandbank und stellten erfreut fest, dass Grizzlys sich weder für diesen Ort noch für uns interessiert hatten. Die Tatsache, dass Wasserflugzeuge dann und wann auf dem Twelve Mile Slough landen und der eine oder andere hier die erste Nacht verbringt, macht diesen Abschnitt für Grizzlys interessant. Unvermeidlich bleiben Gerüche und vielleicht sogar Lebensmittelreste zurück. Bären haben für so etwas ein sicheres Gespür und einen noch feineren Geruchssinn; schließlich untersuchen sie Trapperhütten auf Fressbares und graben die Mülldeponien der Buschdörfer um ... Warum also sollte sie ihre Nase nicht zu einer wiederholt genutzten *campsite* führen?!

Meine Begegnungen mit Bären bekäme ich nicht mehr alle zusammen. Aber es gab einige, auch ziemlich beängstigende. Über andere schmunzele ich heute. Wie über jene in den kanadischen Northwest Territories, wo ich gerade auf offenem Feuer Eierpfannkuchen buk, als ein Schwarzbär schnurstracks auf uns zukam ... Juliana und ich machten Lärm und warfen Steine. Aber er ließ sich nicht verscheuchen. Offenbar interessierte er sich für den Inhalt meiner Pfanne ebenso sehr wie wir. Und so kam er immer näher ... Letztlich warfen wir unsere Siebensachen ins Kanu und paddelten fort. Vielleicht erzähle ich die Geschichte auch nur aus Eitelkeit, denn ich nehme mal an, der Bär fand den köstlichen Duft meiner Pfannkuchen unwiderstehlich ...

Die Sonne schien auf den Noatak und trocknete meine Flusskarten. Auf ihnen erkannte ich das Grün des Flusstales zwischen dem Braun der Brooks Range. Wo die Berge zur Küste hin ausliefen, wich das Dunkelbraun einem Hellbraun. Schade, nach etwa zwei oder drei Paddeltagen würden die spektakulärsten Abschnitte der Brooks Range bereits hinter uns liegen.

Gewöhnlich teilen Flussfahrer den Noatak River in drei Etappen ein: zunächst bis zum Lake Matcharak, dann bis zum Zufluss mit dem Cutler River. Danach beginnt die letzte und 320 Kilometer lange Etappe bis Noatak Village.

Der Noatak gilt nicht als Wildwasserfluss. Aber wir waren darauf vorbereitet, auf der zweiten Etappe sowie im Noatak Canyon Stromschnellen der Klassen I bis III vorzufinden.

Da unterbrach einer der schönsten Rufe der Wildnis meine Gedanken: »Frühstück ist fertig!« Juliana servierte Rührei aus einem Trockenmix, dazu Bagels und Cappuccino aus der Tüte. Sicher keine Dreisternekost, aber ein Sternekoch hätte auch nicht diesen Blick auf die Brooks Range servieren können ... Zufrieden futterten wir.

Wir waren hier nördlich des Polarkreises; die Nacht würde uns beim Paddeln also keine Grenzen setzen. Aber wir lernten schnell, dass der obere Noatak nicht ganz so einfach zu befahren ist, wie wir gedacht hatten. Es war Hochsommer, und die Buschbrände waren ein Indiz dafür, dass es sehr wenig geregnet hatte. Jetzt führte der schmale Fluss extrem wenig Wasser, und mehr als einmal kratzte unser Boot über Sand- und Kiesbänke. Da die Strömung dennoch wegen des Gefälles beachtlich war, galt es aufzupassen. Boote, die auf Sandbänke auflaufen, zeigen sich schon mal eigenwillig, stellen sich quer und lassen sich von der Strömung umwerfen. Bei einer Wassertiefe von vielleicht einem halben Meter ist das kein wirkliches Drama, aber es ist äußerst lästig, denn vieles wird nass. Also beobachteten wir wachsam die Strömungsverhältnisse und folgten dem Hauptkanal. Einschätzungen, die aus der Paddlerperspektive nicht immer einfach sind.

Einen schmalen Fluss wie diesen in einer solch spektakulären Landschaft hatte ich lange nicht befahren. Mir war aber auch klar, dass spätestens nach einer Woche der Noatak sich breit und unübersichtlich auffächern würde. Aber noch schwärmte ich: »Das ist wie Urlaub!« Wie hätte ich zu diesem Zeitpunkt ahnen können, dass Wetter und Fluss unsere schönen Planungen komplett über den Haufen werfen würden ...

Noch freuten wir uns über die fotogen aufziehenden dramatischen Wolkenberge, zwischen denen immer wieder die Sonne durchblitzte. Als wir zwei Stunden vor Mitternacht auf einer leicht abfallenden Geröllbank am Ufer anlegten und unser Abendessen zubereiteten, legte ich plötzlich einen Zeigefinger auf die Lippen: »Psst!« Juliana drehte sich um ... keine dreißig Meter hinter uns zog friedlich äsend ein Elch durchs Weidengestrüpp. Ich griff nach meiner Kamera und fotografierte. Der Elch ignorierte auch das.

Bald nach unserem Aufbruch bemerkten wir am Ufer Zelte, drei Faltkanus und ein Faltboot. Niemand war zu sehen, offenbar schliefen alle. »Die sind vernünftiger als wir«, meinte Juliana. Ich sah auf die Uhr: Es war zwei Uhr nachts ...

Als wir uns morgens um neun am Lagerfeuer die warme Sonne aufs Gesicht scheinen ließen, paddelte die kleine Gruppe an uns vorbei. Wir winkten den vieren und tauschten ein paar »Hallos!« aus.

Nachmittags lächelte die Sonne nicht mehr: Zwei Stunden lang regnete es ohne Unterlass.

Beim Blick auf die Karte hatte ich festgestellt, dass in Abständen von nur fünf bis zehn Kilometern zahlreiche kleine Flüsse in den Noatak strömen: Kugrag, Igning und Nushralutak River, um nur einige zu nennen. Im Gewirr der Verästelungen des mittlerweile immer breiter werdenden Noatak waren diese Zuflüsse schwer auszumachen. Aber es war auch abzusehen, dass der Noatak bei diesem Zufluss schon bald ein mächtiger Fluss sein würde. Auch wenn es hier nicht immer danach aussah, denn in diesem Labyrinth der oft nur dreißig Zentimeter tiefen Wasserarme kratzte unser Faltboot mehr als einmal über den Grund.

»Stopp mal ...« Ich hatte ungewohnte Laute vernommen. Wir legten die Paddel auf den Bootsrand, und ohne das vertraute »Pitsch, Pitsch« hörten wir deutlich menschliche Stimmen. Minuten später entdeckten wir zwei Kanus am Ufer. Wir hielten darauf zu und legten an. So kamen wir mit vier Freunden ins Gespräch, die dasselbe Ziel hatten wie wir.

»Kommt, setzt euch.« Schon erhitzten sie Wasser für uns. »Was mögt ihr? Tee oder Kakao?« Einige Minuten später schlürften wir *hot chocolate*.

Noch in derselben Nacht schrieb ich über die Begegnung:

Alle vier um die dreißig. John scheint der Wortführer zu sein. Wenn er nicht auf Flüssen unterwegs ist, studiert er Naturwissenschaften in Waynesville/North Carolina. Jim, von Beruf Biologe im Everglades National Park in Florida, hat nur wenig Zeit für diesen Trip. Sofort nach dem Ende der Kanutour fliegt er nach Miami zurück. Der rothaarige Reed hat als Einziger ein Standbein in Alaska, ein Stück Land in Homer; außerdem studiert er Naturwissenschaften in Fairbanks. Blake ist der leidenschaftliche Fotograf des Quartetts.

Die vier Freunde hatten im vergangenen Sommer im Yukon Territory Kanutouren unternommen. Das verbindet; mir ist, als würden wir uns schon ewig kennen.

»See you again!«, *sagen wir, als wir aufbrechen, und meinen es auch so.*

Als ich nachts um 2.30 Uhr mein Diktiergerät zur Seite legte, war es noch so hell, dass ich ohne Weiteres ein Buch hätte lesen können. Und es war still – bis auf das gelegentliche Glucksen des Noatak.

Flussnotizen:
Dumm gelaufen, notierte ich anderntags.

Als wir erkennen, dass wir im seichten Wasser über Felsen kratzen werden, versuche ich auszuweichen. Dabei läuft das Faltboot auf, verklemmt sich und stellt sich quer zur Strömung, wobei es umzukippen droht. Um zu stabilisieren, drücke ich mein Paddel zwischen die Felsbrocken im Grund. Knacks, Pad-

delblatt gebrochen! Mist! Schon treibt das abgebrochene Stück auf dem Wasser fort. Ich reiße das Spritzdeck auf und springe raus. Juliana tut es mir nach. Das Wasser ist allenfalls sechzig Zentimeter tief, wir können stehen. Während sie das Boot sichert, berge ich das zerbrochene Paddelblatt.

Eine halbe Stunde später legen wir für die Nacht an.

Wir waren noch immer im Gates of the Arctic National Park. Morgen würden wir ihn verlassen und das Noatak National Preserve erreichen. Im Alltag des Flussreisenden ist das völlig bedeutungslos, erwähnenswert aber sind die Umstände, die dazu geführt hatten, dass diese entlegene Wildnis bereits früh in den Fokus von Naturschützern geriet. Die Geschichte beginnt mit Robert Marshall, den alle Bob nannten.

Terry von der Ranger Station in Bettles hatte uns auf seine Spur gebracht. »1901 in New York City geboren, wuchs er an der Ostküste auf. Frühe Besuche der Adirondack Mountains prägten ihn; er wurde ein *outdoorsman*. Bob studierte, promovierte in Forstwirtschaft und lebte ab 1925 einige Jahre in Alaska; unter anderem in einer kleinen Hütte am Koyukuk River. Er erfand den Begriff ›Gates of the Arctic‹«.

Während Terry uns das erzählte, ging mir durch den Kopf: »Wie ein kurzer Moment im Leben eines Menschen doch den Verlauf der Dinge beeinflussen kann ...« Ohne den Blick von seiner kleinen Blockhütte auf die Berge der Brooks Range wäre Marshall möglicherweise nie zu dem inspiriert worden, was nun Schlag auf Schlag folgte: 1935 war er Mitbegründer der Wilderness Society, einer Naturschutzorganisation, die sich bis heute stark für den Erhalt von Wildnisgebieten auf US-Territorium einsetzt. Er wurde Chef der Forstverwaltung im *Bureau of Indian Affairs* und setzte sich auch in anderen Ämtern für seine geliebte Wildnis ein. 1938 erforschte er die Brooks Range erneut. Doch ein Jahr später starb er – der sportliche *outdoors-*

man – völlig unerwartet während einer Zugfahrt an Herzversagen. Er wurde nur 38 Jahre alt.

»Bob hatte eine Menge bewirkt«, klingen mir noch Terrys Worte im Ohr. »Auch wenn manches erst Jahre nach seinem Tod umgesetzt wurde, wie der Wilderness Act von 1964 sowie die Gründung der nach ihm benannten Bob Marshall Wilderness in Montana und des Gates of the Arctic National Park im Jahr 1980. Letzterer bildet zusammen mit dem Noatak National Preserve und dem südlich gelegenen Kobuk Valley National Park eines der größten und entlegensten Naturschutzgebiete der Erde.«

Eine Wildnis, die sich auch in dem Dreivierteljahrhundert seit Marshalls Tod nicht verändert hat. So wie während der Jahrtausende zuvor können die wenigen Nunamiut, ein Stamm der Inupiat-Eskimo, auch heute hier vom Land leben; fischen und jagen. Ihre gut 300 Einwohner zählende Siedlung Anaktuvuk Pass liegt an der Nordgrenze des Nationalparks. Als Flussreisender wird man diesem Stamm allerdings kaum begegnen.

Flussnotizen, 3. Tag:
Die erste gute Nachricht: Die Sonne scheint. Die zweite: Paddel mit duct tape *erfolgreich repariert. Und die dritte: Die Bootshaut hat das Kratzen über Steine und Geröll schadlos überstanden. Ansonsten gibt sich der Noatak äußerst umständlich: Mal mäandert er nach Norden, dann nach Osten, Süden oder Westen. Aber da auch hier der Weg das Ziel ist, genießen wir seine Umständlichkeit. Morgens waren die vier amerikanischen Bekannten an uns vorbeigepaddelt. Nach zwei Stunden holen wir sie ein. Sie lassen ihre Boote treiben und angeln.*

»*Habt ihr Glück beim Angeln?*«, *ruft Juliana.*

»*Ja!*«, *lacht John,* »*allerdings nicht beim Fangen!*«

Etwa dort, wo auf der Karte der Nationalpark endet und das Noatak River Preserve beginnt, durchfahren wir die ersten – unproblematischen – Stromschnellen. Ab 21 Uhr schieben sich schwarze Wolken vor die Sonne. Doch die findet Lücken, durch die sie ihr warmes Licht über uns ausschüttet. Ich lehne mich im Boot zurück und inhaliere förmlich das Bild des silbernen Flusses in der goldfarbenen Tundra. Die Berge sind zurückgetreten. Ein Panoramabild, in dem der Himmel dramatische Akzente setzt.

Rückschauend stellte ich fest, dass es für dreißig Stunden die letzten Sonnenstrahlen waren. Und als sie sich danach wieder zeigten, fielen sie auf ein verändertes Land ...

Um Mitternacht begann der Regen. Als wir morgens um acht nach nur sechsstündigem Schlaf erwachten, gab Juliana als Erstes die tagebuchwürdige Aussage von sich: »Meine Hände sind so groß wie Klosettdeckel.« Mit der Bemerkung: »In zwei Tagen werden sich unsere Körper eingearbeitet haben«, kroch auch ich wie eine flügellahme Ente aus dem Zelt.

Der Blick in den Himmel beunruhigte mich. Auch ohne die Sachkunde eines professionellen Wetterfroschs war mir klar, dass sich da oben etwas Übles zusammenbraute. Anfangs waren es lang gezogene, meist weißliche Wolkenwülste, wie sie starke Höhenwinde erzeugen, dann kam eine finstere Böenwalze, die heftigen Regen brachte. Unsere Aufmerksamkeit aber war eher auf den Noatak gerichtet: Alle 500 Meter überraschten uns neue Wildwasser.

Gut halbmeterhohe Wellen, notierte ich. Wenngleich die eher die Ausnahme waren. Ich schätzte die Zahl der Stromschnellen auf knapp dreißig, einige davon Stufe II. Doch ich fühlte mich im Faltboot sicher, und selbst in Julianas Gesicht lösten sich die eingefrorenen Züge irgendwann zu einem entspannten Lächeln. Vereinzelt schwebten Küstenseeschwalben über uns. Der grazile Vogel mit den schlanken Flügeln ist der Weltmeister im Langstreckenflug; zwischen seinem arktischen Brutplatz und dem südpolaren Überwinterungsgebiet legt er pro Jahr bis zu

30 000 Kilometer zurück. Doch schon lenkte ein hoch oben schwebender *golden eagle*, der nordamerikanische Steinadler, unseren Blick auf sich.

Die Wettergötter spielen verrückt!, stellte ich fest. Der Wind hatte Orkangeschwindigkeit erreicht. Kam er von hinten, war das okay, kam er von vorne, drückte er die Wellen übers Boot und riss uns fast die Paddel aus den Händen.

Ein Kampf gegen die Elemente!, notierte ich. Um mich gleich danach zu korrigieren: *Nein, wir arrangieren uns mit den Elementen!* Schließlich saßen wir wohlbehalten im Faltboot und waren unten herum durchs Spraydeck geschützt. Und oben? *Geht so ...*, notierte ich. Es war kein Honigschlecken, aber die aufregende Erfahrung, Teil eines einmaligen Naturspektakels zu sein.

Spät abends waren die Berge weit zurückgeblieben. *Absolut baumlose Tundra*, heißt es in meinen Aufzeichnungen. Zu dieser Zeit war die Wolkendecke so undurchdringlich, dass ich notierte: *So dunkel wie an einem Spätnovembernachmittag in Deutschland.*

Wir fanden einen geeigneten Platz zum Anlegen und zogen das Boot an Land. »Offenbar ein beliebter Uferabschnitt«, stellte ich fest, denn wir sahen unzählige Elchspuren. Der Platz war ungeschützt; eisiger Wind fegte durch unsere regendichten Jacken, dazu hämmerten dicke kalte Regentropfen auf uns nieder. Um uns etwas Gutes zu tun, spendierten wir uns *mousse au chocolat* aus der Tüte. Beide schworen wir, nie etwas Besseres gegessen zu haben.

Danach schleppten wir Boot und Ausrüstung auf eine Anhöhe drei Meter über dem Fluss und bauten das Zelt auf.

23.45 Uhr:

»Mein Gesicht glüht«, sagt Juliana, »Klar, die Massage durch dicke Regentropfen!«, brummele ich. Noch immer prasselt Starkregen aufs Zelt.

Mitternacht:
Wir schlafen fast, als Juliana hochfährt: »Ich habe versehentlich Bonbons mit ins Zelt genommen!«

Da gibt's bei uns kein Wenn und Aber: Alles, was im entferntesten Bären anlocken könnte, gehört nicht ins Zelt!

»Okay ... ich kümmere mich drum!«, sage ich, ziehe mich aus, um nicht mit der Kleidung Nässe ins Zelt zurückzubringen, greife nach den Bonbons und sprinte durch den Regen zum Lebensmitteldepot. Ein letzter Blick auf den Fluss; das Wasser fließt in sicherem Abstand unter mir.

»Alles okay«, sage ich zu Juliana, während ich mich mit einem Lappen trocken reibe. Dann schlüpfe ich in meinen Schlafsack.

Unverändert trommelt der Regen aufs Zelt ...

Land unter – Schussfahrt in Richtung Beringstraße!

8.00 Uhr:

Ich hatte den Wecker gestellt und sah aus dem Zelt. Es schüttete aus pechschwarzem Himmel. Noch immer floss der Noatak weit von uns entfernt mehrere Meter unterhalb des Zeltes.

11.00 Uhr:

Es regnete nach wie vor. Der Flusspegel war jetzt leicht gestiegen, aber nicht besorgniserregend. Ich ging zum Gepäckdepot, holte mir ein Buch, las und schlief darüber ein.

12.30 Uhr:

Wir wurden fast gleichzeitig wach. Ich streckte mich im Schlafsack, bekam aber im Unterbewusstsein dieses Glucksen und Schmatzen mit ... Vorsichtig schob ich den Kopf aus dem Schlafsack und sah zu Juliana rüber. »Merkwürdig!«, sagte sie. Ich öffnete den Zeltreißverschluss.

Mein Atem stockte. »Wasser!«, rief ich. Weniger als zwei Meter vor mir floss der jetzt gelbbraune Noatak. »Unser Boot ...« Keine zehn Meter von uns entfernt, etwa auf gleicher Höhe mit uns, wurde die vordere Bootshälfte bereits vom Wasser umspült. »Gott sei Dank, die Paddel sind noch da!« Mit diesen Worten stürzte ich raus. Das Faltboot hatte absolute Priorität. Barfuß, leicht bekleidet wie ich war, tastete ich mich durchs Wasser zu ihm und ergriff die Leine. Wir hatten das Boot bei der Ankunft zwar drei Meter oberhalb der Wasseroberfläche abgelegt, aber nicht angebunden.

An diesem Tag schwor ich, nie wieder ein Boot über Nacht unangebunden zu lassen. Und sei es zehn Meter über dem Wasserspiegel!

Später notierte ich:

Der Schutzengel, der uns auf allen Reisen begleitet hat, war auch dieses Mal bei uns! Zehn Minuten später wäre das Kajak weg gewesen ...

Wir schleppten das Faltboot an eine höhere Stelle. Eilten zurück zum Zelt, brachten die Schlafsäcke und Matratzen in Sicherheit, dann das Zelt.

Die zahllosen Flüsse und Creeks der Brooks Range ergossen sich derweil mit ungeheurer Wucht in den Noatak. Dessen Sand- und Kiesbänke waren komplett abgesoffen, der Fluss hatte das Land binnen weniger Stunden großflächig überschwemmt. Seine Breite betrug jetzt einen Kilometer. Dies war ein anderer Fluss als der am Abend zuvor. Eine Erfahrung, wie ich sie in solch explosiver Wucht nie zuvor gemacht hatte. Schon stand unsere *campsite* von vorhin zwanzig Zentimeter unter Wasser.

Und so, als wolle sie sich das Ausmaß der Überflutung anschauen, blinzelte mit einem Mal die Sonne hinter den Wolken hervor. Dann blies ein starker Wind die meisten Wolken fort, und die Sonne eroberte sich ihren Platz am ungesund bleichen Himmel.

Während wir frühstückten, sahen wir Jim, Reed, Blake und John in ihren Faltkanadiern auf uns zupaddeln. Jetzt allerdings leuchteten ihre Boote rot-gelb, die vier hatten ihre gelben Spritzdecken übergezogen. Sie legten an. Um ein Haar hätten auch sie ihre Kanus verloren. »Einfach fortgeschwemmt«, sagte John. Aber im letzten Moment konnten sie die Boote in Sicherheit bringen.

»Wir arbeiten im Sommer oft als Kanuführer«, meinte Jim. »Peinlich, dass so etwas ausgerechnet uns passieren musste!«

Reed hatte inzwischen seinen MSR-Kocher aus dem Boot geholt und erhitzte Wasser. Ich staunte, als ich seinen Kaffee sah. Nicht etwa Instant wie bei uns ... »Starbucks Coffee«, grinste Reed. Nach dem Motto: »Man gönnt sich ja sonst nix!«. Wir blieben die nächsten Stunden beisammen, tranken Kaffee, plauderten über Gott und die Welt und tauschten Adressen aus. Vermutlich würden wir uns schon bald wiedersehen.

Dann schoben sie die Boote auf den Noatak. Rasch zog sie eine rasante Strömung fort.

In meinen Notizen finde ich die Anmerkung: *Der Fluss rast mit dreißig Stundenkilometern dahin.* Das war wohl etwas übertrieben, aber er floss mit Rekordgeschwindigkeit und schien zu brodeln. Das lag an den teils aus dem Wasser ragenden Büschen und unbekannten anderen Hindernissen, die im aufgewühlten Fluss nicht zu erkennen waren. Manchmal meinte ich, Stromschnellen unter mir zu haben. In Wirklichkeit waren es Erdhügel oder Felsen unmittelbar unter der Wasserlinie. Gefährlich, denn wenn das Boot dort auflief, würde es sich drehen, seitwärts von der Strömung erwischt werden und dann womöglich umschlagen ...

Als Steuermann tat ich mein Bestes, Hindernisse zu umgehen und der Hauptströmung zu folgen. In meinen Notizen findet sich sogar die Anmerkung: *In Schussfahrt Richtung Beringstraße! Wir surfen!*

Die Schussfahrt hatte ihren eigenen Reiz. Der aus den Fugen geratene Fluss machte mir allerdings die Positionsbestimmung schwer.

Nach einem nicht ungefährlichen Anlegemanöver fanden wir einen trockenen Platz fürs Abendessen. Wo das Land nicht unter Wasser stand, blühten Blumen, Möwen kreischten über uns, und in der Ferne schwebte ein Adler. Um 23 Uhr brachen wir erneut auf. Der Himmel war jetzt wolkenlos und von tiefstem Blau. Unser Kurs war »West«, doch im Nordwesten stand um Mitternacht die Sonne, die nun wie in Zeitlupe nach Norden wandern würde. Sie stach uns in die Augen, sodass wir blinzelten ...

Was für eine Nacht!, lese ich in meinen Notizen. Und weiter: *Juliana ist weniger begeistert. Der »kochende« Fluss macht sie nervös. Mit Recht ... es darf nichts schieflaufen!*

Die Wellen hinterließen auf unserem Boot einen breiigen Film aus Lehm, den der Noatak irgendwo aus den Ufern geschwemmt hatte. Das Grün unseres Bootes war jetzt ein schmuddeliges Grau.

Die Sonne sank, und je näher sie dem Horizont kam, desto leidenschaftlicher betätigte ich den Auslöser meiner Kamera. Juliana spielte als mein »Vordergrund« prima mit. Eine halbe Stunde nach Mitternacht versank der Feuerball hinter den Hügeln im Norden. Dort erhoben sich jetzt Wolkenfratzen, -türme und von Höhenwinden zerrissene Wolken, die in diesem Moment für mich mit Türmen und Zinnen versehene »Windpaläste« waren. Der Fantasie waren keine Grenzen gesetzt.

Als das Mitternachtsglühen verblasste, war der Fotostress zu Ende! Ich packte die Kamera ein – wie immer eine varietéreife Nummer, bei der ich durch die Einstiegsluke des Bootes meine Ausrüstung unter dem Spritzdeck verstauen musste, ohne dabei das Boot kentern zu lassen ...

Um zwei Uhr morgens legten wir an und bauten in der völlig baumlosen Tundra unser Zelt auf. Wir zerrten das Faltboot so weit hinauf wie irgend möglich und sicherten es. Als wir das Zelt um drei Uhr morgens schlossen, glühte der Horizont bereits im Nordosten. Doch vom nächsten Akt der *morning show* der Sonne bekamen wir nichts mit. Sofort waren wir eingeschlafen.

Tagsüber blieben wir im Camp; in einem kleinen Creek wuschen wir ein paar Kleidungsstücke und uns selbst, reinigten Boot und Ausrüstung, kochten und hockten am Lagerfeuer. Die Flammen waren nur klein, denn Treibholz war rar. Wieder mal staunte ich, wie viel Zeit wir täglich in Routinearbeiten investieren – auch ins Packen und Beladen des Bootes:

Das Faltboot lag am Ufer vertäut; vornübergebeugt stand Juliana darin und verstaute wasserdichte Beutel und bärensichere Lebensmitteltonnen, die ich ihr reichte. Am Spätnachmittag brachen wir auf. Zwar schien die Sonne aus nahezu wolkenlosem Himmel, doch der Wind war eisig und biss in die Finger. Dennoch waren wir gut gelaunt und sangen, während wir paddelten.

Jetzt bei Hochwasser lag das Land nur noch einen halben Meter über dem Wasserspiegel. Auch gut, denn so konnte der Blick weit über die völlig baumlose Tundra schweifen. Mit etwas Glück würden wir Karibus oder sogar Moschusochsen sehen. Inzwischen hatten sich weitere Flüsse wie Aniuk und Cutler River in den Noatak entleert. Solche Details waren nur auf der Karte erkennbar, denn unser Fluss hatte sich jetzt über mehrere Kilometer ausgebreitet. Mir war, als würden wir auf einem See nach Nordwesten paddeln. Wie bereits in der Nacht zuvor stach die Sonne auch jetzt von vorn in unsere Augen. Alles glänzte unwirklich golden, und seit einer Stunde schien der rot glühende Sonnenball auf dem Horizont zu balancieren.

Gleichmäßig klatschten unsere Paddel ins Wasser. Ich hielt inne: »Erinnerst du dich noch an die Nacht auf dem Großen Sklavensee?«

Eine rhetorische Frage, denn natürlich würden weder sie noch ich diese Nacht im Nordwesten Kanadas je vergessen ... Im Delta des Sklavenflusses hatten wir versucht, einen Weg durch das Labyrinth von Wasserarmen und Sandbänken in den Großen Sklavensee hineinzufinden. Oft saßen wir mit unserem Boot fest, stiegen aus und zogen das Kanu durchs seichte Wasser. Wobei wir immer vorsichtig mit dem Paddel vor uns auf die Sandbank stießen ... denn die konnte abrupt ein Ende haben.

Für einen Beobachter musste es aussehen, als würden wir über ein Meer gehen. Die Sonne war längst untergegangen, und das intensivste Rot, das ich je gesehen hatte, wölbte sich wie eine glühende Kuppel über dem Großen Sklavensee. Dabei erfüllte der Ruf Hunderter Kanadagänse die Nacht.

Die Farben über dem Noatak waren nicht so intensiv; eher ein Gelb, das ins Rotgold überglitt. Gegen zwei Uhr morgens – wir hatten just für die Nacht angelegt – erklomm am gegenüberliegenden Ufer ein Vollmond in nie zuvor gesehener Größe und Leuchtkraft den Horizont. Und während wir an der gefährlich brüchigen Kante unserer erhöhten Sandbank das Faltboot entluden, kletterte der Mond am Himmel höher und höher. Wie sich gegen 3.30 Uhr die aufgehende Sonne gegen den Mond durchsetzte, bekamen wir nicht mehr mit. Wir schliefen schon, bevor wir die Kapuzen über die Köpfe gezogen hatten.

Eine Reise zu sich selbst

Eine Flussreise wie diese ist auch eine Reise zu sich selbst; sie hält viel Zeit für eigene Gedanken bereit. Entscheidend war für uns, sicher voranzukommen, nach rund sieben Stunden im Boot eine einfach zu erreichende, aber doch schön gelegene *campsite* zu haben und dann uns und unseren Bäuchen am Lagerfeuer etwas Gutes zu tun, also einen heißen Kakao zu trinken oder Spaghetti mit Tomatensoße und Trockenfleisch zu futtern. Die Messlatte für kulinarische Genüsse hängt unterwegs nicht allzu hoch ...

Es gab keinerlei Siedlungen und demzufolge auch keine Menschen, die unsere Aufmerksamkeit beanspruchten ... Daher blieb viel Zeit zu träumen oder wieder mal über Gott und die Welt zu plaudern. Aber es war auch gut, in die Stille hineinzulauschen. Denn wenn der Wind nicht rauschte und der Fluss nicht gluckste, war es sehr still. Die arktische Tundra kennt keinen verschwenderischen Vogelreichtum. Vogelstimmen sind selten, und meine einzig markante diesbezügliche Erinnerung ist eine Möwe, die im Sturzflug kreischend auf uns niederschoss, im letzten Moment aber abdrehte. Vermutlich waren wir ihrem Gelege zu nahe gekommen. Auch Karibus hatten wir während der letzten Tage nicht gesehen. Nicht mal Moskitos, die mich auf anderen Reisen so traktiert hatten ... Es blieb also viel Zeit und Muße, den Gedanken nachzuhängen, sich am »Sein« zu erfreuen, auch daran, dies mit dem Lebenspartner gemeinsam zu erleben. So in etwa sah es in meinem Kopf aus, was ich als »meine Reise zu mir selbst« bezeichne ...

Ich genoss es, dass wir wieder einmal zu zweit unterwegs waren. Auch, dass die Feder im Uhrwerk unseres Miteinanders seit den ersten gemeinsamen Abenteuern zu Beginn der 1970er-Jahre nicht an Spannkraft verloren hat. Ganz im Gegenteil ...

Dieser Flussabschnitt begeisterte nicht durch spektakuläre Eindrücke; da waren weder Berge, Gletscher noch Wasserfälle. Und da der Fluss breit und ausfernd geworden war, gab es hier auch nicht mehr den Kick des Wildwassers. Es waren die eher unspektakulären kleinen Dinge, die ich wahrnahm.

So hielt ich zum Beispiel an diesem Tag fest: *Der erste Baum am Noatak! Nur ein einziger, auch nur doppelt so hoch wie die*

Uferbüsche, in der sonst völlig baumlosen Tundra, aber eine kleine Sensation.

»Siehst du das Blaue dort hinten?«, fragte ich nachmittags.
»Ja, lass uns rüberpaddeln!«
Wir erreichten eine höher liegende Sandbank und fanden eine angeschwemmte, offenbar neue Reisetasche. Ich stieg aus und untersuchte sie: »Kaffeetasse, Shampoobehälter, Körperlotion ...«, sagte ich. Welche Geschichte hatten Tasche und Inhalt zu erzählen? Vermutlich die vom plötzlichen Hochwasser, das auch uns um ein Haar übel mitgespielt hätte. Oder war jemand gekentert? Hatte er die Tasche verloren? Eine Antwort gab es nicht. Wir ließen die blaue Tasche zurück und paddelten weiter.

Es war unübersehbar, dass der Wasserpegel sank. Allerdings würden während der nächsten fünfzig Kilometer mehrere große Zuflüsse wie der von Süden kommende Little Cottonwood und der von Norden einfließende New Cottonwood Creek für Nachschub sorgen. So wie auch der breite Nimiuktuk River.

Wir näherten uns jetzt einem weiteren Bergzug der Brooks Range; den De Long Mountains. Sie bestimmen auch den weiteren Verlauf des Noatak: Er knickt vor ihnen abrupt nach Südwesten ab, eine Richtung, die er bis zum Meer beibehält.

Der Blick auf die Karte verriet mir aber auch, dass sich nördlich von uns – jenseits des Kammes der De Long Mountains – die National Petroleum Reserve Alaska befindet: eine für die Erdölförderung reservierte Wildnis von der zweieinhalbfachen Größe der Schweiz. In den 1920er-Jahren ging man davon aus, dass dieses Gebiet die größte alaskische Erdölreserve beherbergte. Doch 1968 wurden noch größere Vorkommen an der Prudhoe Bay entdeckt, worauf die Trans-Alaska-Pipeline entstand. Man ahnt, welch immenser Öl- und Gasreichtum im Norden Alaskas schlummert. Und schaut man auf der Karte noch ein Stück weiter ostwärts, so fällt der Blick auf das bereits erwähnte ölreiche Arctic National Wildlife Refuge am Porcupine River. Um das Für und Wider der Ölförderung in diesen entlegenen Gebieten Alaskas wird nach wie vor erbittert gerungen.

Nachmittags notierte ich:
Der Fluss wird immer breiter, seine Oberfläche ist spiegelglatt.
Spät in der Nacht fügte ich hinzu:
Still gleiten wir über einen goldenen Fluss. Und obwohl ich mir vorgenommen hatte, nicht schon wieder Sonnenuntergangsfotos zu machen, liegt die Kamera schussbereit in meiner Hand. Dies ist der schönste Sonnenuntergang!
Eine Aussage, die in etwa der von vor 24 Stunden gleicht. Aber solchem Zauber kann ich mich nicht entziehen. Und überdies war klar, dass es mit der Mitternachtssonne bald vorbei sein würde. Es war der 2. August, und die Tage wurden bereits kürzer.

Momente, in denen das Gestern und Heute ineinanderfließen, empfinde ich als Schöpfungsstunde. Von der Flussturbulenz der Vortage war hier nur noch wenig zu spüren. Noch auf dem Wasser hielt ich die Notiz fest:
Traumhafte Sicht auf die Berge; oben schimmern sie golden, darunter ist ein intensives Rot, das in sanftes Braun und weiter unten in tiefes Schwarz übergeht. Die Grate und Spitzen der Berge sind scharf gezackt wie die Zähne eines Hais …

Grand Canyon des Noatak

John, Jim, Reed und Blake hatten wir seit Tagen nicht mehr gesehen. Waren sie schneller vorangekommen als geplant, oder hatten wir sie im Labyrinth der Flussverästelungen verpasst oder gar überholt?

Umso überraschter waren wir, als wir am linken Flussufer ein Boot erblickten. Daneben stand eine Frau, etwas oberhalb von ihr beobachtete uns ein Mann durch sein Fernglas. Wir hielten auf die beiden zu und legten an.

Theresa und Richard waren Mitte vierzig und stammten aus einer Kleinstadt nördlich von Boston im Osten der USA. Er mit einem Gesicht wie ein Hollywood-Charakterdarsteller, braun gebrannt und mit markantem Bart. Sie quirlig, blaue Augen, temperamentvoll lossprudelnd. Auf derselben Strecke, für die wir acht Tage benötigt hatten, waren sie zwanzig Tage unterwegs gewesen. »Wir paddeln ja auch nicht, sondern lassen uns nur treiben«, sagte Richard und wies auf ihr geräumiges Grabner-Schlauchboot. Allerdings gab es noch einen Unterschied: Während wir uns täglich nur sechs bis sieben Stunden aufs Ohr legten, schliefen die beiden zwölf Stunden pro Nacht. »Der Fluss ist die Zapfsäule, an der wir unsere Batterien auftanken!«, schmunzelte Theresa.

Vor Jahren hatten die beiden ihre erste Noatak-Tour unternommen. »Eines Tages sah ich, wie ein Grizzly schnurstracks auf unser Vorratsdepot zusteuerte«, erzählte Theresa. »Er machte sich über unseren *bear-resistant foodcontainer* her, als ihm plötzlich irgendetwas einen mächtigen Schrecken versetzte. Er ließ den Container fallen, sprang in die Luft und rannte davon, als säße ihm der Teufel im Nacken. Richard hatte von dem Ganzen nichts mitbekommen; in aller Seelenruhe fotografierte er hundert Meter entfernt Blumen.«

In einem anderen Punkt aber beneidete ich die beiden aus vollem Herzen: »Vor gut einer Woche«, sagte Richard, »schwammen vor unserem Schlauchboot wohl 1000 Karibus durch den Noatak!«

»Und wie ist es euch beim Hochwasser ergangen?«, wollte Juliana wissen.

»Übel – das Wasser floss durch unser Camp, ohne dass wir es anfangs bemerkten. Zum Glück war unser Schlauchboot angebunden! Aber unser einziger großer Lebensmittelcontainer trieb bereits ab«, erinnerte sich Richard. »Gott sei Dank waren wir da schon auf den Beinen. Ich warf mich ins brusthohe Wasser, schwamm ein Stück und konnte ihn gerade noch retten! Wir hatten Glück im Unglück.«

»Begegnungen sind das Salz in der Suppe des Reisens«, sagte ich, als wir auf dem Noatak in Richtung Südwesten weiterpaddelten. Richard und Theresa hatten übrigens zwei rote Kanus gesehen, in denen vier junge Männer saßen. Also waren Jim, John, Blake und Reed noch immer vor uns.

Auch diese Nacht paddelten wir in die untergehende Sonne hinein. Eine Nacht der Überraschungen: Unser erster Moschusochse auf dieser Reise hob seinen massigen Kopf. Ansonsten faulenzte er völlig unbeeindruckt in Ufernähe und sah zu, wie wir nur zwanzig Meter entfernt von ihm vorbeipaddelten. Im Dämmer der Nordlandnacht machte ich etwas auf einer Sandbank aus, was mich an ein angeschwemmtes Kanu erinnerte. »Lass uns mal dorthin paddeln«, schlug ich vor.

»Tatsächlich – ein Kanu!« Aber es hatte große Löcher und war arg verschrammt.

Was war geschehen? War es irgendwo am oberen Noatak mit Felsen kollidiert? Ein Geheimnis, das sich nicht lüften ließ. Ich notierte die Position. Sobald wie möglich würden wir einen Nationalpark-Ranger informieren.

Morgens um 2.30 Uhr bedeckten feine Schleierwolken den Himmel, wenig später fielen Tropfen. Sie schienen einen Wetterumschwung einzuleiten. Offenbar hatten die Moskitos nur darauf gewartet, denn nun erlebten wir ihre erste Invasion auf dieser Reise. Binnen Kurzem wurde es auch wärmer. »Zu heiß, um in den Schlafsack zu kriechen«, meinte Juliana. Das traumhaft stabile Hochdruckgebiet, das uns nach dem Unwetter bei angenehm kühlen Temperaturen mit Sonne und blauem Himmel verwöhnt hatte, schien sich zu verabschieden.

Anderntags entdeckten wir ein paar Karibus, die von uns völlig unbeeindruckt in Ufernähe ästen.

»Heute müssten wir den Grand Canyon of the Noatak erreichen«, sagte ich. Der Begriff Grand Canyon assoziiert eine gedankliche Verbindung zu *dem* Grand Canyon des Colorado. Doch dieser hier ist allenfalls der kleine Bruder, obwohl man von *three feet standing waves* spricht, also knapp einen Meter hohen Wellen. Die nehme ich im vollbeladenen Boot, in dem sich auch Kameras und Dokumente befinden, durchaus ernst.

Die genaue Position des Grand Canyon of the Noatak konnten wir unserer Karte nicht entnehmen. Er musste sich zwischen den nördlich gelegenen Isacheluich Mountains und dem Nakolik Mountain im Süden befinden.

Ein Zufall kam uns zu Hilfe.

Zu unserer Überraschung entdeckten wir am Abend des darauffolgenden Tages am linken Flussufer fünf gelbe Zelte. Etwas abseits saßen neun Personen auf Campingklappstühlen an einem Lagerfeuer. Man schien miteinander zu diskutieren. Einige hatten Notizblöcke vor sich. Das Ganze sah aus wie ein an den Noatak verlegtes Seminar. Absurd ...

Wir hielten darauf zu. Kein freundliches Hallo, was allerdings auch nicht allzu untypisch war, denn Teilnehmer einer Reisegruppe sind oft sich selbst genug ... Immerhin stand ein Mann auf und kam auf uns zu.

»Ich bin der Guide der Gruppe«, sagte der junge, durchtrainierte Bursche mit den leuchtend-blaugrauen Augen. Er betreute den *leadership*-Kurs einer Schule für Führungskräfte im amerikanischen Osten.

»Wir sind auf dem Weg nach Noatak Village, von wo die Teilnehmer später ausgeflogen werden«, fuhr er fort. Vermutlich ging es bei dem Seminar um das Verhalten unter Belastungssituationen. Einige stressige Momente würde es schon bald geben, denn wie wir vom Guide hörten, war der Grand Canyon of the Noatak nicht mal fünf Kilometer von uns entfernt.

»*See you again*«, riefen wir. Behutsam stieß ich mein Paddel gegen das Ufer, die Strömung erfasste unser Boot, und rasch trieben wir davon.

Ein Fluss ist eine äußerst lebendige und sich immer wieder verändernde Kraft. Wie würde sich das extreme Hochwasser auf den Grand Canyon of the Noatak auswirken? Würden die *rapids* ungestümer, gurgelnder, küselnder oder unberechenbarer als sonst sein? Denkbar war auch das Gegenteil: Womöglich hatte das große Wasservolumen alle Hindernisse überflutet und würde uns in rasanter Fahrt ungehindert darüber hinwegschießen lassen.

Mir war klar, dass die Ungewissheit über die vor uns liegenden Flusshindernisse Juliana belasteten. Ich wusste aber auch, dass sie froh war, hier nicht in ihrem Einerkajak zu sitzen, sondern »ihren Steuermann« hinter sich zu haben.

Wir paddelten noch geraume Zeit, dann legten wir am Ufer an. Ich entfachte ein Feuer, während Juliana Fertiggerichte aus der Tüte zubereitete. Um Gewicht und Zeit bei der Zubereitung zu sparen, können Fertiggerichte sinnvoll sein. Wir favorisieren Produkte von *Mountain House*. Sie sind fast überall in Nordamerika erhältlich, allerdings nicht ganz billig und schmecken erstaunlich gut. Die Mahlzeiten für den heutigen Abend hatten wir aus Deutschland mitgebracht. Ein Fehler, den wir nicht wiederholen werden; zum einen weil es bei der Einfuhr von Lebensmitteln Ärger bei der Zollabfertigung geben kann. Außerdem erinnerte mich die Konsistenz dieses Essens an das, was ich unlängst als Tapetenkleister auf eine Wand aufgetragen hatte.

Als wir gegen 22 Uhr das Kajak ins Wasser schoben, verdüsterten Wolken den Himmel und beeinträchtigten die Sicht. Keine optimalen Bedingungen für die Befahrung eines unbekannten Canyons mit Stromschnellen. Aber ich wollte den Stier bei den Hörnern packen!

Der Grand Canyon des Noatak war kein »Killer«; er wartete nicht mit gefährlichen, senkrecht aufsteigenden Felswänden auf. Die Strömung war reißend, es gab Strudel, auch Turbulenzen, aber keine wirklich gefährlichen Stromschnellen. Dennoch war es eine unheimliche Nacht, denn die graue Wolkendecke näherte sich fast der Erde und erstickte auch das letzte Licht. Das Gleißen der Mitternachtssonne vor 24 Stunden war wie eine schöne Erinnerung an längst vergangene Zeiten.

Nach der Enge im Grand Canyon nutzte der Fluss die neu gewonnene Freiheit; er strömte in zahlreichen Wasserarmen auf einer Breite von fünf Kilometern Richtung Südwest, bis er wenig später scharf nach Süden abbog. Genau hier verließen wir auch das *national preserve*.

»Ist das dort ein Kanu?«, fragte Juliana in die Stille hinein. Jetzt sah auch ich es.

»Ein rotes Kanu! Sind das die vier Amerikaner?« Wir paddelten in die Nähe des Ufers.

Nein, es waren nicht Blake, John, Jim und Reed.

Ein Mann mit den Zügen eines Inupiat-Eskimo stand am Ufer und winkte. Wir paddelten neben sein Boot, ein mehrfach geflicktes Old Town Canoe von gut fünf Metern Länge. Ich schätzte den Mann auf Mitte fünfzig.

Wir begrüßten uns. Jetzt erkannte ich im Hintergrund eine Hütte. Ein Hinweis, dass wir das *national preserve* tatsächlich verlassen hatten. Der Mann war kräftig, hatte eine sportliche Figur und ein schmales, freundliches Gesicht. Er sprach Englisch mit dem harten, rollenden Unterton der *Alaskan natives*. Er war eines von zwölf Kindern. Genau genommen das zehnte, aber seine Eltern hatten ihn adoptiert. All das erzählte er, ohne dass wir ihn gefragt hätten.

Ob wir Kinder haben, wollte er wissen. Ja, eine Tochter, gaben wir zurück. Warum die nicht bei uns sei? Dann betrachtete er nachdenklich unser Faltboot: »*A nice Klepper.*« Für viele Nordamerikaner ist der Begriff Klepper die Bezeichnung für ein Faltboot schlechthin.

Ich sah ihn mir etwas genauer an. Offenbar ein *loner*, ein Einzelgänger, der sich von der Welt zurückgezogen hatte. Ohne Frau und Kinder lebte er hier ganzjährig für sich allein.

Diese Nacht besaß einen düsteren Zauber, und wir genossen es beide, auch gegen Mitternacht noch auf dem Fluss zu sein. Vermutlich lehnten wir deshalb dankend ab, als er uns einlud, die Nacht bei ihm zu verbringen. Stattdessen paddelten wir in die Nacht hinein. Bald darauf bedauerte ich meine Absage. Eine verpasste Chance ... Welche Geschichten hätte er uns erzählt? Warum lebte er hier allein? Und wie »überlebte« er seine Einsamkeit?

Doch die stille Fahrt durch die Nacht entschädigte uns.

Das braune Wasser des Noatak trug uns zügig fort. Ich legte mein Paddel einen Moment lang auf den Bootsrand und schaute zu, wie Julianas Arme vor mir auf und nieder gingen. Dahinter, in der Ferne, sah ich eine gezackte Bergkette, an deren Hängen weiße Wolken klebten.

Gegen zwei Uhr morgens war es an der Zeit, nach einem Übernachtungsplatz Ausschau zu halten. Dies war ein Gebiet, wie es Grizzlys lieben: gebirgig, mit klaren Creeks voller Lachse. An den Uferbüschen wuchsen wilde Himbeeren und Stachelbeeren, vermutlich auch Blaubeeren. Ein reich gedeckter Tisch für

Bären! Also mieden wir die Ufer und legten an einer hoch liegenden Sandbank an. Als wir um drei Uhr morgens in unsere Schlafsäcke krochen, trommelte Regen auf unser Zelt.

Flussnotizen: Grizzly-Besuch

Eine starke Strömung packt unser Boot und zieht es in das fünf Kilometer breite Noatak-Labyrinth. Erstmals auf dieser Reise säumen Bäume die Ufer; die Tundra liegt hinter uns. Auch die Präsenz der Vögel ist auffällig, vor allem sehen wir lärmende große Raben, die mit kehligen Lauten, Krächzen, Schnalzen und voluminösem »Klong Klong Klong« miteinander kommunizieren.

Als wir zwei Stunden vor Mitternacht fürs Abendessen anlegen, liegt Grau wie ein dichtes Tuch über dem Land. Eine gespenstische, aber nicht bedrückende Stimmung. Die stellt sich auch nicht ein, als ich ein paar Meter neben unserer Kochstelle eine mächtige Grizzly-Spur entdecke: den Abdruck des Vorderfußes eines Braunbären. Da ich kein Maßband zur Hand habe, lege ich meine beiden Hände nebeneinander in den Abdruck. Daraus rekonstruiere ich eine Tatzengröße von 25 mal 25 Zentimeter. Vorsichtshalber prüfen wir unsere bear spray-Flaschen und paddeln in die Nacht hinein.

Ein Uhr morgens: Die Navigation wird schwierig, da sich der Noatak in einem Dutzend Kanälen verzweigt hat. Sandbänke sind hier Schlammbänke – eine campsite *zu finden, wird schwierig werden. Ich bin also erfreut, als ich fünfzig Meter vom Ufer entfernt im Fluss eine erhöhte und relativ trockene Erdbank entdecke. Wir legen an, sichern das Faltboot und bauen das Zelt auf.*

Juliana nimmt das Plumpsen als Erste wahr: »Als ob ein Uferstück abbricht«, sagt sie. So etwas haben wir schon Hunderte

Male gehört, doch das hier klingt anders ... In diesem Moment sehe ich, wie ein großer dunkler Körper vom Ufer her in Richtung unseres Camps schwimmt. Ein Bär! Ein Grizzly! Jetzt ist er nur noch dreißig oder vierzig Meter von uns entfernt. Natürlich kennen wir das Repertoire der Empfehlungen über den Umgang mit Bären. Blitzschnell entscheiden wir, Lärm zu machen und selbst größer zu erscheinen, als wir tatsächlich sind. Bären mögen keinen Lärm und gehen größeren Gegnern aus dem Weg. Klar, das sind allenfalls Faustregeln, denn Bären lesen keine Survival-Handbücher. Vor allem Braunbären sind unberechenbar. Aber dieser hier dreht ab, schwimmt zurück zum Ufer, klettert die Kante empor und verschwindet im Busch.

Was hat er vor?

Rasch bringen wir das Faltboot in Fluchtposition. Unser Zelt und alles Übrige lassen wir, wo es ist. Ich baue darauf, dass der Grizzly eine direkte Begegnung mit uns vermeiden will. Hätte er die Konfrontation gewollt, wäre er nicht ausgewichen.

Das Knacken von Zweigen wird schwächer. Da, rund hundert Meter flussabwärts klatscht es erneut im Wasser. Der Bär durchschwimmt den Noatak und läuft über eine andere Schlammbank. Er verharrt, blickt zu uns herüber. »Offenbar will er uns weiträumig umgehen ...« Aber schon ist der Grizzly im diffusen Grau der Nacht verschwunden.

Wir warten ab, beobachten Ufer und Fluss. Gegen 2.30 Uhr bricht die Sonne einen Moment lang durch einen Wolkenspalt. Was für eine Nacht! Aus den jetzt rot übertünchten Morgennebeln erheben sich Bergspitzen, die mich an Pyramiden erinnern.

Drei Uhr: Unsere Körper brauchen Schlaf.

Wir beschließen, dass der Grizzly nicht zurückkommt, lachen kurz über diese Verrücktheit und sind schon eingeschlafen ...

Im Land der Inupiat – Noatak Village

Der nächtlichen Bärenangst folgte morgens ein Bärenhunger. Wir ließen uns Zeit, denn dichter Nebel lag über dem Noatak River. Er dämpfte die Laute der Vögel und das Rauschen des Flusses. Vermutlich hätte er auch die Geräusche des Braunbären gedämpft ... der aber war zum Glück nicht mehr da.

Jetzt bei Nebel in dem von Schlammbänken durchsetzten Flusslabyrinth weiterzupaddeln, hatte überhaupt keinen Sinn. Bald flackerte ein Feuer, und Juliana buk *bannocks*, Fladenbrot, in der Pfanne. Dann brach die Sonne durch, und ein Berg nach dem anderen schälte sich aus dem Nebel. Ein großartiges Bild mit uns beiden als einzigen menschlichen Wesen ...

Ich zog die von Wind und Wetter gebeutelte Landkarte aus ihrer Schutzhülle: *As the crow flies*, in Luftlinie also, waren es von unserem Camp bis zur Küste der Tschuktschensee nur noch fünfzig Kilometer. Doch da der Noatak seinen bisherigen Kurs nach Westen verlassen hatte und scharf in Richtung Süden abgeknickt war, betrug unsere tatsächliche Strecke bis zum Meer gut das Doppelte.

Nach dem nebelkalten Morgen brannte uns jetzt zwar die Sonne ins Gesicht, doch all das täuschte nicht darüber hinweg, dass wir hier in der Wetterküche des Nordens waren; ich rechnete mit Regen und Stürmen. »Das Wetter hier ist launisch wie ein altes Weib«, sagte ich, was mir einen Knuff meiner Frau einbrachte. Wir waren gut gelaunt, als wir vom »Grizzly-Camp« aufbrachen.

»In drei oder vier Stunden sollten wir Noatak Village erreichen«, bemerkte ich, während wir an einem unterspülten Uferabschnitt mit einem wie ein Baldachin über den Fluss hängenden Tundrateppich vorbeipaddelten. Selbst jetzt, Anfang

August, entdeckte ich in Erdlöchern darunter quadratmetergroße Schneeablagerungen.

Das Brummen startender und landender Flugzeuge ist immer ein Indiz für eine Buschsiedlung; auch Noatak Village kündigte sich so an. Dennoch hielten wir die Augen offen, denn die Siedlung liegt versteckt am westlichen Ufer des Flusslabyrinths. In diesem Moment schoben sich drei Köpfe aus dem Wasser, und die Knopfaugen von Robben fixierten uns. Gleich danach entdeckte ich die ersten Boote unterhalb des Ortes Noatak.

Rund 500 Menschen leben hier, gut neunzig Prozent davon sind *natives*, Inupiat, Angehörige des zweitgrößten Eskimo-Volkes in Alaska. Anders als die Yup'ik weiter im Süden sind sie mit den Inuit Kanadas und Grönlands verwandt.

Etwa 13 500 Inupiat bevölkern die nördlichsten Küsten Alaskas, doch nur 3000 von ihnen, zumeist die Alten, sprechen Inupiaq, ihre traditionelle Sprache. Für die Jungen ist Englisch die Umgangssprache, nicht zuletzt durch die schulische Erziehung. Viele der Jungen zieht es in die Städte. Moderne Lebensformen überlagern deutlich das Traditionelle. Zwar ist bei allen indigenen Völkern Alaskas die Wertschätzung traditioneller Lebensformen vorhanden, deren Umsetzung stößt im modernen Alltag allerdings schnell an Grenzen. Kaum jemand lebt ausschließlich als Jäger und Sammler, der Großteil der Jungen schon gar nicht. Wir waren also auf Noatak Village gespannt und legten zwischen ausgehärteten Betonsäcken an, mit denen das bröckelnde Ufer befestigt worden war.

Mit einem Mal waren wir mittendrin im prallen Buschleben: Mandeläugige Kinder spielten in Pfützen. Vor einem auf meterhohen Stelzen gebauten Holzhaus fuhr ein vierjähriges Mädchen auf seinem pinkfarbenen Dreirad. Autos hatte es nicht zu befürchten, allerdings knatterten an jeder Ecke des Ortes *four wheeler*. Bereits ein Zehnjähriger fuhr ein Quad, auf dessen Gepäckträger seine drei- bis fünfjährigen Geschwister saßen.

»Freundliche Menschen!«, stellten wir fest. Man grüßte, lächelte uns zu. So auch John, ein drahtiger etwa vierzigjähriger Inupiat, der uns erzählte, dass unsere vier jungen amerikanischen Bekannten, Jim, John, Reed und Blake, gestern hier ihre Kanutour beendet hatten und heute Morgen mitsamt Kanus nach Kotzebue ausgeflogen worden waren.

»Die Airline hat zur Zeit ein Sonderangebot«, verriet er. Montags, mittwochs und freitags gibt es die Flüge zum halben Preis.

»Wenn das Wetter mitspielt, werden wir im Kajak nach Kotzebue fahren«, sagte ich.

John legte sein Gesicht in nachdenkliche Falten: »Die Zeit des Beerenpflückens ist gerade vorbei, aber die Lachse ziehen noch immer gut und reichlich ... Ihr werdet also im Flussdelta auf Fischer treffen, von denen ihr vor der Überquerung des Kotzebue Sound aktuelle Wind- und Wetterinformationen einholen solltet!«

Wir schlenderten weiter. Es gab noch ein paar mehr Dinge, die meine Aufmerksamkeit erregten: der gut fünf Meter lange Knochen eines Wals, dann der Bursche mit dem Quad, in dessen Transportkorb zahlreiche Weißbrote gestapelt waren. Und dann wanderte mein Blick über den hier fast unübersichtlich verästelten Fluss mit den Bergen im Hintergrund.

Das Gerümpel unter und neben den auf Stelzen gebauten Häusern hingegen beeindruckte mich nicht. Ich schritt die Parade von einem Dutzend nebeneinander geparkter *four wheeler* ab und betrat den kleinen Supermarkt, wo ich Naschereien und die Tageszeitung *Alaska Dispatch News* kaufte. Die Überschrift der ersten Seite sprang mir ins Auge: *Frau aus Cordova von Braunbären malträtiert.*

Eine verrückte Geschichte mit Happy End: Eine Frau namens Thea geht mit ihrem Hund Kiska spazieren, als ein Grizzly ihren Weg kreuzt und sie unvermittelt angreift. Sie wirft sich auf die Knie, Kopf nach unten, Hände schützend in den Nacken. Sie macht alles richtig – und das rettet ihr das Leben! Der Bär reißt zunächst Fleischstücke aus einem Arm, dann aus einem Bein. Als es ihm nicht gelingt, die kniende Frau auf die Seite zu rollen, verliert er das Interesse an ihr und trollt sich.

Thea schleppt sich zurück in den Ort und überlebt.

Ganz anders, aber ebenso spannend eine weitere Geschichte der *Alaska Dispatch News*:

Vor 22 Jahren wurde der kleine Andrew Harrelson Zeuge, wie seine Mutter am Ufer des Fish River einen riesigen, 79 Pfund schweren Stoßzahn eines Wollhaarmammuts fand. Als er jetzt, gut zwei Jahrzehnte später, von der unweit des Beringmeeres gelegenen Siedlung White Mountain mit seiner eigenen jungen Familie zum Angeln an den Fish River fährt, entdeckt er an derselben Stelle einen dreieinhalb Meter langen und 150 Pfund schweren Mammut-Stoßzahn. Die Parallelität zu damals und auch die Größe des fossilen Zahns wird in den Medien als kleine Sensation präsentiert. Für den Finder ist es zudem kein schlechtes Geschäft: Andrew darf beim Verkauf pro Pfund Elfenbein rund 75 Dollar erwarten.

Beim Blick auf die Alaska-Karte springt einem südwestlich von Noatak Village das Bering Land Bridge National Preserve ins Auge. Ein 11 000 Quadratkilometer großes Schutzgebiet zwischen Kotzebue Sound und Beringstraße, dessen Name auf die kontinentale Verbindung Asiens mit Amerika hinweist. Über diese Landbrücke führten die Wanderrouten frühzeitlicher Tiere, aber auch die der ersten von Sibirien nach Alaska eingewanderten Menschen. Die Kälte hatte damals das Meerwasser in Gletschern gebunden, weshalb »Beringia«, wie die Brücke zwischen Sibirien und Alaska auch genannt wird, knapp hundert Meter unter dem heutigen Meeresspiegel lag. Es war das Eiszeitalter, das Pleistozän, das vor 1,6 Millionen Jahren begann und vor rund 10 000 Jahren endete. Wissenschaftler halten es für möglich, dass bereits vor 40 000 Jahren Menschen über diese trocken liegende Bering Land Bridge nach Alaska kamen. Allerdings belegen Funde sowohl aus Nord- wie aus Südamerika bislang nur ein rund 15 000-jähriges menschliches Leben auf dem amerikanischen Kontinent.

Beim Bummel durch Noatak Village trafen wir auf Jim, einen der Lehrer des Ortes. Er und seine Frau Laura stammen aus dem Staat Washington. »150 Kinder besuchen unserer Schule«, berichtete Jim. Seit vier Jahren unterrichten er und seine Frau hier. »Das Leben mit den Inupiat bereichert uns«, sagte er. Ein paar Jahre wollen die beiden noch bleiben. »Dann möchte meine Frau zurück in den Süden.«
»Wovon leben die Menschen hier?«, fragten wir.
»Zum Teil von *subsistence*, also der Jagd, dem Fischfang und dem Beerenpflücken. Aber es gibt auch die gut bezahlten Jobs in der Red Dog Mine. Etwa vierzig Leute aus unserem Ort arbeiten dort.«
»Erzähl mehr darüber«, bat ich Jim.
»Achtzig Kilometer nördlich von hier befindet sich das größte Zinkvorkommen der Erde. Und Red Dog ist der weltweit größte Zinkproduzent. Daneben gibt es noch riesige Bleivorkommen. Da sich diese immensen Bodenschätze auf dem Land der Inupiat befinden, sind diese Anteilseigner, also Eigentümer. Jeder Inupiat hier profitiert von der Mine.«

Während wir mit Jim plauderten, donnerten fortwährend Quads an uns vorbei. Kinder winkten, Frauen und Männer grüßten, es war eine angenehme, unbeschwerte Atmosphäre.
Natürlich wollte ich Details über die Querung des Kotzebue Sound bis zum Ort Kotzebue erfahren. Ich erhielt zwar einige Antworten, doch die meisten stammten von Motorbootfahrern mit 150 Pferdestärken … In einem Punkt aber waren sich alle

einig: »Paddelt nur bei Windstille und nicht bei schwerem Seegang.«

Einer der Männer, mit denen wir sprachen, war Gorson. »Bin der Mechaniker hier, ich repariere *four wheeler*.«

Gorsons Gesicht, sein Hals, die Arme und Hände wiesen zahllose längst verheilte Brandwunden auf.

»1977«, sagte er nachdenklich, »hing mein Leben am seidenen Faden. Das Haus, in dem ich als junger Mann allein lebte, brannte ab. Und ich lag drin ... stockbetrunken. Man fand mich im letzten Moment und brachte mich mehr tot als lebendig nach Anchorage, wo ich sechs Monate im Hospital lag. Das Stärkste, was ich seitdem trinke, ist Kaffee!«

Als wir unser Faltboot startklar machten, heulten nahebei 16 Schlittenhunde. Ein paar Inupiat-Kinder winkten. Wir winkten zurück. Dann ergriff uns die Strömung. Keine 500 Meter weiter allerdings stellte sich Ernüchterung ein: Man hatte hier zwar den Müll vergangener Jahrzehnte unter einer dicken Erdschicht begraben, doch das jüngste Hochwasser hatte einiges davon freigelegt. Und so trieb ein kleiner Teil des Unrats mit uns in Richtung Beringstraße.

Aber schon ein paar Stunden später ließ uns der Noatak glauben, dass wir die einzigen Menschen in einer wilden, unberührten Natur waren. Im Wasser tauchten Robbenköpfe auf. Das Trompeten Hunderter Gänse erfüllte die Luft. Auf der Spitze einer Fichte saß regungslos ein Weißkopfseeadler. Die Wolken am Himmel wurden schwärzer und dichter. Dennoch schaffte es die späte Sonne, einen rot glühenden Lichtstrahl zu uns zu schicken.

Auf einer weitläufigen Sandbank mitten im breiten Fluss bauten wir unser Camp. Sorgenvoll sah ich gegen zwei Uhr morgens zum Himmel empor: »Da braut sich ein Unwetter zusammen!«

Die Zielgerade zur Tschuktschensee

Ein entfesselter Sturm heulte über unsere Sandbank. Zeitweise prasselte Regen nieder, doch unser Zelt hielt zum Glück stand ... So glaubte ich, bis ich morgens einen hellen Lichtstrahl durch die Außenhaut fallen sah. Dort, wo eine der Stabilisierungsschnüre angebracht ist, war das Zelt unter dem Druck des Sturms eingerissen. Ich ging hinaus und flickte die Stelle mit *duct tape*, unserem Panzerband.

Der waagerecht über die Sandbank gepeitschte Sand biss schmerzhaft in Gesicht und Hände, er lag wie ein undurchsichtiger grauweißer Schleier über dem Fluss. Trotz all unserer Sorgfalt wehte er ins Zelt, legte sich über meine Kameras und landete in unserem Frühstücksmüsli. Er machte die Stimmbänder spröde und den Mund trocken. Dass wir bei diesem Wetter nicht auf den Fluss konnten, war klar.

Nachmittags flaute der Sturm ab. Irgendwann schlug ich vor aufzubrechen.

Der Noatak war hier mehrere Hundert Meter breit, und dort, wo der Sturm lustvoll in die Strömung griff, peitschte er die Wellen gut einen halben Meter hoch. Gegen solche Kräfte anzupaddeln, ist eine Knochenarbeit; zumeist waren unsere Blicke aufs Wasser vor der Bootsspitze gerichtet. Plötzlich hielt ich inne: »Eine *barge*!« Einer dieser mächtigen Schleppkähne, die Frachten zu den Siedlungen im Innern Alaskas transportieren, lag in der Flussmitte vor Anker. Die Besatzung hatte uns bereits entdeckt, denn an der Reling winkten Menschen ...

Wir gingen längsseits, sicherten unser Faltboot und stiegen die eiserne Leiter empor zum Deck. Kapitän Warren, etwa Mitte fünfzig, bat uns, an Bord zu kommen. Dort begrüßten wir June, seine Lebensgefährtin, und ihre Freundin Judy. Paul, ein Matrose, der auf Deck in einem Wohncontainer lebte, machte sich gleich nach der Begrüßung wieder an die Arbeit.

»Kommt rein«, forderte Warren uns auf. Und während ich mehr Kaffee in mich hineinkippte als sonst in vier Tagen, lauschten wir seinen Geschichten: »Dieser Fluss verändert ständig sein Bett, deswegen erkunde ich zurzeit das sicherste Fahrwasser«, erzählte er. Allerdings sollte dieser Trip auch ein Ausflug sein, und so hatten er und June auch Judy mitgenommen. Sie servierte Donuts. Die letzten drei Jahre hatte Judy in Honolulu auf Hawaii gearbeitet. Jetzt hatte sie einen Job als Angestellte beim Gericht in Kotzebue.

Käpten Warren beförderte mit seiner *barge* hauptsächlich Baumaterialien. »Häufig von Kotzebue nach Noatak Village. Aber ich beliefere auch die Siedlungen am Kobuk River.«

Der Kobuk – wie der Noatak zumindest abschnittsweise ein *wild and scenic river* – ist einer jener großartigen Flüsse Alaskas, die noch auf meiner Wunschliste stehen.

»Wer auf dem Kobuk zwischen Ende August und Mitte September unterwegs ist, hat gute Chancen, vor oder hinter seinem Boot mehrere Tausend Karibus den Fluss durchqueren zu sehen. Ein einmaliges Bild«, schwärmte Warren. »Es ist, als hätten sich die Karibus auch mit meiner *barge* arrangiert: Wenn ich mich mit dem Schiff nähere, teilt sich der Strom der abertausend Tiere, um mich durchzulassen. Sobald die *barge* vorbei ist, schließt er sich wieder zusammen. Karibus sind smart.«

»Danke für Kaffee und Kuchen«, sagten wir, als wir gegen 21 Uhr erneut in unser Kajak stiegen. Die Gemütlichkeit der warmen Kabine hatte uns träge werden lassen, aber der nasskalte Wind brachte die Lebensgeister schnell wieder auf Trab. Wir waren keine halbe Stunde auf dem Wasser, als ein Dauerregen begann, der erst zwölf Stunden später endete. Während der gesamten Zeit paddelten wir ...

Flussnotizen:
Ununterbrochen fällt wolkenbruchartiger Regen auf uns nieder; meine Sicht endet nach 150 Metern. Das erschwert die Navigation. Der Noatak erscheint mir in diesem gespenstischen gelb-braunen Licht als uferloser See. Dank meiner Karte weiß ich zwar, wo wir uns befinden, dennoch laufen wir dort, wo der Agashashok River in den Noatak mündet, auf eine Sandbank auf. Behutsam staken wir mit unseren Paddeln das Boot darüber hinweg.

Mitternacht: Der Wind hat nachgelassen, und das schwere Grau der Nacht liegt wie eine alle Laute erstickende Decke über dem Land.

»Da!«, sage ich. »Siehst du dort drüben die beiden cabins *am Ufer?«*

Ich wünschte mir, dass Lichtschein aus den Fenstern fiele und eine Stimme riefe: »Hi folks, kommt rüber und wärmt euch bei 'ner Tasse Kaffee auf!« Aber die Fensterscheiben bleiben dunkel, niemand ruft.

»Lass uns weiterfahren!«, sagt Juliana. Noch immer prasselt der Regen auf unsere Kapuzen, harte Tropfen hämmern in unsere Gesichter. Julianas Arme bewegen sich wie Windmühlenflügel auf und ab: »Pitsch, Pitsch, Pitsch ...« Dort, wo auf der Karte die Worte Lower Noatak Canyon stehen, verengt sich der Fluss. Plötzlich bemerke ich eine Bewegung am Ufer: »Pst!«, flüstere ich. Leise legen wir die Paddel auf den Bootsrand und treiben keine fünfzig Meter an drei mächtigen Grizzly-Bären mit dichten gelb-braunen Pelzen vorbei. Sie tollen miteinander ... oder kämpfen sie? Einer hat jetzt einen großen Lachs gefangen und läuft damit am Ufer entlang, die anderen folgen ihm.

Zwei Uhr morgens: Auch wir sind hungrig und plündern die eiserne Reserve: Schwarzbrot aus Deutschland mit Käse. Wir essen, ohne das Boot zu verlassen.

Gegen drei Uhr morgens sagt Juliana: »Mir fallen die Augen zu.« Aber sie paddelt weiter. Um vier Uhr bemerkt sie: »Ich sehe Lichter, ist das schon Kotzebue?«

Auch ich meinte, Lichtpunkte gesehen zu haben. Aber das war unmöglich ... Zwischen Kotzebue und uns lagen Hügel, und der Ort selbst war noch weit entfernt. Entweder waren es Irrlichter über den Sümpfen und Mooren oder – viel wahrscheinlicher – Halluzinationen als Folge von Erschöpfung und Schlafmangel.

Der Fluss war jetzt drei Kilometer breit und floss auf einen auf meiner Karte als Sakisalnak Point bezeichneten Punkt zu. Hier änderte er zwangsweise seinen Kurs an den wie ein Riegel vorgeschobenen Mulik Hills und bog erneut scharf nach Süden ab. Bis zum Meer waren es laut meiner Karte noch mindestens zwanzig Flusskilometer. Wir aber hatten den Eindruck, auf einem drei Kilometer breiten und zwanzig Kilometer langen See zu paddeln. Zwischendurch hielten wir uns mit Liedern bei Laune, Gassenhauern wie »Wir lagen vor Madagaskar« oder »Bolle reiste jüngst zu Pfingsten«.

Morgens um sechs Uhr sah ich am gegenüberliegenden Ufer etwas Weißes. Eine Hütte oder ein großes Zelt? »Jetzt nur noch schlafen«, sagte ich. Seit neun Stunden hatten wir das Faltboot nicht verlassen!

Wir überquerten den breiten Fluss, stiegen aus dem Boot und gingen unsicheren Schrittes auf das große weiße Zelt zu. »Hallo?« Niemand antwortete. Ich schaute durch den vorderen Öffnungsschlitz hinein und sah Kleidung und Ausrüstungsgegenstände.

»Niemand zu Hause«, sagte ich enttäuscht. »Vermutlich sind es Fischer, die mit ihrem Boot unterwegs sind.« Uns in einem bewohnten Zelt mit eigenen Schlafsäcken einzuquartieren, wäre uns nicht in den Sinn gekommen. Andererseits war es uns zu mühsam, unser Faltboot auszuladen und das Zelt aufzubauen.

»Irgendwo werden wir schon eine offene *cabin* finden«, sagten wir uns. Es ist das ungeschriebene Gesetz der Wildnis, in einer unbewohnten Hütte seinen Schlafsack ausrollen zu dürfen. Aber auch während der nächsten Stunden fanden wir keine *cabin*.

Flussnotizen:
Neun Uhr: Ich sehe, wie Juliana beim Paddeln innehält und ihr Kopf vornübersinkt. Ich spüre, wie sie sich innerlich einen Ruck gibt und weiterpaddelt. In dieser Verfassung über den Kotzebue Sound zu paddeln, wäre Irrsinn. Vierzig Kilometer dürften es noch bis dorthin sein. Wir müssen einen Platz zum Schlafen finden!

Aber wo ...?

Die Ufer sind ungeeignet, Sandbänke gibt es schon lange nicht mehr, allenfalls halbmeterhoch aus dem Wasser ragende Schlammflächen, aus denen dürres Weidengestrüpp sprießt.

An einer legen wir an. Breiiger Boden wippt unter den Füßen. Hundemüde, wie wir sind, lassen wir die Ausrüstung bis auf Zelt, Matratzen und Schlafsäcke im Kajak. Wir sichern das Boot und bauen das Zelt auf. 18 Stunden nachdem wir unser letztes Camp auf der stürmischen Sandbank verlassen haben, fallen wir in tiefen Schlaf.

Die unheimliche Nacht im Kotzebue Sound

Wir hatten uns vorgenommen: »Im Delta entscheiden wir, ob wir den Sprung übers Meer nach Kotzebue wagen oder nicht«. Hier vor Ort wollten wir den Rat der Fischer einholen. Aber kein Fischer ließ sich blicken ... Außerdem waren wir seit Noatak

Village so viele Stunden durch Wind und Regen gepaddelt, dass wir keine Lust hatten, so kurz vor dem Ziel umzukehren und uns von Noatak Village nach Kotzebue ausfliegen zu lassen. Andererseits wollten wir auch nicht sehenden Auges ins Verderben paddeln …

Als ich nach fünfstündigem Schlaf noch einen Moment lang unschlüssig im Zelt lag, machte ich eine kleine Risikoanalyse: Wir hatten hinreichend Lebensmittel und trockene Kleidung. Zeitliche Engpässe gab es nicht. Das geflickte Zelt hielt dicht; körperlich und mental waren wir gut drauf. All das reichte, um übles Wetter oder eine aufgewühlte See notfalls zwei bis drei Tage aussitzen zu können.

Ich sah aus dem Zelt aufs Wasser. Dessen Grau unterschied sich nicht von dem des Himmels, unserer Hosen und Hände. Auch das war nichts Neues. Es regnete ohne Unterlass, zum Glück ging aber nur ein leichter Wind.

»Wir tasten uns bis dicht ans Meer ran und beschließen dort das weitere Vorgehen«, schlug ich vor. Julianas Blick blieb skeptisch, aber sie sagte: »Lass uns den Stier bei den Hörnern packen!«

Ich verspürte ein erwartungsvolles Kribbeln …

Um den weiteren Verlauf der Dinge besser nachvollziehen zu können, ist ein Blick auf die Landkarte oder auf Google Maps sinnvoll. Allein schon, um das Zusammenspiel der vielen Wasserarme und Buchten hier im entlegensten Nordwesten des amerikanischen Kontinents zu verstehen. Zunächst aber eine kurze Begriffsklärung zum Namensgeber des Kotzebue Sound:

Otto von Kotzebue, Sohn des aus Weimar stammenden Dichters August von Kotzebue, erblickte 1787 in Estland das Licht der Welt. Später beteiligte er sich als baltendeutscher Offizier der russischen Marine an der Erforschung der Nordwestpassage. Dabei entdeckte er den nach ihm benannten Kotzebue-

Sund, eine tief ins Festland Alaskas hineinragende Meeresbucht der Tschuktschensee.

Auch Kotzebue, der größte Ort in diesem Teil der Welt, trägt seinen Namen. Die Kleinstadt liegt am nordwestlichen Ende der hundert Kilometer langen Baldwin-Halbinsel, die wie ein dürrer Finger den Kotzebue Sound und die Wasser des östlich davon liegenden Hotham Inlet teilt. Auch wenn es von der Mündung des Noatak bis nach Kotzebue nur 21 Kilometer sind, wird angesichts der offenen, ungeschützten Wassermassen klar, dass Kajakfahrer hier äußerst wachsam sein müssen.

Ich nahm meine topografische Karte aus ihrer Schutzhülle. Sie war durch das mehrfache Umfalten und Auseinandernehmen rissig, nass und unansehnlich geworden. Hier im unübersichtlichen Delta war sie dennoch ein Schatz, den ich wie meinen Augapfel hütete: Schließlich zeigte sie mir den Verlauf des Flusses bis zum Meer.

Wir brannten so sehr darauf, die letzte Etappe in Angriff zu nehmen, dass wir vor dem Start auf den obligatorischen Morgenkaffee verzichteten. Wobei die Wortwahl »Morgenkaffee« eigentlich ein Witz ist, denn es war 17 Uhr, als wir aufbrachen. Was wir zu diesem Zeitpunkt nicht ahnten: Vor uns lag die unwirklichste, magischste, aber auch gefährlichste Nacht unseres Lebens. Später sollten wir im Norden der Baldwin Peninsula endgültig wieder Land betreten.

Es regnet ohne Unterbrechung, heißt es in meinen Flussnotizen. Mit dem Regen konnten wir gut leben, aber die Sicht war miserabel. Wenn es so blieb, würde die Überquerung des Stücks offenen Meeres buchstäblich ins Wasser fallen.

Ich hielt unser Faltboot dicht am östlichen Flussufer. Die Strömung war hier extrem gering, vielleicht gab es sie schon gar nicht mehr. In meinen Notizen findet sich die Bemerkung: *Der*

Noatak fließt rückwärts, was durchaus möglich ist, wenn die Gezeiten des Meeres das Wasser flussaufwärts drücken. Der fünf Kilometer breite Noatak wurde jetzt von Kinuk Island geteilt. Es dauerte eine gefühlte Ewigkeit, bis wir das Ende dieser großen Insel erreichten.

»Lass uns am Südzipfel von Kinuk Island anlegen«, schlug ich vor. »Ich möchte mich an Land neu orientieren.« Dazu brauchte ich festen Boden unter den Füßen, auch um die zerfledderte Karte einigermaßen sicher ausbreiten zu können. Beim Anlegen entdeckten wir Elch- und Karibufährten, auch Hunderte Spuren von Wasservögeln. Dies war ein Vogelparadies. Die Luft war erfüllt vom Schnattern der Enten, dem Trompeten der Gänse und dem herrischen Schwadronieren der großen schwarzen Raben.

Der Boden unter meinen Füßen war breiig und schwankte. Um mich im Notfall abstützen zu können, hatte ich mein Paddel mitgenommen. So bahnte ich mir einen Weg durch kniehohes Weidengestrüpp und suchte einen Punkt, der mir bei der Orientierung helfen könnte. Ein dicker, von weit her angeschwemmter Baumstamm war die einzige Erhöhung, ich kletterte hinauf. Kein Zweifel, vor mir lag das Meer. Kotzebue musste sich irgendwo dahinter im Südwesten befinden. Aber im Mausgrau des Tages waren Details nicht zu erkennen ... Oder doch! Hatte ich da ein Blitzen gesehen? So etwas hatte ich doch erst vergangene Nacht wahrgenommen – als Halluzination ...

Nein, dies war anders. Diese Blitze kamen in regelmäßigen Intervallen. Mein Blick versuchte, das Grau zu durchdringen; ich meinte, einen Leuchtturm oder den Tower eines Airports zu erkennen. Ich zweifelte kurz an meiner Wahrnehmung ... Nein, kein Zweifel, ich hatte Kotzebue ausgemacht. Als ich zu Juliana zurückkam und ihr davon berichtete, leuchteten ihre Augen.

Ich glaube nicht an Wunder, aber ich habe in der Natur schon die wunderbarsten Fügungen erlebt, sodass ich einem »Wink des Schicksals« grundsätzlich nicht skeptisch gegenüberstehe: Während wir die letzten Kilometer bis zum Beginn der riesigen Meeresbucht paddelten, riss der Wind die düstere Wolkendecke auf, und die Sonne goss einen Schuss Rotgold über das Delta und den Kotzebue Sound aus. Wir nahmen das als gutes Omen und paddelten aufs Meer. Ich sah zum Himmel und grinste – eine Wetterveränderung stand an ... vermutlich zum Guten!

Reisenotizen:
Noch drischt der Wind auf uns ein, doch am Himmel gewinnen die hellen Wolken die Vorherrschaft über die dunklen. Eben noch war der letzte Regenschauer auf uns niedergeprasselt, aber mit dem Aufziehen der Nacht wird es klarer. Die Wellen allerdings sind nach wie vor einen Meter hoch, manchmal schlagen sie über Julianas Kopf zusammen. Zum Glück liegt das Boot sicher und stabil auf dem Wasser.

Eine Sekunde lang denke ich: Was ist, wenn eine Spante bricht und das wohlgefügte Puzzle unseres Bootes zusammenfällt? Schnell verscheuche ich solch unsinnige Gedanken. Derweil bewegen sich unsere Arme mit der Präzision von Windmühlenflügeln.

Ein Uhr morgens: Das Leuchtfeuer von Kotzebue blinkt unverändert. Aber mir ist jetzt, als würden wir auf der Stelle paddeln. »Eine Strömung drückt uns in die falsche Richtung – ins Hotham Inlet«, sage ich zu Juliana.

Unsere Körper signalisieren, dass sie eine Pause brauchen. Doch die Ufer der einzigen Insel sind felsig und steil, ein Anlegen ist unmöglich.

Wir legen die Paddel aus der Hand und futtern ein paar Erdnüsse. Während dieser zwei Minuten werden wir zwanzig Meter abgetrieben. Um diese zwanzig Meter aufzuholen, muss jeder von uns 150 kraftvolle Paddelschläge machen. Und während wir Stunde um Stunde die Paddel ins Wasser stoßen, leuchten die Lichter von Kotzebue wie eine Fata Morgana.

Der Himmel ist jetzt fast wolkenlos. Die wenigen verbliebenen Wolken aber haben die Gesichter von Kobolden, die aus dem Dunkelrot des Himmels verschmitzt zu lächeln scheinen. Eine unwirkliche Nacht!

Fünf Uhr morgens: Bereits zwölf Stunden saßen wir im Boot, und seit zwölf Stunden paddelten wir quasi ohne Unterbrechung. Doch der Zauber der Nacht und die Freude, zu zweit im selben Boot solch einen Moment teilen zu dürfen, war stärker als der Stress des Dauerpaddelns. Zum Schluss funktionierten unsere Körper wie Roboter. Die Lichter von Kotzebue wurden zunehmend heller. Wir sahen die Scheinwerfer eines Autos. Dann schälten sich die Konturen von Häusern, Öltanks und Booten aus dem diffusen Morgenlicht.

Ich roch Brackwasser und vernahm die ersten Geräusche eines erwachenden Ortes. Auf meinen Lippen schmeckte ich Salz, und um meinen Hintern platschte das trotz des Spritzdecks ins Boot gedrungene Wasser. Dann die letzten hundert Meter ... mit rauer Stimme zählte ich laut die Paddelschläge. Wir zogen das Faltboot an Land. Wo waren wir? Keine Ahnung! Mir war das auch völlig egal. Als wir nach 13 Stunden im Boot die ersten Schritte an Land machten, torkelten wir. Mit einem Mal spürten wir die nasse Kleidung und zitterten wie Espenlaub.

Während in Kotzebue die Tagesaktivitäten begannen, bauten wir am Ortsrand unser Zelt zum Schlafen auf. »Das war die härteste Nacht meines Lebens«, sagte Juliana erschöpft. »Auch für mich!«, stimmte ich zu. Aber schon begann der beinharte 13-stündige Paddel-Marathon in meiner Erinnerung zu verblassen ...

In meinem Kopf aber bleiben die Farben der Nacht, das irrlichthafte Gleißen des Lichts, das wie aus einer anderen Welt zu uns auf dem Meer drang, und unser Miteinander in Situationen, in denen man sich bedingungslos aufeinander verlassen muss.

Bis heute bewahre ich in mir das Bild eines grün-schwarzen Kajaks mit zwei Paddlern auf einem weiten Meer unter einem Himmel, dessen Farben – vom finstersten Unwetterschwarz bis zum glühenden Sonnenaufgang – die Welt am Rande der Beringstraße verzauberten.

Und sie verzauberten auch uns ...

Epilog: Im Bann der Wildnis

Mein Leben ist das Abenteuer, und das seit mehr als vier Jahrzehnten.

So schloss sich für mich der Kreis, als ich von den Flüssen Alaskas nach Afrika zu unserem Expeditions-Lkw zurückkehrte. Dorthin, wo mein »Umweg ins Herz Alaskas« zum Kuskokwim River begonnen hatte ...

Juliana war natürlich wieder mit von der Partie, als wir im paradiesisch tierreichen Nordwesten Botswanas im letzten warmen Sonnenlicht eine Elefantenherde im Okavango-Delta beobachteten. Dies hier waren zwar andere Bilder, aber ähnlich stark und berührend wie jene, die ich unter dem grenzenlos weiten Himmel Alaskas sah. Doch hier wie dort sind es zunehmend Bilder mit Seltenheitswert.

In Afrika schrumpfen die letzten Paradiese unter dem immensen Bevölkerungsdruck. Und in Alaska gräbt der Mensch mit Hightech und Riesenmaschinen auf der Jagd nach Gold, Öl und anderen Bodenschätzen die entlegensten Regionen der Wildnis um. Der legendäre Klondike-Goldrausch mag eines Tages in der Rückschau bescheiden anmuten, wenn die Vision vom Donlin-Gold am Kuskokwim Realität geworden ist. Vor Jahren skizzierten große Umweltschutzorganisationen solche Szenarien mit einer griffigen Weissagung, die manche den Cree-Indianern zurechnen: »Erst wenn der letzte Baum gerodet, der letzte Fluss vergiftet, der letzte Fisch gefangen ist, werdet ihr merken, dass man Geld nicht essen kann.« Dennoch gibt es Hoffnungsschimmer. Im Arctic National Wildlife Refuge hat der ungestörte Lebensraum der riesigen Porcupine-Karibuherde höhere Priorität als der Durst nach Erdöl. Noch jedenfalls ...

Nach Reisen durch fast alle Winkel der Welt habe ich meine »innere Heimat« im hohen Norden Kanadas und Alaskas gefunden: ein Teil der Welt ohne verführerisch schöne und warme Strände, mit wenigen erschlossenen Urlaubsgebieten, meist schwer zugänglich und mit harschem Klima. Das Grün der Natur reduziert sich auf wenige Monate, und viele Regionen sind von Gletschern oder endlosen Wäldern bedeckt. Die Winter sind unerbittlich lang und kalt; die Sommer, wie ich vor allem in der abgesoffenen Tundra am Kuskokwim erlebte, oft regenreicher und kälter, als die Statistik glauben macht.

Und doch schlägt mein Herz für diese verschlossene Wildnis, die sich vor allem dem öffnet, der sie im Winter mit Schlittenhunden, im Sommer im Kanu oder Kajak bereist.

Manchmal schließe ich die Augen und träume vom Gleißen der Mitternachtssonne auf den Wassern von Kuskokwim, Yukon und Noatak. Dann bilde ich mir ein, das laute Klatschen eines Biberschwanzes zu hören oder das vibrierende Lachen des Eistauchers, des *arctic loon*. Und ich spüre erneut: Keine Region der Welt zieht mich so an wie diese. *Spell of the Yukon* nannte der Nordlandpoet Robert Service diesen Zauber. Und wieder einmal schwirren mir seine Worte durch den Kopf:

Da ist ein Land, in dem die Berge namenlos sind
und die Flüsse Gott weiß wohin fließen ...
Ich möchte zurück – und ich werde einst geh'n!

Nützliche Reisetipps

Als Kajak- und Kanureisender ist man auf den Flüssen Alaskas weitgehend auf sich allein gestellt. Erfahrung, Umsicht, eine gute körperliche Verfassung und hochwertige Ausrüstung sind daher überlebenswichtig. Die nachfolgenden Tipps sind Anregungen aufgrund eigener Erfahrungen und erheben keinen Anspruch auf Vollständigkeit.

Allgemeine Adressen
Fremdenverkehrsamt Alaska:
www.travelalaska.com

Fremdenverkehrsamt Yukon Territory: www.travelyukon.de
Transport eines Kajaks im Flugzeug (als Sportgepäck):
www.condor.de

Tipp: Condor fliegt während der Sommermonate die Flughäfen von Anchorage, Fairbanks und Whitehorse direkt an.

Reiseliteratur
Für die Anreise mit dem Auto: *The Milepost*
Das gut 750-seitige Buch in englischer Sprache gilt als die Bibel der Westkanada- und Alaska-Fahrer. Kilometer für Kilometer sind die wichtigsten Informationen (z. B. Tankmöglichkeiten, Camping und Attraktionen) entlang der Straßen aufgelistet. Erscheint jedes Jahr neu, sehr zuverlässig. Auch in Deutschland zu beziehen.

Karen Jettmar, *The Alaska River Guide*.
Ein Klassiker für Paddler, zuverlässige Kurzbeschreibung vieler befahrbarer Flüsse.

The Alaska Wilderness Guide
Informationen über die verschiedenen Regionen und Buschsiedlungen Alaskas. Praktische Tipps; z. B. Wandern, Kanufahren, Angeln.

Jürgen Gerlach, *Der Kajak – Lehrbuch über den Kanusport.*

Hannes Lindemann, *Allein über den Ozean.*
Der faszinierende Bericht einer Atlantiküberquerung im Faltboot.

Dieter Kreutzkamp, *Das Blockhaus am Denali – Leben in Alaska*

Dieter Kreutzkamp, *Husky Trail – Mit Schlittenhunden durch Alaska.*
Zwei Winter im Herzen Alaskas (u. a. mit Schlittenhunden auf dem Iditarod Trail von Anchorage bis Nome).

Landkarten
Topografische Karten im Maßstab 1:250 000 zu beziehen per Internetdownload bei: www.store.usgs.com

In Deutschland auch bei:
Dr. Götze Land & Karte GmbH, Hamburg
www.landundkarte.de

EINIGE TIPPS ZUR AUSRÜSTUNG

Sicherheit
Spot Messenger (www.findmespot.eu)
Kompass, Schwimmweste mit Signalpfeife, leistungsfähiger Notsignalgeber (bzw. Signalpistole), Paddelsicherung, Wurfsack (zum Bergen einer Person), wasserdichte Behälter für Do-

kumente und Wertsachen, wassergeschützte Tasche für Karten, Feuerzeug/wasserfeste Streichhölzer in wasserdichter Box (immer am Körper tragen)

Bootszubehör
Spritzdecke, ggf. Lukendeckel, Reservepaddel, Reparaturset, Decknetz, Lenzpumpe

Kleidung
Sportunterwäsche, Polartec-Unterwäsche, T-Shirts (Microfaser, keine Baumwolle), Funktionshose/Shorts, Neoprensocken und -handschuhe, warme Socken für nachts (!), Halstuch, Schirmmütze, Fleece-Mütze, Sandalen, Neopren-Kajakschuhe bzw. Gummistiefel (z. B. die in den USA erhältlichen EXTRATUF, www.xtratufboots.com), Regenjacke und -hose (Goretex o. ä.), Paddelpfötchen (Handschuhe am Paddel)

Gesundheit
Rettungsdecke, Wundsalbe, Wunddesinfektionsmittel, Salben oder Gels gegen Sportverletzungen, Insektenstiche, Verbrennungen, Schmerzmittel, Pflaster, elastische Binde, Mullbinde, Schere

Körperpflege
Seife, Handcreme, Fettstift für Lippen, Sonnenschutz, Zahnpflege, Pinzette, Spiegel, Nagelknipser und -feile, schnell trocknendes Microfaser-Handtuch, Toilettenpapier und ggf. andere Hygieneartikel

Campingzubehör
Zelt (regendicht und schnell aufzubauen, hier nicht am falschen Ende sparen!), Bodenplane, Thermarest-Isomatte, Schlafsack, Wecker, Kocher mit Windschutz (hochwertig und stabil, z. B.

Primus oder MSR), Gaskartuschen bzw. Brennstoffflaschen, Feuerzeug/Zündhölzer in wasserdichtem Behälter, Feuerstarter, Kochtopf-Set, Alufolie, Edelstahlteller, Frühstücksbrettchen, Bundeswehrbesteck, Dosenöffner, Thermoskanne, Thermobecher, Topfschwamm, Geschirrtuch, Ziploc-Plastikbeutel

Sonstiges
Fernglas, ggf. Ersatzbrille, Sonnenbrille, Stirnlampe, Taschenlampe, Schweizer Offiziersmesser oder Leatherman Tool, *bear spray* (in Kanada oder Alaska besorgen; darf nicht im Flugzeug mitgeführt werden. US-*pepper spray* darf auch nicht nach Kanada eingeführt werden), Moskitonetz/Mückenschutzmittel, Nähzeug, Klebeband (z. B. *duct tape*, auch nützlich für kleine Bootsreparaturen), Weltstecker (z. B. Travelstar), Wasserflasche, Wasserbeutel (z. B. Ortlieb), Micropur-Tabletten, ggf. Katadyn-Wasserfilter (sehr effektiv), *dry bags* (wasserdichte Beutel), *bear cans* (stabile Kanister, die Bären nicht öffnen können; in den USA erhältlich), Angel und Zubehör

Fotoausrüstung
Staub- und spritzwassergeschützte Kamera, wasserdichte Fototasche, Speicherkarten, Akkus, Akkuladegerät, ggf. Stativ

Geführte Kajak- und Kanutrips
Tel. 001-907-745-6680
www.alaskaultrasport.com
www.alaskawildnisreisen.de
Kathi und Bill Merchant veranstalten Fluss-, Trekking-, Mountainbike- und Wintertouren durch Alaska. Bill (seit Jahrzehnten Outfitter und Tour Guide in Wyoming und Alaska) und Kathi (gebürtig aus Bayern, aber seit mehreren Jahren in Alaska lebend) sind ein sehr erfahrenes Outdoor-Team. Im Sommer z. B. neben Kanutouren auch Trekking im Valley of Ten Thousand Smokes

oder im Gates of the Arctic National Park. Im Winter Mountainbike- oder Schneemobil-Touren. Ein Höhepunkt ihrer Unternehmungen ist ein Winterrennen (entweder zu Fuß, per Fahrrad oder per Ski) auf dem Iditarod Trail (wahlweise bis zur Wildnissiedlung McGrath oder bis Nome am Beringmeer).

Über die Vorteile eines Faltbootes
Im Sommer ist das Faltboot der ideale Schlüssel zu den entlegenen Landschaften Alaskas. Der Transport im Flugzeug ist kostengünstig. Die Zulademöglichkeiten im Boot sind beachtlich.

Faltboot von Pouch
info@poucher-boote.de
www.poucher-boote.de
sowie
www.nautiraid.de
www.klepper.de

Kajaks, Ausrüstung, Kleidung
Lettmann GmbH, Moers
www.lettmann.de

REI
Der bestsortierte Outdoorladen in Anchorage
www.rei.com

KURZINFORMATION ZUR REISEDESTINATION

Ein Wort zum Klima
Drei Klimazonen bestimmen das Wetter; das der Küste, des Inlands und der Arktis. Vor allem das Meer beeinflusst die Niederschläge an den Küsten. In der »Rain Capital of the World«,

in Ketchikan, fielen in einem Sommer schon mal mehr als fünf Meter Regen. Entsprechend hoch sind die Schneemengen auch im Winter.

Das Meer bestimmt auch das Klima der an der Schnittstelle von Beringmeer und Pazifik liegenden Aleutenkette sowie der gesamten Westküste. Hier ist die »Wetterküche« Alaskas. So kann es schon mal vorkommen, dass Flüge ein oder zwei Tage lang sturmbedingt ausfallen. Anchorage in Süd-Zentralalaska hat im Januar eine mittlere Tiefsttemperatur von minus 9 °C, der wärmste Monat, Juli, verzeichnet eine mittlere Höchsttemperatur von 14 °C, wenngleich 1969 schon einmal satte 29 °C im Schatten registriert wurden.

Zentralalaska wartet mit dem vergleichsweise stabilsten Wetter auf, wenngleich es auch ein Ort der klimatischen Extreme ist. So bewegt sich die Temperatur im Januar in Fairbanks im Mittel zwischen minus 19 °C und minus 28 °C. 1934 registrierte man hier den Kälterekord von minus 54 °C. Dem stehen mittlere Sommertemperaturen von 17 °C gegenüber. Im Juli 1919 kletterte das Quecksilber hier sogar auf 37 °C im Schatten.

Die arktische Klimazone nördlich des Polarkreises verzeichnet geringere Niederschläge sowohl im Sommer wie auch im Winter (z. B. Prudhoe Bay/Deadhorse: jährlich 50 cm Schneefall, 13 cm Regen). Die Sommer sind kälter und feuchter als die Zentralalaskas, die Winter allerdings nicht ganz so extrem kalt.

Tipps für das Verhalten bei der Begegnung mit Bären

Schwarz- und Braunbären sind allgegenwärtig, vor allem auch dort, wo es einsam und unberührt, kurzum am schönsten ist.

Bären sind immer hungrig; Essensgerüche oder Düfte eines Lagerfeuers ziehen sie an. Grundregel: Niemals im oder in der Nähe des Zeltes kochen. Lebensmittel, aber auch Zahnpasta und duftende Hautcreme im Zelt gelten als Einladung für Bären. Den Campingplatz also sauber halten und den Abwasch unmittelbar nach dem Essen weit vom Zelt entfernt erledigen. Niemals einen Bären füttern – auch keinen putzigen Jung-Schwarzbär.

Bei Wanderungen durch unübersichtliches Gelände empfiehlt es sich, laute Geräusche zu machen, sich gar eine Glocke an den Rucksack zu hängen, zu singen oder laut zu rufen. So kündigt man sich einem eventuellen Bären an und vermeidet die Konfrontation, der ein spontaner Angriff folgen könnte. Unübersichtliche Buschgebiete sollten wegen der zumeist verlockenden Beerenfülle nur mit Vorsicht betreten werden. Denn wenn es ums Fressen geht, verstehen Bären keinen Spaß.

Frische Bärenlosung ist ein Indiz dafür, dass man nicht ganz allein ist. Ein gesichteter Bär sollte weiträumig umgangen werden. Niemals rennen, denn das könnte seinen Jagdinstinkt wecken. Zudem wäre es sinnlos: Bären sind sehr schnell! Auch sollte man vermeiden, einem Bären in die Augen zu schauen. Er könnte sich dadurch herausgefordert fühlen. Wenn alle Vorsicht nichts genützt hat und es zum Aufeinanderprall kommt, gilt: sich tot stellen – still auf den Boden legen, möglichst Gesicht, Nacken und Bauch schützen. Dazu gehören starke Nerven, doch nach Angaben der nordamerikanischen Nationalparkverwaltungen ist auf diese Weise schon so manches Leben gerettet worden.

In örtlichen Sportgeschäften gibt es zur Verteidigung *bear spray* bzw. *pepper spray* zu kaufen. Vorsicht: Das Spray enthält einen extrem scharfen Reizstoff, Capsicum. Bei Gegenwind kann es auch den Benutzer außer Gefecht setzen. Niemals im oder aus dem Auto heraus verwenden. Im Flugzeug darf Pfefferspray nicht mitgeführt werden.

»Kreutzkamp gehört zu den echten Weltenbummlern.«

FOCUS

Dieter Kreutzkamp

Auf dem Dach Afrikas

Eine Expedition nach Äthiopien, Sudan, Kenia, Tansania und Namibia

352 Seiten
€ 14,99 [D], € 15,50 [A]*
ISBN 978-3-492-40458-7

23 000 Kilometer von Norddeutschland bis nach Südafrika. Dieter Kreutzkamp und seine Frau Juliana folgen dem Ruf des spektakulären Hochlands Afrikas, machen ihren Lkw »Thunder« expeditionsfest und brechen auf zum Abenteuer ihres Lebens: durch Israel und die Libysche Wüste bis zum Nil, durch Äthiopien zu unvergesslichen »Gipfeltreffen« mit dem Mount Kenya, Mount Elgon und Mount Meru und durch Sambia und Namibia ins Tierparadies Etosha. Eine einzigartige Traumfahrt abseits touristischer Pfade.

Abenteuer Yukon

Andreas Kieling /
Irena Bischoff
Yukon-River-Saga
Im Kanu durch Kanada und Alaska

288 Seiten
€ 14,99 [D], € 15,50 [A]*
ISBN 978-3-492-40519-5

Eine der ersten großen Expeditionen von Andreas Kieling: Mit zwei Begleitern paddelt er im Kanu den Yukon River hinunter: 3200 Kilometer von der Quelle bis zur Mündung. Die Wildnis führt sie an ihre Grenzen; nur Kieling bringt die Reise zusammen mit der Hündin Kim zu Ende. Als er die Beringsee nach einem halben Jahr erreicht, hat er einen oft lebensgefährlichen Wettlauf mit Stürmen, Eis und Kälte hinter sich, aber auch die Faszination einer Region von kontinentalem Ausmaß entdeckt.

Im Reich der Schlittenhunde

Dieter Kreutzkamp
Husky-Trail
Mit Schlittenhunden durch Alaska

256 Seiten
€ 12,99 [D], € 13,40 [A]*
ISBN 978-3-492-40080-0

Zwei Winter lebt Dieter Kreutzkamp mit Frau und Töchterchen in romantischen Blockhäusern am Tanana- und Yukon-River. Neben der kalten, schönen Landschaft haben ihn die Schlittenhunde Alaskas, die Huskies, in ihren Bann gezogen. Mehr als 5000 Kilometer zieht er allein mit seinem Schlittenhundeteam durch die gefahrvolle weiße Wüste. Höhepunkt ist das berühmte Iditarod-Schlittenhunderennen …